Ernst Sagemüller

Stadtführer

Singapur

Geographisches Institut
der Universität Kiel
ausgesonderte Dublette

Reise-Informationen und Insidertips
für bekannte und unbekannte Gebiete
Singapurs

Für Eva

1. Auflage 1994/95
2. Auflage 1996

© Vertrieb und Service, Reisebuchverlag, Reisevermittlung,
Im- und Export Iwanowski GmbH
Büchnerstraße 11 · D 41540 Dormagen
Telefon 0 21 33 / 2 60 30 · Fax 0 21 33 / 26 03 33

Alle Informationen und Hinweise
ohne jede Gewähr und Haftung

Farb- und Schwarzweißbilder:
Volkmar E. Janicke, Ernst Sagemüller
Text: Ernst Sagemüller

Redaktionelles Copyright, Konzeption
und chefredaktionelle Bearbeitung der Reihe:
Michael Iwanowski

Karten: H. Palsa

Gesamtherstellung: F. X. Stückle, 77955 Ettenheim
Printed in Germany

ISBN 3-923975-36-6

Inhaltsverzeichnis

☞ **Die roten Seiten:**
Iwanowski's Highlights, Supertips
und Warnungen

Einleitung: Singapur – das ist 7

1.	**ALLGEMEINER ÜBERBLICK**	**9**
1.1	Singapur auf einen Blick	9
1.2	Der Merlion – Singapurs mysteriöses Staatssymbol	10
1.3	Vanda Miss Joaquim – die Nationalblume	11
2.	**HISTORISCHER ÜBERBLICK**	**12**
2.1	Die Anfänge	12
2.2	Die mittelalterlichen Stadtstaaten	13
2.3	Singapur wird britische Kronkolonie	14
2.4	Lee Kuan Yew und die Unabhängigkeit	19
2.5	Geschichte im Überblick	23
3.	**LANDESKUNDLICHER ÜBERBLICK**	**24**
3.1	Flora und Fauna	24
3.2	Alltägliches Leben	25
3.2.1	Die Familie	25
3.2.2	Wohnsituation	26
3.2.3	Arbeitswelt	28
3.2.4	Schulbildung	29
	Die Universitäten 30	
3.3	Wirtschaft und Handel	31
3.3.1	Wirtschaftliche Entwicklung	31
3.3.2	Handel	33
3.3.3	Tourismus	34
3.4	Einwanderung und Bevölkerung	36
3.4.1	Geschichtliche und soziale Aspekte der Einwanderung	38
3.4.2	Die Chinesen	39
3.4.3	Die Inder	41
3.4.4	Die Malayen	42
3.4.5	Die islamische Besiedlung Singapurs	43
3.4.6	Die Christen	43
3.4.7	Die Teochew-Christen	44
3.4.8	Juden in Singapur	45
3.4.9	Andere	46

Inhaltsverzeichnis

4. DIE RELIGIONEN UND IHRE ARTEN DER AUSÜBUNG ... 48
- 4.1 Allgemeiner Überblick ... 48
- 4.2 Die Religionen der Chinesen ... 48
- 4.2.1 Konfuzianismus ... 48
- 4.2.2 Taoismus ... 49
  Die taoistische Mythologie 50
- 4.2.3 Buddhismus ... 51
  Der chinesische Tempel 54
- 4.2.4 Hinduismus ... 55
  Die Götter 56 - Zum Kultus 58 - Der hinduistische Tempel 58
- 4.2.5 Der Islam ... 60
  Lehre und Kultus im Islam 60 - Die Moschee 62
- 4.2.6 Die Sikh-Religion ... 63

5. REISEN IN SINGAPUR ... 65
- 5.1 Praktische Reisetips von A bis Z ... 65
- 5.2 Einkaufen in Singapur ... 91
- 5.2.1 Allgemeines ... 91
  Wie handelt man? 92 - Bezahlung 92 - Garantien 92 - Beschwerden 92 - Öffnungszeiten 92
- 5.2.2 Orchard Road ... 92
- 5.2.3 Weitere gute Einkaufsmöglichkeiten ... 94
- 5.3 Essen und Trinken in Singapur ... 97
- 5.4 Feste und Veranstaltungen ... 106
- 5.5 Was müssen Sie gesehen haben? Vorschläge für eintägige bis einwöchige Aufenthalte ... 111

☞ **Die grünen Seiten: Das kostet Sie Singapur**

6. SINGAPUR SEHEN UND ERLEBEN ... 115
- **6.1 Das Raffles-Hotel** ... 115
- 6.1.1 Das Raffles-Hotel heute ... 115
- 6.1.2 Chronologie des historischen Raffles-Hotels ... 118
- 6.1.3 Eine kleine Auswahl berühmter Gäste des "Raffles" 120

- **6.2 Rundgänge in Singapur** ... 125
- 6.2.1 Rundgang im Zentrum ... 125
  Saint Andrews Cathedral 127 - Rathaus und Oberster Gerichtshof 129 - Victoria Memorial Concert Hall 131 - Empress Museum 132

Inhaltsverzeichnis

6.2.2	Rundgang in Singapore Central	133

Armenische Kirche 133 - Verbotener Hügel 134 - Nationalbibliothek 137 - Das Nationalmuseum 137 - Cockpit Hotel 139

6.2.3	Rundgang durch das Bugis-Viertel	139
6.2.4	Rundgang durch Tanjong Pagar	141
6.2.5	Orchard Road	143

Ein kurzer Blick in die Geschichte 143 - Emerald Hill 145

6.2.6	Arab Street	147

Sultans-Moschee 147

6.2.7	Little India	150

Tempel Sri Verama Kaliamman 152 - Tempel Sri Srinivasa Perumal 153 - Tempel Sri Vadapatira Kaliamman 153 - Tempel der tausend Lichter 155

6.2.8	Chinatown	156

Tempel der himmlischen Glückseligkeit 160 - Hindutempel Sri Mariamman 163 - Temple Street 164

6. 3	**Weitere Sehenswürdigkeiten**	**168**
6.3.1	Singapore Science Centre	168
6.3.2	Guiness World of Records	169
6.3.3	Ming Village	169
6.3.4	Tiger Balm Garden (Haw Par Villa)	170
6.3.5	World Trade Centre	171
6.3.6	Botanischer Garten	174
6.3.7	Zoologischer Garten	175
6.3.8	Krokodil-Farm	179
6.3.9	Besuch der Chinesischen Oper	179
6.3.10	Besuch beim Singvogel-Wettbewerb – Wer singt schöner?	181
6.3.11	Die Naturreservate im Zentralbereich	183

Bukit Timah Reservat 184 - Mac Ritchie Reservoir 185

6.4	**Jurong Town**	**186**
6.4.1	Tang-Dynastie-Stadt	187
6.4.2	Bird Park	188
6.4.3	Chinesischer und Japanischer Garten	190

Der Japanische Garten Seiwan 191 - Der Chinesische Garten You Hwa Yua 192

6.4.4	Der Hafen von Singapur	192

Clifford Pier und Hafenrundfahrt 194

6.4.5	Changi International Airport	195

Inhaltsverzeichnis

6.4.6 East Coast Park 197
6.4.7 Ausflug zur Insel Pulau Ubin 198
6.4.8 Mount Faber Park 203

6.5 Sentosa **206**
6.5.1 Allgemeines 206
6.5.2 Touristische Hinweise 206
6.5.3 Was gibt es zu besichtigen und zu erleben? 209
Die wichtigsten Sehenswürdigkeiten von Sentosa im einzelnen 210 - Weitere Sehenswürdigkeiten 212

6.6 Andere küstennahe Erholungsinseln **215**
St. John's 215 - Kusu Island 215

**6.7 Besuch auf dem Dorf –
ein Ausflug nach Lim Chu Kang** **216**
Nanyang Technological University 216

7. LITERATURLISTE **220**
7.1 Reiseführer 220
7.2 Hintergrundbücher 221

Stichwortverzeichnis 222

Einleitung: Singapur – das ist ...

Die Insel Singapur hat, wie die Menschen, die auf ihr leben, *faszinierend viele Gesichter.*

● **Singapur – das ist zunächst die Stadt** – ein Sechstel der Inselfläche. Hochhauswälder, dicht nebeneinander. Dazwischen, tief eingekerbt, Straßen, Alleen und hübsche, gepflegte Parks. Singapur schießt in die Höhe. Das historische Alte, wie die Restchen von *Alt Chinatown, Arab Street, Little India* oder *Holland Village*, sind längst eingekeilt von riesigen Hochhauswohnburgen. 6 Millionen Touristen bestaunen jährlich die Städtchen in der Stadt. Die Stadt, das sind gewaltige Hafenkomplexe mit Verladekränen, Containern, Werften. Oder der Superflughafen mit seinen Wasserfällen, Blumenrabatten und Kinderspielplätzen.
Zur Stadt zählen Freizeitanlagen, Friedhöfe in stiller Idylle, Kulturzentren, Kinos, Theater und Konzertsäle. Aus dem Gepräge der Stadt nicht wegzudenken sind die über 800 Tempel, heiligen Schreine, Kirchen aller Konfessionen, Synagogen. Ungezählte Restaurents, Cafés, Pubs oder Garküchen sorgen für das leibliche Wohl. Alles wird verbunden durch ein hervorragend funktionierendes Verkehrsnetz. Alle 3 bis 5 Minuten fährt ein Bus oder eine Metro überall und in jede Richtung.

● **Singapur – das ist Jurong Town.** Eine Industriestadt mit fast 300.000 Arbeitenden. Fast die größten Ölraffinerien der Welt, Schiffsbau, Logistik für Produktionsstätten, Fertiganlagen für ganze Industriegebiete, Erschließung von Land, Wissenschaftszentrum, Lehre und Forschung, Umweltschutz, Mensch und Arbeitsplatzprogramme, Erholungszentren.

● **Singapur – das sind 15 Satellitenstädte** mit 1,6 Millionen Einwohnern, von *Jurong West Town* bis *Bedok New Town* im Osten. Eigentumswohnsilos mit allem notwendigen Komfort, hygienisch unanfechtbar, mit eingebauter Infrastruktur: Schulen, Kindergärten, Kliniken, Einkaufszentren, Serviceleistungen. Pro Quadratkilometer 4.323 Menschen im Durchschnitt, im Downtown-Bezirk weit mehr. Arbeit kompensiert überschüssige Kräfte, Disziplin wird zur Ehre. Liebenswürdigkeit, Hilfsbereitschaft und die Einsicht, daß es keine Alternative gibt, bewahren vor Konflikten.

● **Singapur – das sind weite und fast unberührte Waldflächen.** Stille Wanderwege, Naturreservate, Seen, Stadtparks, ein großes Zoo-Freigelände. Dörfer wie *Changi Village* im Osten oder *Lim Chu Kang* im Nordwesten, vom Bauboom (noch) nicht

Einleitung

berührt. Mit idyllischen Gärten, Landkneipen, Heiligenschreinen am Wege, Stränden mit weißem Sand und Palmen, nur eine halbe Busstunde vom Zentrum entfernt.

● **Singapur – das sind achtundfünfzig Inseln.** Z.B. *Pulau Ubin*, nur 10 Bootsminuten von *Changi Village Quay* entfernt. Urwälder, Steinbrüche, Orchideenfarmen, Wellblechbuden, urige Kneipen. Oder *St. John Island* zum Baden, Wandern, Übernachten. Oder *Sentosa*, der gekonnt organisierte Freizeitpark voller Attraktionen, direkt vor der Haustür.

● **Singapur – das sind nicht zuletzt seine bewundernswerten Menschen.** Chinesen, Inder, Malayen, Indonesier, Europäer, sie alle leben und schaffen friedlich miteinander. Ideologische und religiöse Toleranz, gegenseitige Achtung, Respekt vor der Andersartigkeit und hohe Moralvorstellungen ermöglichen eine multikulturelle Gesellschaft. Sie wissen, daß ihr einziger Rohstoff die Intelligenz in ihren Köpfen ist. Diszipliniert im täglichen Leben, fleißig, viel und effizient arbeitend, fürsorglich den Kranken und Schwachen gegenüber. Ihr Rechtssystem ist von harter, aber gerechter Konsequenz, schützt den Einzelnen und die Familie, verfährt jedoch erbarmungslos mit Schmarotzern.

● **Singapur – das ist ein winzig kleines Land mit hohem Bildungsniveau.** Die Analphabetenrate wurde quasi auf Null gesenkt. Die Lehrer gehören zu den geachtetsten Personen. Zwei neue und perfekt eingerichtete staatliche Universitäten und zahlreiche private Colleges ermöglichen die Fortsetzung des Lernens. Zahlreiche Medien informieren unaufhörlich, ausführlich und umfassend. Folkloristische Festivals, Theaterwochen, Konzerte, Kunstausstellungen oder Museen dienen der Befriedigung künstlerischer Interessen.

● **Singapur- das ist eine kleine Insel voller Superlative.** Stolz und Behauptungswillen treibt die Einwohner von nationalem Superlativ zur Weltspitze. Der internationale Flughafen Changi wird von Gästen und Gesellschaften seit Jahren als Nummer 1 in der Welt bezeichnet. Die nationale Fluglinie, *Singapore Airlines*, führt die Weltrangbestenliste hinsichtlich Sicherheit und Service an. Der Hafen ist der meistbeschäftigte in der Welt. Der Zoo wurde als schönster der Welt gekürt. Das Unterwasserquarium auf Sentosa ist das größte auf dem Globus. Unter den Sportlern Asiens ragen die Athleten der Insel weit heraus. In jeder Informationsschrift, in jeder Erklärung zu einem bemerkenswerten Objekt fehlt niemals der Hinweis auf den Platz in der Weltrangliste. Singapur – das ist eine kleine Insel voller überraschender Superlative.

Highlights, Supertips und Warnungen

 Iwanowski's Highlights Supertips Warnungen

Highlights

- Gondelfahrt vom Mount Faber über den Keppel Hafen nach Sentosa, von dort mit der Fähre zurück
- Besuch des Zoos und des Botanischen Gartens
- Stadtbummel mit den Schwerpunkten Orchard Road – Chinatown – Little India – Arab Street – Holland Village
- Teilnahme an einer chinesischen Teezeremonie, z.B. im *Cha Xiang* (Buch S. 166)
- Erlebnis des Singapur-Panoramas am historischen *Sir Stamford Raffles Landing Pier* (Buch S. 131)
- Suntec Centre

Supertips

- **Flugverbindungen**

Unter den Direktflügen von Frankfurt/M. nach Singapur sind hinsichtlich Service und Preis z.Zt. die Gesellschaften *Lufthansa, Singapore Airlines* und *Qantas (Australian Airlines)* am ehesten zu empfehlen.

Weitere Verbindungen sind u.a. mit *SAS* über Kopenhagen, *Air France* über Paris und *Alitalia* über Rom möglich. Trotz des längeren Flugweges können sich die letztgenannten Routen wegen der günstigeren Tarife lohnen.

- **Hotels**

Unter den vorzüglichen Hotels Singapurs sollen hier vier genannt werden, die zu den besten der Welt gehören:

1. *The Beaufort* (Buch S. 213), am äußersten Ende von Sentosa gelegene Nobelherberge der absoluten Luxusklasse.
2. *The Raffles* (Buch S. 115ff.), die große alte Dame der Singapurer Hotellerie zählt auch nach der Restaurierung zu den weltweit besten Adressen.

Highlights, Supertips und Warnungen

3. *The Duxton* (Buch S. 142), renommiertes Haus der absoluten Luxusklasse (Duxton Hill).
4. *The River View Hotel* (Buch S. 85f.), 21stöckiges Luxushotel direkt am Singapore River.

● **Transport**
Nehmen Sie für längere Wege innerhalb des Stadtgebietes ein Taxi, oder besorgen Sie sich die preisgünstige Netzkarte *Explorer-Ticket* (1 oder 3 Tage).

● **Einkaufen**
– **Kameras** und **Elektronik** kauft man gut und günstig im *Peoples Park Centre*, New Bridge Road, oder bei *Cost Plus Electronics*, Holland Road.
– **Uhren** und **Schmuck** finden Sie u.a. im *Chain Store*, Raffles City, North Bridge Road, und bei *Nanking Watch Dealers*, 3 Coleman Street.
– **Seide** und andere kostbare Stoffe gibt es u.a. in der Ladenkette *China Silk House* (19 Tanglin Road, Tanglin Shopping Centre, Chomel, 50 Armenian Street).
– Eine Empfehlung für den Kauf chinesischer **Antiquitäten**: *Antiques of the Orient*, 19 Tanglin Road, Tanglin Shopping Centre.
– Sie werden keine Schwierigkeiten haben, **Souvenirs** aufzutreiben. Die größte Auswahl haben die Läden in Chinatown, in Little India, auf der Arab Street und im Holland Village.
– Gute und zuverlässige **Schneidereien** gibt es viele, u.a. *Kongdon Fashion*, Philip Wong, 400 Orchard Road, Orchard Tower.
– **Schuhe**: Unter den vielen Schuhgeschäften sind die im *Golden Landmark Shopping Centre*, Arab Street, besonders empfehlenswert.

● **Restaurants**
Einige Tips für den Restaurantbesuch unterschiedlicher Küchen:
– Kantonesisch: *Hua Ting*, Orchard Hotel, Orchard Road, Tel.: 33 866 68
– Fisch und Seafood: *Chin Wah Heng*, East Coast Parkway, Seafood Centre, Tel.: 242 52 19. *Ocean Spray*, 31 Marina Park, Tel.: 22 53 055.

Highlights, Supertips und Warnungen

– Indonesisch: *Tambuah Mas*, Tanglin Shopping Centre, Tanglin Road, Tel.: 73 33 333.
– Französisch: *The Duxton*, Duxton Hill, Tel.: 22 776 78.

● **Sehenswürdigkeiten**
– Zu den unbestrittenen Highlights eines Singapur-Besuches zählen neben Spaziergängen durch Singapore **Downtown** ein Besuch im **Raffles-Hotel** (Buch S. 115ff.), ein Bummel oder eine Trishaw-Fahrt durch **Chinatown** (Buch S. 156ff.), die Besichtigung der Viertel **Arab Street** und **Little India** (Buch S. 150ff.), der Ausblick vom **Mount Faber** (Buch S. 203ff.), von dort die Seilbahnfahrt zur Ferien- und Freizeitinsel **Sentosa** (Buch S. 205ff.) und die Fährfahrt von Sentosa zum **World Trade Centre**. Ein unbedingtes 'Muß' sind auch der **Tiger Balm Garden** (Buch S. 170f.), die **Tang Dynastie City** (Buch S. 187f.) und das **Singapore International Convention u. Exhibition Centre – Suntec City**.

– Von den fernöstlichen **Tempeln** sind besonders sehenswert der Hindutempel *Sri Mariamman* (Buch S. 162ff.), der *Tempel der himmlischen Glückseligkeit* (Buch S. 160f.) und der *Tempel der tausend Lichter* (Buch S. 155f.).

– Unter den vielen westlichen **Gotteshäusern** lohnen besonders die *St. Andrews Cathedral* (Buch S. 127ff.) und die *Armenische Kirche* (Buch S. 133 f.) sowie die Synagoge *Chesed el Synagoge* (Buch S. 45) einen Besuch.

– Kulturbeflissenen stehen etliche interessante **Museen** zur Verfügung, allen voran das *Nationalmuseum* (Buch S. 137) und das *Empress Museum* (Buch S. 131).

– Grüne Oasen inmitten der hektischen Metropole sind **Gärten** und **Naturschutzgebiete**, die gleichzeitig auch zu den schönsten Sehenswürdigkeiten gehören; z.B. der *Botanische* und der *Zoologische Garten* mit seiner weltberühmten Nachttierbeobachtung (Buch S. 174f.), der *Chinesische* und *Japanische Garten* (Buch S. 190ff.) sowie, etwas weiter außerhalb, das *Bukit Timah Reservat* (Buch S. 184).

Highlights, Supertips und Warnungen

Warnungen

● **Drogen**

In Singapur ist die Ein- und Ausfuhr von Drogen strengstens verboten. Zuwiderhandlungen werden mit der Todesstrafe geahndet, und die Urteile werden auch vollstreckt. Da das Verbot selbst für kleinste Mengen gilt, ist es unbedingt ernst zu nehmen.

● **Sauberkeit**

In der 'saubersten Metropole der Welt' wird die Verschmutzung des Stadtbildes streng bestraft. Schon das Wegwerfen einer Zeitung, einer Zigarettenkippe oder eines Kaugummis kann bis zu S$ 1.000 kosten.

● **Fußgänger**

Fußgänger sind verpflichtet, beim Überqueren einer Straße einen offiziellen Übergang (Zebrastreifen, Brücke, Tunnel etc.) zu benutzen, wenn ein solcher bis zu 50 m entfernt ist. Zuwiderhandlungen kosten S$ 50.

1. Allgemeiner Überblick

1.1 Singapur auf einen Blick

Offizielle Bezeichnung	Republik Singapur
Lage	136 km nördlich des Äquators. 1 Hauptinsel und 58 kleinere Inseln. Durch einen 1.056 m langen Damm mit Malaysia verbunden.
Größe	42 km lang, 23 km breit, Gesamtfläche 639,1 qkm (Vergleich: Hansestadt Hamburg 755 qkm)
Klima	ganzjährig feucht-schwüles Tropenwetter. Durchschnittl. Jahrestemperatur 26,7° C
Einwohner	2,7 Mio. (davon: Chinesen 77%, Malaien 14,1%, Inder 7,1%, Rest andere)
Landessprachen	Chinesisch, Malaiisch, Tamil, Englisch; offizielle Amtssprachen: Englisch, Mandarin
Religionen	Taoismus, Buddhismus, Islam, Christentum, Hinduismus
Staatsgründung	9. August 1965
Staatssymbol	Merlion, der Fischlöwe
Staatsflagge	rot-weiß mit Halbmond und 5 Sternen (für Demokratie, Frieden, Fortschritt, Gerechtigkeit, Gleichheit)
Regierungsform	Einparteienkammer (Peoples Action Party, PAP)
Lebenserwartung	73 Jahre
Alphabetisierungsrate	90,7%
Schulsystem	304 Grund-und Mittelschulen, 2 Universitäten, 12 Colleges, 62 internationale Bildungseinrichtungen
Währung	Singapur-Dollar = S$ (100 DM = 98 S$)
Wirtschaftszweige	Erdölverarbeitung, Schiffbau, Elektro-, Textil-, Baustoffindustrie, Feininstrumentenbau, Nahrungsmittelerzeugung
wichtigste Handelspartner	Malaysia, USA, EG, Japan
Wirtschaftswachstum	8,1%
Besucher jährlich	7,1 Millionen (davon Touristen: 6 Mio, Geschäftsbesuche: 1,1 Mio)

Allgemeiner Überblick

1.2 Der Merlion – Singapurs mysteriöses Staatssymbol

An der Mündung des Singapur-Flusses, ganz an der Spitze des künstlich aufgeschütteten kleinen Parks, steht sie – die meistbestaunte Statue des Stadtstaates. Ein Fabelideal gelegen zur Kontrolle des üppigen Handelsverkehrs. Als der Prinz sich der Insel näherte, soll ein gestreiftes Löwentier umhergesprungen sein. Der spätere König

Die Statue des Merlion

wesen, 8 m hoch und ganz in Weiß, halb Löwe, halb geschuppte Meeresjungfrau. Am Tage Wasser in üppiger Fontäne versprühend, am Abend angestrahlt und orangefarben leuchtend.

Dieser Meereslöwe ist das Wahrzeichen Singapurs. Die Geschichte seiner Geburt verliert sich im exotischen Gewirr phantasievoller Legenden. Um 1150 gab es ein Hindukönigreich im benachbarten Sumatra. *Sri Tri Buana*, ein Königssohn, hatte von chinesischen Krämern von einer Insel namens *Temasek* gehört,

benannte daraufhin die Insel *Singa-Pura* – "Stadt des Löwen". Auch wenn es sich bei diesem Löwen ganz offensichtlich um einen Tiger gehandelt haben mag, hielt sich der Name bis auf den heutigen Tag. Der Löwe wurde zum Unterpfand der Stärke, der Fischunterleib zum Symbol des Meeres, d.h. Stärke auf dem Land, Kraft auf dem Meer.

Das weißgeschwungene, freundliche Ungeheuer dient nun alljährlich steigenden Touristenmengen als Fotomotiv, Liebespaaren als

Allgemeiner Überblick

Zentrum heißer Umarmung, Brautleuten als vielversprechender Hintergrund für ihr Eheleben. Er wird von Hunden und Katzen besucht, hört die Sinfonien der Staatskapelle vis-a-vis, klebt als Qualitätssiegel an überprüften Waren und Geschäften. Als Souvenir aus Gips, Bronze, Gold, Blech oder Papier gelangt Merlion in Form von Schlüsselanhängern, Tischleuchten oder Bierdeckeln in alle Welt.

1.3 Vanda Miss Joaquim – die Nationalblume

Fräulein Agnes Joaquim, Tochter armenischer Handelsunternehmer, arbeitete am liebsten im Garten der Familie. An einem Morgen des Jahres 1893 bemerkte sie eine Orchidee auf einem Bambusstumpf, die ihr unbekannt vorkam. Der Direktor des berühmten Botanischen Gartens, H.N. Riddley, bestätigte ihr, daß sie die erste Misch-Orchidee entdeckt hatte. Es neue Blumenart wurde nach ihrer Entdeckerin "*Vanda Miss Jaoquim*" benannt.

Als Agnes Joaquim 1899 starb, konnte sie nicht ahnen, daß fast einhundert Jahre später, am 11. Mai 1981, ihre Lieblingsorchidee zur Nationalblume der Republik Singapur avancieren würde.

war eine natürliche Kreuzung aus den Arten *vanda teres* und *vanda hookeriana*.

Weitere Züchtungsversuche im Botanischen Garten von Singapore brachten besonders üppige und farbenprächtige Orchideen hervor. Die

2. Historischer Überblick

2.1 Die Anfänge

Die Geschichte Singapurs ist über Jahrtausende hinweg wahrscheinlich untrennbar mit den historischen Abläufen der **malayischen Halbinsel** verbunden. Bis zur politischen Trennung im Jahre 1965 unterlagen beide Gebiete derselben Entwicklung. Allerdings zog die Südspitze der Halbinsel aufgrund ihrer einmaligen strategischen Position immer erhöhte Wertschätzung auf sich.

Archäologische Funde beweisen, daß eine Besiedlung bereits vor 35.000 Jahren, in der **Altsteinzeit**, stattgefunden haben muß. Es ist mit an Sicherheit grenzender Wahrscheinlichkeit anzunehmen, daß dieses Gebiet ein Schmelztiegel verschiedenster Stämme und Rassen gewesen ist, die sich durch kriegerische Auseinandersetzungen dezimiert, durch Heiraten vermischt und durch Handel begegnet sind.

Da die Praxis schriftlicher Berichterstattung erst im 9. Jahrhundert üblich wird, sind wir auf die **Sagen der Völker** als historische Wahrheitsquelle angewiesen. So berichten frühe malayische Geschichten von drei desertierten Prinzen aus dem Gefolge **Alexanders**

Chinesische Händler beherrschen die Straße von Malakka; zeitgenöss. Darstellung

Historischer Überblick

des Großen, die das Gebiet des heutigen Singapur mit Erfolg regiert hätten. Das würde auf die Zeit um **327 v.Chr.** hindeuten.

Eine der frühesten chinesischen Chroniken beschreibt Singapur als *Pu-luo-Chung* (= "Insel am Ende der Halbinsel"). Seefahrende **Kaufleute aus Indien** überquerten, beladen mit Gewürzen und Elfenbein, den Golf von Bengalen. Sie gründeten im 4. Jahrhundert das Indisch-Malayische Königreich **Sri Vijaran**, das etwa ein halbes Jahrtausend Bestand hatte. Aber selbst noch, als das Machtzentrum sich nach Java und Sumatra verlagert hatte, operierten die Handelsposten, ausgestattet mit einem einheitlichen Verwaltungsapparat und der indischen Sanskrit-Sprache, erfolgreich bis zum 13. Jahrhundert.

Aus dem Osten kamen **Chinesen**. Sie ließen sich von den Monsunwinden an die Küsten Malaysias treiben, tauschten Porzellan, Seide, Lackwaren, Salz und Eisenerzeugnisse gegen Duftstoffe, Elfenbein, Perlen oder Gewürze und segelten mit dem nächsten Monsun zurück ins Kaiserreich der Han-Dynastie.

2.2 Die mittelalterlichen Stadtstaaten

Im 13. Jahrhundert wird von einer blühenden Stadt berichtet, die unter Leitung der Prinzen von Sumatra existiert und Seefahrer, Kaufleute und Abenteurer aus vielen Gegenden Asiens anzog.

Diese erste neuzeitliche Entwicklungsphase der Insel wurde unterbrochen, als das buddhistische Königreich *Majapahit* von Java aus ganz Malaya überrannte und vernichtete. In den folgenden Jahrhunderten läßt sich keine bedeutendere urbane Besiedlung nachweisen. Die Schwerpunkte der Entwicklung verlagerten sich nach Malakka. Doch scheint den jeweiligen Herrschern von Siam, China, Java und Sumatra die Bedeutung des strategisch wichtigen Stützpunktes an der Südspitze bewußt gewesen zu sein, da er mehrfach und heftig umkämpft wurde.

Historischer Überblick

2.3 Singapur wird britische Kronkolonie

Singapur tritt erst wieder in das Rampenlicht des Zeitgeschehens durch die legendäre Landung Sir Stamford Raffles.

INFO

Wer war Sir Stamford Raffles?

Thomas Stamford Bingley Raffles wird als Gründer des modernen Singapur gefeiert. Er ist überall in der Republik gegenwärtig: als weltbekanntes Hotel mit dem ebenso weltbekannten Sling-Mixdrink, vielfach geformt als Standbild, als nobles Einkaufszentrum, werbend für den Komfort-Service der Singapore Airline, als Praliné, als Riesenblume (Rafflesia tuan mundal – etwa 1 m Durchmesser), als Suppe oder Filetsteak. Wer war dieser Stamford Raffles, der als armes Kind aufwuchs und 1817 als "Sir" geadelt wurde?

Sein Leben gleicht einem exotischen Filmstoff. Am 6. Juli 1781 wurde er auf einem britischen Handelsschiff, irgendwo zwischen Amerika und England, geboren. Der Vater, ein Kapitän, starb früh und der Junge mußte die Schule verlassen. Er bekam einen Job als Schiffsjunge bei der East India Company für einen Guinée die Woche (= 21 Schilling). Neben der Arbeit eignete er sich im Selbststudium Sprachen und alle verfügbaren naturwissenschaftlichen Kenntnisse an. Durch eiserne Disziplin wurde er schließlich zu einem der bestinformierten Menschen seiner Zeit.

1805 verhalfen ihm Ehrgeiz und die Bewunderung seines Chefs William Ramsay zur Stellung eines Assistent Secretary auf der Insel Penang (Jahresgehalt 2.000 Pfund). Er war einer der wenigen Kolonialisten, die versuchten, das Leben der Eingeborenen, ihre Sitten und Gebräuche tatsächlich kennezulernen, zu verstehen und zu respektieren. Nächtelang lernte er die malayische Sprache. Dieses prädestinierte ihn für die Beförderung zum Lieutenant Governor auf Java (Jahresgehalt 8.000 Pfund). Mit 30 Jahren war er Herr über fünf Millionen Menschen.

Von 1811 bis 1816 bemühte er sich, den Einfluß der Kolonialmacht Holland, die vor den Briten in Südostasien Besitzungen erobert hatten, zurückzudrängen. 1811 entriß er dem Konkurrenten zum Beispiel sämtliche Besitzungen auf Mitteljava (die später wieder zurückgegeben wurden). Bei einer Expedition ins Landesinnere entdeckte er den 1.100 Jahre alten buddhistischen Großtempel von Borobudur.

Historischer Überblick

Sir Stamford Raffles

Schrittweise verwirklichte Raffles gewagte Reformen. Er ließ die Sklaverei abschaffen, verbot die Plünderung von Schiffen, ersetzte willkürliche Emotionaljustitz durch eine geordnete Rechtsprechung. Er gestattete der ärmeren Landbevölkerung freien Fruchtanbau und freien Verkauf ihrer Produkte. Das brachte ihm zwar die Wertschätzung der Javaner ein, bescherte seiner Administration aber ein finanzielles Desaster.

1816 wurde er nach Bencoolen, einem halbvergessenen britischen Hafen an der Südwestküste von Sumatra strafversetzt. Um seine Reputation wieder zu erlangen sowie die zahlreichen Krankheiten auszukurieren, fuhr er im Sommer 1816 nach England. Er erreichte in wenigen Monaten beides. Die Royal Society ernannte ihn zum Mitglied, die Nationalgalerie hängte ein Porträt von ihm auf. Am 29. Mai 1817 schlug man ihn zum Ritter.

Als private Krönung gewann er die Liebe der schönen Irin Sophia Hull und heiratete sie. 1818 kehrte er zuversichtlich auf seinen Posten in Bencoolen zurück. Überall begegnete er dem störenden Einfluß der Niederländer. Ihm wurde klar, daß England zur Sicherung seines Überseehandels einen strategisch günstiger gelegenen Handels- und Reparaturplatz benötigte als Penang und Bencoolen. Seine Wahl fiel auf Singapura.

Raffles segelt nach Kalkutta und ließ sich die Inbesitznahme zuvor durch den Generalgouverneur Lord Hastings absegnen. Mit allen Vollmachten ausgestattet, begleitet von bengalischen Infanteristen und britischen Kanonen, ankerte er am 29. Januar 1819 mit sechs Handels- und zwei Kriegsschiffen vor der Küste Singapurs. Am 6. Februar schloß er mit dem Sultan von Jahore, Hussein Shah, einen Vertrag über die exklusive britische Nutzung der Insel. Das moderne Singapur war geboren. Britische

Historischer Überblick

**Die Unterzeichnung des Vertrages von 1819;
nachgestellte Szene im Wax Museum von Sentosa**

Zeitungen bezeichneten den Vertrag als den "größten politischen und wirtschaftlichen Coup des Jahrhunderts". Raffles selber preist in seinem Tagebuch die Insel als "einen Landfleck mit Vorzügen, wie man sie unmöglich irgendwo besser finden kann". Sir Thomas Raffles war eine außerordentliche Persönlichkeit, voll von Selbstdisziplin, staatsmännischem Auftreten (einige haben ihn mit seinem Zeitgenossen Napoleon verglichen), dabei nicht ohne Charme und Witz, hilfsbereit, von ungewöhnlicher Toleranz. Er erkannte in der Vielfalt unterschiedlicher Rassen und Religionen die Chance zu fruchtbarem Reichtum – das Erfolgsrezept des heutigen Wirtschaftsgiganten.

Raffles hat sich insgesamt nur drei Male – zwischen 1819 und 1822 – in Singapur aufgehalten. Bei diesen wenigen Inspektionsreisen hat er aber entscheidenden Einfluß auf die Gestaltung der Insel und ihrer Menschen genommen. Seine Entscheidungen zeugen von enormer Weitsicht.

Das tropische Klima, Seuchen und der Tod dreier seiner Kinder zersetzten seine Gesundheit. Die Ärzte rieten dringend zur Rückkehr nach England. Mit "brain fever" (Kopffieber) und "heart nigh broken" (gebrochenem Herzen) stattete er am 22. Oktober 1822 seinem "Kind Singapur", wie er es nannte, einen letzten Besuch ab. Die Dinge standen gut. Eine multikulturelle Stadt war inzwischen entstanden und zählte über 10.000 Einwohner: Chinesen, Malayen, Inder, Europäer, Araber. "Hier ist Leben und Aktivität" notierte er in seinem Tagebuch. "Es wird für die Menschen nachfolgender Generationen ein Beispiel sein können, wie Seeleute, Händler, Verwaltungsbeamte, Soldaten, Gläubige und Heiden zur Zufriedenheit Aller an einer Sache bauen."

Historischer Überblick

Während der neun Monate seines letzten Aufenthaltes setzte Sir Stamford eine Verfassung in Kraft, ließ das Land registrieren, jeden Winkel mit Namen benennen, separierte die ethnischen Gruppierungen in getrennten Stadtbezirken (die Grundlage für das heutige Chinatown, Arab District, Little India, Armenian Quarter). Er verordnete für alle ein Mindestmaß an Schulbildung, gründete ein höheres Kolleg für Sprachen und Handelslehre. Besonders weitsichtig waren seine rechtlichen Verordnungen. Sklaverei, Schinderei, Kindes- und Weibesmißhandlung wurde unter Strafe gestellt. Jeder hatte rechtlichen Anspruch auf gerechten Lohn und medizinische Versorgung, denn "alle Menschen sind vor Gott gleich und wir haben dieses durch Gesetze zu garantieren".

Seine Krankheit (wahrscheinlich ein Hirntumor) zwang ihn schließlich, abzureisen. Unglücklicherweise brach Feuer auf dem Schiff aus und die "Fam" ging unter. Mit ihr wurden fast alle Tagebücher und äußerst wertvollen wissenschaftlichen Aufzeichnungen Raffles vernichtet. Die Besatzung und Raffles konnten sich retten und erreichten 1824 London. Dort wurde er für seine Bemühungen um Singapur gefeiert und genoß hohes Ansehen als Orientalist. Obwohl ihn seine Krankheit teilweise zur Untätigkeit verdammte, war er vollen Ideen. Für das britische Parlament wollte er kanditieren, den Zoologischen Garten umstrukturieren. Er arbeitete an der Sichtung und Katalogisierung von asiatischen Pflanzen und Tieren. Am 5. Juli 1826, einen Tag vor der Vollendung seines 46. Lebensjahres, fand seine Frau Sophia ihn tot in seinem Arbeitszimmer. Offenbar hatte er am einem Antwortschreiben an die East Indian Company, deren Angestellter er 31 Jahre lang gewesen war, gearbeitet. Die Direktion hatte ihn nämlich ultimativ zur sofortigen Rückzahlung von 22.000 Pfund aufgefordert, die er "zweckentfremdend für die Gründung Singapurs verwendet habe".

Bis 1819 gehörte der Flecken zum Sultanat von Johore. Am Morgen des 6. Februar, ein, wie die Chroniken berichten, "*feiner Tag mit einer leichten, frischen Brise*", wurde jener denkwürde Vertrag zwischen dem Herrscher von Johore, vertreten durch Sultan Hussein Shah und Sir Stamford Raffles unterzeichnet und besiegelt, der die Insel an Großbritannien abtrat. Über die Höhe der Kaufsumme gibt es widersprüchliche Angaben. Die meisten Berichte aber betonen, daß es sich um 5.000 Spanische Dollar (wahrscheinlich der damals im Umlauf befindliche Silberdollar) gehandelt haben soll, zuzüglich einer jährlichen Leibrente von 3.000 Dollar und einem Stückchen Land auf der Insel für den Sultan.

Danach begann die rasante Erschließung und Entwicklung Singapurs. Kulis aus aller Herren Länder suchten Arbeit und

Historischer Überblick

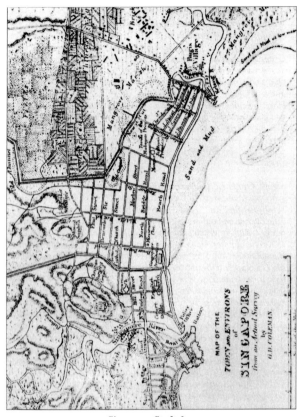

*Singapurs Stadtplan,
von G.D.Coleman auf Veranlassung Raffles' entworfen*

Glück, die ersten Investoren riskierten und gewannen Unsummen. Wälder wurden gerodet, Plantagen und Straßen angelegt. Das Handelsvolumen übertraf alle Erwartungen. Die nächste Welle der Pioniere kam aus Europa, China, Indien und Arabien. Die ersten Großbetriebe und Handelsketten blühten auf. Der Hafen wurde vielfach erweitert. Als die Schiffahrtsgesellschaft P & O (*Peninsular & Oriental*) ihre Routen auf Singapur ausdehnte, wurde der "moderne, große" Überseehafen angelegt. Man schrieb das Jahr 1900. Gummi, Zinn, Gewürze und Edelhölzer nahmen ihren Weg von hier aus nach Europa. Die Infrastruktur der Insel wurde in schnellem Tempo verbessert.

Das Glück hielt für die Bewohner an, bis **Japan** in den **Zweiten Weltkrieg** eintrat.

Historischer Überblick

1942 besetzte General *Tomoyaki Yamashita* die Insel. Es folgten grausame und unnötige Massaker an der Bevölkerung, die sich längst ergeben hatte. In den Geschichtsbüchern wird übereinstimmend diese dreijährige Besetzung als die schlimmste Schreckensherrschaft bezeichnet, die Singapur je gesehen hat.

Am 12. September 1945 nahm Admiral *Lord Mountbatten* die Kapitulationsurkunde von Vizeadmiral *Shigeru Fukudome* entgegen. Singapur war wieder in den britischen Schoß zurückgekehrt.

Die japanische Rückgabe der Insel an die Briten 1945; nachgestellte Szene im Wax Museum von Sentosa

2.4 Lee Kuan Yew und die Unabhängigkeit

Die treibenden Kräfte bei der Lostrennung von England waren junge Intellektuelle im In- und Ausland. Einer von ihnen war Lee Kuan Yew, der in England Freunde warb. Auch die Kommunisten versuchten, von Malaya aus die gesamte Halbinsel in eine Diktatur zu verwandeln. 12 Jahre lang tobte ein Guerillakrieg, den schließlich die Briten mit Hilfe der Australier für sich entscheiden konnten. Damit blieb der Region eine Diktatur nach stalinistischem oder maoistischem Muster erspart. 1954 gründete der erst 31jährige *Lee Kuan Yew* die **Sozialistische Aktionspartei des Vol-**

Historischer Überblick

kes (*PAP*). Ihr erstes Ziel war die vollständige Souveränität Singapurs. Die PAP gewann bei den ersten freien Parlamentswahlen die Mehrheit, und *Lee Kuan Yew* zog als Premierminister ins Regierungspalais.

1965 schied Singapur aus der malayischen Föderation aus und wurde ein **vollständig souveräner Staat**. Kenner der Region bezeichneten diesen Schritt als wahnsinnigen Selbstmord. Ohne Hinterland, ohne Rohstoffe, ja ohne eigenes Trinkwasser, gab niemand der neugegründeten Republik eine Überlebenschance.

Doch die Experten irrten sich. Zwischen 1972 und 1992 gewann die PAP haushoch alle Wahlen. Singapur wurde ein stabiler Wirtschaftsfaktor in Südostasien. 1990 trat *Lee Kuan Yew* aus Altersgründen von seinem Amt zurück. *Goh Chok Tong*, der die politische Linie Lees weiterverfolgen will, wurde neuer Premierminister. *Lee Kuan Yew* bleibt als beratendes Mitglied in der Funktion des *Senior Prime Minister* der politischen Szene des Landes erhalten.

An der Rolle *Lee Kuan Yews* scheiden sich die Geister. Für viele Ausländer, voreilige Journalisten und Zwei-Tage-Touristen ist er ein Diktator, ein Demokratieverächter, ein machtbesessener Politiker, der seit Jahrzehnten sein Volk in die Disziplin zwingt und mit allerhand gekonnten Manipulationen an der Macht zu bleiben versucht. Fragt man jedoch kreuz und quer auf der Insel die unterschiedlichsten Bewohner (und um diese geht es ja in erster Linie), erhält man fast hundertprozentige Zustimmung zu seiner Politik, sprechen die Menschen mit Hochachtung, Ehrfurcht, zum Teil mit Begeisterung über den Baumeister des modernen Singapur. Viele bezeichnen ihn als "zweiten Raffles".

Und in der Tat ist unter seiner Leitung unvorstellbar viel erreicht worden. Der kleine Inselstaat, ohne irgendwelche Rohstoffe und ohne Trinkwasser, dem viele bei der Lostrennung von Malaysia 1965 keine Überlebenschance gegeben hatten, steht heute souverän da. Wirtschaft und Währung sind stabil. Das Analphabetentum ist beseitigt. Malaria und andere ansteckende Krankheiten sind ausgerottet. Fast alle haben ein eigenes Dach über dem Kopf. Jeder erhält eine ausreichende Schulbildung. Das Sozialsystem erscheint vorbildlich. Die Infrastruktur der Insel ist hervorragend ausgebaut. Die Abhängigkeit des Staates ist geringer denn je zuvor.

Und das Erstaunlichste ist das gelungene Experiment, Menschen der unterschiedlichsten Rassen und Religionen, in ihren Ursprungsländern erbitterte Feinde, hier friedlich auf engstem Raum nebeneinander zu erleben.

Historischer Überblick

INFO

INFORMATION zu Lee Kuan Yew

Das alles gehörte zur Vision des Senior Premierministers Lee Kuan Yew, und er hatte an ihrer Verwirklichung entscheidenden Anteil. Wer ist dieser Mensch und Politiker, dem selbst seine schärfsten Gegner zähneknirschend höchsten Respekt zollen müssen?

Lee Kuan Yew wurde am 16. September 1923 in Singapur geboren. Die Familie war bereits ein Jahr nach Gründung durch Raffles aus Java zugewandert. Während die Mutter aus Malaysia stammte, war der Vater ein aus dem Norden Chinas stammender Hakka, der in der Erdölbranche tätig war. Er sprach fließend Englisch und war überhaupt englischer Kultur und Tradition äußerst zugetan. So wuchs Lee Kuan Yew in einer multi-

Lee Kuan Yew

kulturellen Umgebung auf. Kein Wunder, daß er 1939, als er das Raffles College mit der höchsten Auszeichnung (der Anderson Medaille) verlassen hatte, zum Studium nach England ging. In Cambridge studierte und absolvierte er in Jura. 1950 kehrte der junge Anwalt nach Singapur zurück und sammelte erste praktische Erfahrungen in der Kanzlei Laycock und Ong. Durch seine Tätigkeit kam er verstärkt mit Arbeiterkreisen in Berührung und wurde schließlich der juristische Berater verschiedener Gewerkschaften. 1954 avancierte er zum Generalsekretär der von ihm gegründeten PAP (People Action Party). Im Alter von nur 36 Jahren gewann er 1959 mit seiner Partei die Wahlen und zog als Premierminister ins Parlament. 41 Jahre lang lenkte er in dieser Funktion die Geschicke des Inselstatates durch die schwierigen Zeiten Asiens. Im November 1990 trat er beiseite, um der nachfolgenden Generation in Gestalt des von ihm favorisierten

Historischer Überblick

Goh Chok Tong Platz zu machen. Sein Einfluß als graue Eminenz in der offiziellen Funktion des Senior Premierminister ist aber nicht zu unterschätzen.

Kenner des Landes behaupten, Lee Kuan Yew sei heimlicher Konfuzianer und habe eine moderne Variante seinem Volk aufgeprägt. Konfuzius forderte, die Traditionen zu achten, loyal gegenüber Eltern und Regierung zu sein, Toleranz zu üben, klug und weise und nach unzweifelhaften moralischen Grundsätzen zu leben. Und genau dieses geschieht mit großem Erfolg. Das ist und will nicht eine Demokratie nach westlichem Vorbild sein. "Demokratie", hat Lee mehrfach gesagt,"ist die letzte Entwicklungsstufe auf der zivilisatorischen Leiter. Noch ist die Menschheit nicht reif dafür".

Die einschlägigen Erscheinungsformen in westlichen Ländern scheinen ihm recht zu geben. Immer wieder wirft man dem Staatschef vorschnell vor, er habe einen Staat der Saubermänner errichtet. Ohne Zweifel hat er das und hat es beabsichtigt! Was aber ist daran verwerflich, wenn eine Großstadt sauber ist, wenn U-Bahnschächte und -Wagen nicht beschmiert, die Gehsteige nicht mit Zigarettenkippen übersät sind? Kann man Lee Kuan Yew ernstlich vorwerfen, daß man zu jeder Tages- und Nachtzeit unbeschadet selbst einsamste Straßen benutzen kann? Daß Vergewaltigungen, Drogen, Diebstahl oder Raubüberfälle quasi Fremdworte sind? Was ist übel daran, daß Menschen fleißig sind, effizient arbeiten, nicht zuerst nach dem Sozialstaat rufen? Daß sie würdevoll miteinander umgehen?

Lee Kuan Yew hat – um all das mit seinen Völkern zu erreichen – nicht immer Samthandschuhe angezogen und viele seiner Methoden sind mehr als fragwürdig, wie zum Beispiel die Kommunistenbeseitigung 1963, die Praktiken der Losbrechung von Malaysia oder die oftmals diskriminierende Behandlung von politischen Gegnern. Niemand wird genau wissen, wer er wirklich ist. Sicher ist nur, daß er mit hoher Intelligenz, eiserner Selbstdisziplin, weitsichtigem politischem Sachverstand, zielstrebig und unbeirrbar das kleine Inselgebiet zu einem der wohlhabendsten und sichersten Flecken Asiens gemacht hat. Und was er von der Bevölkerung verlangt, versucht er seit vier Jahrzehnten und auch jetzt im hohen Alter vorzuleben. Etwa, wenn er früh um 6 Uhr seinen Arbeitstag beginnt.

Eine der wichtigsten Regeln für den Umgang miteinander, auf die Lee Kuan Yew immer wieder mit Nachdruck hingewiesen hat, scheint von den meisten Singapuresen befolgt worden zu sein. "Wir müssen den Nächsten mindestens so viel achten", hat er betont,"wie uns selber. Gegenseitige Toleranz, Freundlichkeit und Hilfsbereitschaft bewahren uns davor, egoistisch nur unseren eigenen Interessen nachzueilen. Das Glück des Einzelnen ist ohne das Glück Aller nicht erreichbar."

2.5 Geschichte im Überblick

7. Jh. n.Chr.	Als *Temasek* (= "Stadt am Meer") ist Singapur Teil des hinduistischen **Srivijaya**-Reiches
13. Jh.	Die Stadt existiert unter dem Namen *Singa-Pura* (= "Löwenstadt"). Die Bezeichnung folgt einer Vision des Prinzen von Palembang
14. Jh.	Kämpfe zwischen Java, Siam und China um die strategisch wichtige Position der Insel zerstören alle wichtigen Bauten.
bis 1811	Singapur gilt als Dschungel- und Piratennest
1811	Erste Besiedlung durch etwa 100 malayische Familien
6.2.1819	Stamford Raffles errichtet für die britische *East India Company* auf Singapur einen Handelsposten, nachdem der Sultan Hussein Shah von Johor die Insel abgetreten hatte
1826	Die *East India Company* bildet aus Singapur, Malakka, Pangkor und Penang die *Straits Settlement*. Abenteurer und Handelstreibende aus allen Gegenden Asiens werden angelockt
1867	West-Malaya und Singapur werden britische Kronkolonien. Die Stadtbevölkerung wächst auf 40.000 Einwohner an
1896	Gründung der "Föderation Malaischer Staaten" aus den Protektoraten Selangor, Perak, Negris, Sanbilan, Pahang und Kuala Lumpur
1914	Die an Singapur angrenzende Provinz Johore erhält einen britischen "Berater". Damit ist die Kontrolle über die malayische Halbinsel vollkommen
1942	Die Japaner besetzten Singapur und übten eine dreijährige Schreckensherrschaft aus
21.8.1945	Nach der Kapitulation Japans wird die "Löwenstadt" erneut britisch
1956	In London werden Verhandlungen zur Unabhängigkeit Malayas erfolgreich abgeschlossen
1957	Malaya bekommt die staatliche Souveränität
1959	Singapur erhält eine von Malaya unabhängige Verwaltung mit Lee Kuan Yew als erstem Premierminister
1963	Gründung einer Union aus malayischen Teilstaaten und Singapur. Durch Einfügung der Buchstaben *si* entsteht "Malaysia"
1965	Singapur scheidet aus der Malaysischen Föderation aus und konstituiert sich als selbständiger Staat
1967	Wichtiger Vertrag über "Förderung und Anregung regionaler Zusammenarbeit" (*ASEAN-Pakt*). Großbritanien zieht sämtlichen Streitkräfte ab
bis 1990	Lee Kuan Yew leitet als Premierminister den Inselstaat und führte ihn zu einem Wirtschaftswunderland
Nov. 1990	Lee Kuan Yew tritt zurück. Sein Nachfolger wird der von ihm favorisierte Goh Chok Tong

3. Landeskundlicher Überblick

3.1 Flora und Fauna

Die enorme Luftfeuchtigkeit, verbunden mit gleichbleibend hohen Temperaturen, ermöglichen ein immerwährendes Wachstum.

Exotische Vegetation in Singapur

Bei Inbesitznahme durch Sir Stamford Raffles war die Hauptinsel noch zu 90% von dichten Dschungelwäldern bedeckt. Es gab zahlreiche wilde Tierarten wie **Tiger**, **Bären**, **Hirsche**, **Rehe** oder **Wildschweine** sowie unerforschte Mengen an **Schmetterlingen**, **Vögeln** und **Reptilien**. Durch die enorme kommerzielle Bebauung, das Anwachsen von Satellitenstädten wie Clementi, Bukit Batok, Bishan, Pasir Ris, Bedok u.a., ist die Natur stark zurückgedrängt worden. Die meisten Tierarten sieht man deshalb nur noch im Zoo.

Noch existiert eine einflußreiche und anerkannte Nationalparkbehörde, die die über 2.000 ha **Wald** auf der Hauptinsel streng kontrolliert. Im zentralen Reservoir von Bukit Timah (81 ha) mit der höchsten Erhebung Singapurs (164 m) kann man noch ungestört Urwälder, Seen und Tiere beobachten (s. Kapitel "Freizeit"). Relativ unverdorben sind auch die Wälder um Yishun, die **Mangrovenhaine** von Kranji, Pngol und Oasir Ris.

Zahlreiche **botanische Gärten**, viele äußerst gepflegte **Parks** und das riesige Freigelände des **Zoos** (eines der größten der Welt) erhöhen die Zahl der Naturflächen. Hinzu kommt, daß die Stadtplaner – anders als in Hongkong – streng auf üppigen Baum- und Grünflächenbestand achteten. Selbst im Allerheiligsten, dem Finanzdistrikt, existieren zahlreiche Grünanlagen mit Blumenrabatten und Skulpturen.

Die meisten der zu Singapur gehörigen **Inseln** sind überwiegend naturbelassen.

Landeskundlicher Überblick

Unter der Bauwut hat die **Tierwelt** am ärgsten gelitten. Übriggeblieben sind lediglich **Affen, Macaquen, Fledermäuse**, über einhundert verschiedene **Vogelarten** sowie zahlreiche **Schmetterlingstypen**. **Reptilien** und (z.T. giftige) **Schlangen** sind allerorten "life" zu beobachten.

Im **Zoologischen Garten** von Singapur leben mehr als 2.000 Tiere. Und der **Jurong Vogelpark** schlägt mit 5.000 Exemplaren, die 450 Arten aus aller Welt repräsentieren, alle Rekorde.

3.2 Alltägliches Leben

3.2.1 Die Familie

Die meisten der aus Asien stammenden Familien – und das sind 97% aller Singapurer – leben in engem Familienverband. Bei Chinesen, Indern, Malayen oder Indonesiern wird diese Bindungen ganz besonders intensiv. Die Verehrung von Vater und Mutter oder Großeltern ist wie die der bereits verstorbenen Ahnen fester Bestandteil vieler Religionen.

Die Familie fungiert – auch aus ökonomischen Zwängen heraus – als Versorgungseinrichtung. Wenn es gilt, eine Eigentumswohnung zu erwerben oder dem Kind eine höhere Ausbildung zukommen zu lassen, müssen alle zusammenlegen. Und für die Jüngeren ist es selbstverständliche Pflicht, sich um die Altgewordenen zu kümmern. In den meisten Fällen bleiben Eltern oder Großeltern im Familienverband wohnen und übernehmen kleinere Aufgaben wie z.B. Babysitting. Für junge Singapurer ist es schwer, irgendwo alleine zu sein. Die wenigen Parks sind überfüllt, zu Hause wachen die Eltern. Bei den meist streng traditionell lebenden Familien verbieten sich vorehelliche Körperkontakte ohnehin. Heiratswünsche werden in der Familie diskutiert. Die Entscheidung fällen die jungen Leute jedoch alleine. Ohne Zustimmung der Eltern heiraten die wenigsten.

Die vordringlichste Aufgabe, der sich ein Paar nach der Heirat zuwendet, ist die Beschaffung einer eigenen Wohnung. Erst nach dem Einzug in die eigenen vier Wände sind sie relativ unabhängig. Religiöse oder traditionelle Feste werden fast ausschließlich im Kreise der Familie gefeiert. Die Abläufe sind rituell festgelegt. Die Jugend hat dem Alter Achtung zu erweisen. Die Alten tischen dafür die köstlichsten Gaumenfreuden auf, wobei der Herr des Hauses zahlt und die Frau zubereitet. Vor dem Essen wird der Ahnen gedacht und ihnen

Landeskundlicher Überblick

Junges Paar, frisch verheiratet

geopfert. Beim Mahle werden aktuelle Familienprobleme besprochen sowie aller Nicht-Anwesenden gedacht. Am Schluß bekommen die Kinder Geld für das Sparbuch.

Früher unternahm die Familie auch die Wochenendausflüge gemeinsam. Heute bleiben die Alten unter sich. Sie hocken auf dem Balkon oder schwätzen mit den Nachbarn. Alle drei bis vier Jahre reicht es für eine Urlaubsreise ins benachbarte Indonesien, nach Malaysia oder für einen Besuch beim Onkel in den USA. Den Rest des Geldes schluckt die Ausbildung der Kinder.

Diese tummeln sich in Gruppen in den Freizeitparks, in den Sportstadien, stecken ihre Münzen in Spielautomaten oder schwingen ihre durch Schule oder Lehre gestreßten Körper durch den Discosound. Ihre Anhänglichkeit an traditionelle Werte läßt sichtbar nach. Alles, was aus Europa oder den USA kommt, wird fast kritiklos akzeptiert. Man kleidet sich mit gebügelten Jeans, T-Shirts mit gesitteten Aufschriften, trägt dieselben Nadelstreifen oder die uniformierten Kostüme morgens ins Büro wie ihre Kollegen in Paris oder Frankfurt.

Die jungen Frauen duften nach "*Chanell*", die smarten Junggentlemen üben den harten Blick von "*Boss.*" Und die Alten schütteln genauso den Kopf über die Jugend von heute wie in Europa.

3.2.2
Wohnsituation

In Singapur haben die Stadtväter ein ausgezeichnetes Modell entwickelt, Wohnraum bereitzustellen und von den Bewohnern pflegen zu lassen. Jeder Bürger des Landes, der eine geregelte Arbeit nachweist, kann eine Eigentumswohnung beantragen. Eine

Landeskundlicher Überblick

Stadtgegend darf er wünschen, aber nicht bestimmen. Die vom Staat veranschlagte Wohnfläche könnte größer sein, fällt aber mit 45 qm für eine Einzelperson immer noch zufriedenstellend aus. Diese von der Republik errichteten Wohnungen sind sechs bis sieben Mal billiger, als die auf dem freien Markt. 110.000 S$ (= ca. 107.800 DM) für eine Dreizimmerwohnung mit Bad und Garage werden vorfinanziert. Ein Drittel sind bei Kaufabschluß zu erstellen, der Rest über Jahre verteilt in dem Gehalt angemessenen Monatsraten wie eine Miete. Der unbestreitbare Vorzug dieser Vorgangsweise ist, daß die Familie ihre "eigenen" Wände hat, sie pflegt und schont, dem Staat zu Dank verpflichtet ist und lange Jahre fleißig arbeiten wird.

Auf dem freien Wohnungsmarkt kann jedermann natürlich nach Herzenslust aus einem üppigen Angebot luxuriöser Reihenhäuschen oder Terrassenwohnungen auswählen – freilich nur, wenn er das entsprechende Geld hat. Kredite von der Bank aber sind sehr teuer. Viele Familien geraten dadurch in den Ruin. Ein Haus mit Garten zählt in Singapur noch mehr zum olympischen Gefilde als anderswo auf der Welt.

Die winzigen chinesischen oder indischen Katen in den Altstadtvierteln bringen, bevor sie abgerissen werden, nicht einmal die Anzahlung für eine bescheidene Eigentumswohnung. Diejenigen Spekulanten, welche da geschickt operieren, in eine Renovierung investieren und das hübsche antike Häuschen dann zu horrenden Preisen an Kaufleute vermieten, machen den eigentlichen Gewinn. So entstehen fast zwangläufig die riesigen Hochhauswohnburgen. Es fehlt nicht an Bemühungen, durch Farbe und leicht veränderte Dekorformen et-

Modern und eintönig: Wohnsilos von Chua Chu Kang New Town

Landeskundlicher Überblick

was optische Variabilität zu gestalten, der Zwang, möglichst viele Menschen auf möglichst wenig Raum unterzubringen, läßt da kaum mehr als kosmetische Korrekturen zu. Die Bewohner von Singapur nehmen es gelassen. Sie haben ihr bescheidenes, aber eigenes Dach über dem Kopf und insofern geht es ihnen vielfach besser als den meisten Menschen in der kapitalistischen Welt. Wenn die Politiker erst einen Teil Malaysias oder Indonesiens aufgekauft haben – worüber man laut nachdenkt! – wird es größere Wohnungen geben...

3.2.3 Arbeitswelt

Nur knapp 2% haben in Singapur keine Arbeit. Wer arbeiten will, bekommt durch das "*Employment Department*" zumindest einen Job vermittelt. Insgesamt fahren etwa eineinhalb Millionen Menschen jeden Tag zur Arbeit. 44 Stunden hat die Arbeitswoche. Ein Tag ist frei. Sondervereinbarungen sind möglich. 11 bezahlte Feiertage im Jahr gibt es als Minimum und darüber hinaus bis zu 14 Tagen persönlichen Urlaub.

Jeden Morgen füllen sich Busse und Bahnen, verstopfen private Pkw die Straßen bei der Anfahrt zur Arbeit. Die durchschnittliche Anreisezeit beträgt eine halbe Stunde. Am Abend, nach 17 Uhr das gleiche Bild in entgegengesetzter Richtung. Alles überaus diszipliniert. Niemand drängelt beim Ein- oder Aussteigen, auch nicht, wenn er es eilig hat. Die meisten reisen mit einer Monatskarte. Sie kostet je nach Fahrtziel zwischen 53 und 75 S$. Studenten, Rentner, Soldaten und Sozialfälle fahren erheblich billiger, Mön-

Hochqualifizierte Arbeitsplätze: Produktion von Computerteilen

che umsonst. Auch beim Arbeiten herrscht strenge Disziplin, "Gammelei" führt schnell zum Verlust der Stelle. Es warten genug andere. Und wenn zuviel Arbeit da ist, kommen auf einen Wink zu den 200.000 Malayen aus Jahore weitere 10.000 dazu. Sie arbeiten für weniger Lohn und können sich zu Hause trotzdem schneller etwas leisten. Die Arbeitsschutzbestimmungen sind streng und werden von besonderen Inspektoren kontrolliert. 1991 gab es "nur" 66 ernste Arbeitsunfälle in der gesamten Industrie. Obwohl 83 registrierte Gewerkschaften ihre Hilfestellung anbieten, nehmen nicht mehr als

217.000 Mitglieder diese in Anspruch – offensichtlich sind die meisten Arbeitnehmer zufrieden. Kostspielige Arbeitskämpfe wie in Europa kann und will sich in Singapur keiner leisten. Was die Dauer der Lebensarbeitszeit anbetrifft, so gibt es zahlreiche unterschiedliche Modelle. Im allgemeinen arbeiten Männer bis zum 65., Frauen bis zum 60. Lebensjahr in der Industrie. Private Erwerbstätige und Angehörige kleiner Familienbetriebe hören erst zu arbeiten auf, wenn die Gesundheit sie im Stich läßt.

3.2.4 Schulbildung

In den zurückliegenden zwei Jahrzehnten wurden erhöhte Anstrengungen unternommen, durch ein straff durchorganisiertes und modernes Bildungssystem die Produktivkraft Mensch effektiv einzusetzen. Der Schwerpunkt liegt auf technischen Disziplinen. Das Defizit an künstlerisch-musischen Ausbildungsangeboten soll in Kürze behoben werden.

Die Analphabetenrate sank von 18% im Jahre 1974 auf 9% im Jahre 1991. Eine zehnjährige Schulpflicht wurde eingeführt, in welcher der Zögling *"moralische Werte, Loyalität zum Staat, Verantwortlichkeit gegenüber seiner Familie und die Fähigkeit, seinen Lebensunterhalt selbständig zu verdienen"* (Zitat des Ministeriums) erlernen soll.

Im Alter von 6 Jahren kommt das Kind auf eine sechsjährige, allgemeine Grundschule (*Primary School*). Auf einer Zweitstufe lernt es fünf weitere Jahre bis zum *"Secondary Examination."* Während dieser Zeit kommt es bereits zu einer Spezialisierung. Je nach Abschneiden auf der Grundschule kann entweder ein *"Normal Level-Course,"* ein *"Technical"* oder ein Schnellkurs mit *"Cambridge Certificat"* absolviert werden. Anschließend an das zweite Examen gibt es zwei Jahre Pre-Universität. Das *"Singapore-Cambridge Certificat of Education"* ermöglicht danach den Besuch einer Universität.

Derzeit bilden 18.000 Lehrer an 2.700 Grund- und 260 Mittelschulen flächendeckend Nachwuchs aus. Die staatliche Schulerziehung steht allen Rassen kostenlos zur Verfügung. In der *Primary School* wird in der Muttersprache der Familie unterrichtet. Ab der Sekundärstufe kommt Englisch als Landessprache hinzu. Wer in den höheren Staatsdienst aufsteigen will, tut gut daran, Mandarin-Chinesisch zu lernen. Neben den üblichen allgemeinbildenden Fächern wird auf Körperertüchtigung und Hygiene größten Wert gelegt. Nachmittags oder abends können Extrakurse in Sport, Theaterspielen, Tanz oder Literatur belegt werden.

Außerhalb der Schule gibt es zahlreiche staatliche und private Jugendorganissationen wie z.B. die Pfadfinder oder Jugendbrigaden, Ambulanz-

Landeskundlicher Überblick

helfer oder Verkehrsregler, die gemeinnützige Aktivitäten anbieten. Dabei wird besonders großen Wert auf die Achtung der Natur gelegt.

Für die Schüler ab dem 12. Lebensjahr stehen Trainingsinstitute zur Vertiefung und Intensivierung des Lernstoffes zur Verfügung.

Die Universitäten

In Singapur gibt es zwei staatliche Universitäten. Aus der Universität *Nanyang* von 1956 ging 1980 die *National University of Singapore* hervor. Sie liegt etwa 12 km vom Stadtzentrum entfernt inmitten eines der landschaftlich schönsten Gebiete der Insel. Ungefähr 15.000 Studenten erlernen neben den klassischen Disziplinen wie Medizin, Jurisprudenz, Geschichte und Philosophie auch Molekular- und Zellbiologie, Gentechnik oder Wirtschaftssystematik. 1.500 Professoren und Dozenten sind festangestellt. Die Universitäts-Bibliothek umfaßt inzwischen 1,7 Millionen Bände und mehr als 17.000 periodische Zeitschriften.

Für die Ausbildung von technischen Spezialisten wurde im Juli 1991 die *Nanyang Technological University* weit außerhalb der Stadt gegründet. Sie ist hinsichtlich Ausstattung und Angebot wohl die nobelste Einrichtung dieser Art in der Welt.

Für die Nachwuchsausbildung von Pädagogen nimmt das *National Institut of Education* bis zu 9.000 Studierende auf. In einem vierjährigen Studium werden sie auf ein Magisterexamen vorbereitet.

Die Nanyang Technological University

3.3 Wirtschaft und Handel

3.3.1 Wirtschaftliche Entwicklung

Bis zur Erlangung der Unabhängigkeit von der britischen Krone 1957 war Singapur der wichtigste Handelshafen zwischen Kanton und Kalkutta. Nachdem der "verrückte Ridley", wie die Farmer den Direktor des Botanischen Garten nannten, den Anbau von Gummibäumen angeregt hatte, schossen die Plantagen in die Höhe. Die Erfindung des pneumatischen Reifens 1989 durch Dunlop steigerte den Bedarf an Rohgummi sprunghaft. Schon 1920 kam die Hälfte der Weltproduktion aus Malaysia, und Singapur war dafür der größte Umschlaghafen. Die Eröffnung ergiebiger Zinngruben erweiterte das Handelsspektrum.

Seit der Loslösung von Malaysia im Jahre 1965 hat sich der Inselstaat zu einem der führenden Wirtschafts- und Finanzzentren Asiens entwickelt. Ohne Rohstoffreserven, allein angewiesen auf Können und Klugheit seiner Bewohner, erarbeiteten sich die Singapurer führende Leistungsplätze auf dem Weltmarkt. Den geographischen Standortvorteil gekonnt ausnutzend, breitgefächert im internationalen Wirtschaftsservice-Angebot, ideal als Konferenz- und Verhandlungsplatz, verlokkend durch kluge Investmentpolitik, Stopover zwischen Europa und Australien, Japan und Indien – so avancierte die Insel zur wirtschaftlichen, finanziellen und neuerdings auch kulturellen Drehscheibe.

Vielen wohlhabenden Einwohnern Hongkongs erscheint Singapur angesichts der eigenen ungewissen Zukunft als attraktiver finanzieller Depositenplatz. Im Inland sind der Dienstleistungs-, Freizeit- und Tourismussektor, der Wohnungsbau, die Hochtechnologie, Gastronomie und Mode heraussragende Geschäftszweige.

Singapur ist Mitglied der Wirtschaftsgemeinschaft ASEAN (*Association of Southeast Asian Nations*), eines Verbandes nach dem Muster der EG, dem ferner Malaysia, Thailand, Indonesien, Brunei und die Phillipinen angehören. Aufgrund seiner zentralen Lage kommt der Insel eine Schlüsselstellung zu.

Seit 1961 gibt es das EDB (*Economic Development Board*). Seine Hauptaufgabe besteht in der strukturellen Wandlung Singapurs von einer Handelsnation zum vielgestaltigen Wirtschaftsorganismus. Investitionen und internationale Serviceleistungen wie Business-Knowhow und -Strategie, infrastrukturelles Marketing, Logistik, Informatik, Direktinvestment oder

Landeskundlicher Überblick

Technologietransfer gehören zu den angepeilten Aufgaben der unmittelbaren Zukunft. Gegenwärtig befindet sich die Inselwirtschaft zwischen den klassischen Aufgaben als natürlicher Handelsplatz und Bereitsteller weltweit bestem Innovationsservice.

Das Wirtschaftswachstum basiert überwiegend (noch) auf bedeutenden Auslandsinvestitionen. Unternehmen aus Japan, den USA und der EG errichteten hier ihre südostasiatischen Produktionszentren. Günstige Steuerbedingungen sowie fachlich perfekt geschultes, zweisprachig ausgebildetes, diszipliniertes und freundliches Personal ermöglichen ideale Produktionsbedingungen. Internationale Markenführer der Elektronik von *Sony*, *Panasonic* über *Philips*, *Grundig* bis *Miele* und *Olivetti* – alle sind vertreten.

Das EDB berät ausländische Firmen über Art und Bedingungen der Investitionen. Gewünscht werden exportorientierte, technologisch intensive und umweltvertägliche Industrien.

Der bedeutendste Produktionszweig ist die Mineralölverarbeitung. Allein 1991/92 wurden 3 Mrd. US$ in diesem Bereich investiert. Auf den vorgelagerten Inseln gibt es die größte Raffinerie der Welt. Das Rohöl kommt überwiegend aus dem Nahen Osten. Um die Rohstoff-Abhängigkeit zu mindern, wurden erfolgversprechende Probebohrungen vorgenommen.

Schiffsneubau – von der Hochseejacht bis zum Ozeanriesen oder auch ganzen Bohrinseln – ist eine weitere weltweit genutzte Spezialität. Dank modernster Technik, Geschicklichkeit und Fleiß des Personals sind die Herstellungs- bzw. Reparaturzeiten um ein Drittel kürzer als sonst in Asien.

Schiffsreparatur-Werft

3.3.2 Handel

Der anhaltende Boom, auch beim Fahrzeugbau, bei optischen, wissenschaftlichen und medizinischen Instrumenten, bei der Kautschukverarbeitung sowie der Textil- und Baustoffindustrie beflügelt die Wirtschaftsprognosen.

Die weltweite Rezession macht sich aber auch in Singapur spürbar bemerkbar. Das Eingebundensein in fremde Währungen machen die Wirtschaft genauso wie die Abhängigkeit vom Ölmarkt und von der Investitionsfreudigkeit ausländischer Unternehmen anfällig für Schwankungen. Die enorme Schubkraft vergangener Jahre hat sich verlangsamt. Wachstumsraten von über 20% sind seltener geworden. Trotzdem weist die generelle Bilanz immer noch stolze 6,7% wirtschaftliche Expansion aus.

Von existentieller Bedeutung für die kleine Inselrepublik ist der Handel. 1991 hielten sich Import und Export fast die Waage. Importierte Waren im Wert von 114 Mrd S$ standen bei einem Wachstum von 7% Exporte in Höhe von 102 Mrd S$ gegenüber. Rechnet man den Re-Export von Computerteilen, Schiffselementen, Videorekordern, Aircondition-Anlagen und Schnaps in Höhe von 24 Mrd S$ hinzu, so ergibt sich ein satter Handelsgewinn von 5,4 Mrd S$. Im gleichen Zeitraum wuchs das Außenhandelsplus um 5,4% auf 216 Mrd S$. Die Haupthandelspartner sind die USA, Japan und die EG, mit denen 57% des gesamten Handels abgewickelt wird. Der Export mit dem Nachbarn Malaysia stieg um 22%, der mit den Amerikanern sank aufgrund der Rezession um 0,5%.

Das World Trade Centre

Der Warenaustausch mit der EG wuchs 1991 um 33% auf 14 Mrd S$. CD-Herstellungsmaschinen, Fernseher, Computer und Kühlaggregate waren die wichtigsten Exportgüter Singapurs nach Europa.

Die Lust am Investieren hält unvermindert an. 1991 wurden 20.000 Großgeschäfte zusätzlich abgewickelt. 6.653 neue Firmen wählten die Republik als Standort. Sie mußten ein relativ unbürokratisches Registrationsverfahren beim RCB (*Registry of Companies*) durchlaufen.

Eine wichtige Funktion beim Handel von und nach Singapur spielt das *World Trade Centre* (WTC; Welthandelszentrum). Es wurde 1978 gegründet und managed Messen, Ausstellungen oder Tagungen und unterhält Geschäftskontakte mit 54 Ländern. Mehr als 70 weltweite und 59 regionale Handelsmessen werden auf dem 34.500 qm großen Ausstellungsgelände vom WTC pro Jahr veranstaltet. Damit gehört es zu den produktivsten Veranstaltern der Welt.

Die wichtigsten Ausstellungen waren 1993 u.a. *Enviromex Asia* (Umweltmesse); *Interclean* (Saubere Arbeitswelt), *Interlight* (Licht). (Vgl. Kapitel Rundgänge WTC)

Eine Tabelle gibt einen Überblick über die wirtschaftliche Entwicklung:

Wirtschaftswachstum (in %)		
	1990	1991
Gesamt	8,3	6,7
Elektronik	9,5	5,3
Finanzen	13	5,4
Geschäftsabschlüsse	9,3	7,6
Handel, gesamt	8,2	6,4
Transport u. Kommunikation	8,8	8,0
Schiffsfracht	8,2	9,4
Bauwirtschaft	7,2	21,0

Buchtip
" Singapore – facts and pictures", jährlich aktualisierte Informationsschrift, herausgegeben von Fremdenverkehrsverbund, Raffles City

3.3.3 Tourismus

Die Zahlen belegen es: Singapur gewinnt als touristische Attraktion immer mehr Besucher. Kamen 1985 3,6 Millionen, waren es 1991 bereits 5,4 Millionen und 1992 fast 6 Millionen Gäste.

Die Steigerung der Besucherraten sind vor allem auf die erfolgreichen Aktivitäten des *Singapore Tourism Promotion Board* (STPB) zurückzuführen, der seit 1964 weltweit für Werbung und Marketing zuständig ist und 17 Agenturen auf allen Kontinenten unterhält. Das STPB veröffentlichte 1992 eine Umfrage unter Besuchern über die Gründe ihres Aufenthaltes. Danach nutzen 64% aller Gäste den Stadtstaat als Stop-Over (Zwischenstop) auf ihrem touristischen oder geschäftlichen Weg zwischen Europa und

Landeskundlicher Überblick

Australien, Japan und dem Nahen Osten. 28% kommen im Rahmen einer Reise, die **unter anderem** auch Singapur berührt. Nur 6% steuern die Insel gezielt als Urlaubsziel an.

Diese Entwicklung entspricht nicht dem Wunsch der Gastgeber, sondern dem weltweiten Negativimage von der menschenverachtenden Hochhauswüste. Singapur hat seinen Gästen aber vielfältige und höchst interessante Attraktionen für mindestens eine Woche Aufenthalt zu bieten. Nachweisbar aber bleiben die Besucher im Durchschnitt höchstens 3 Tage.

Das Gros kommt naturgemäß aus Asien (69%). Aus Europa landen 16%, aus Amerika 7% und aus Australien/Neuseeland 7,8% auf dem Flughafen Changi. Unter den Europäern sind die Engländer führend (303.000), gefolgt von den Deutschen (160.000). In der Beliebtheitsskala nehmen, nach einer Umfrage unter touristischen Dienstleistungbetrieben, die Deutschen nach den Amerikanern und Engländern Platz 3 ein. Die Japaner bilden mit weitem Abstand das Schlußlicht.

Singapur bietet seinen Gästen aus aller Welt attraktive Freizeitmöglichkeiten, eine vielseitige Palette von Hotels der unterschiedlichen Preiskategorien, Restaurants, zahllose Garküchen, Bars, Nightclubs, vielfältige Dienstleistungen, erstklassige Transportverhältnisse und eine endlose Fülle von Einkaufsgelegenheiten. Standard und Preis-Leistungsverhältnis gehören zur Weltspitze.

Die Anzahl der Hotels wuchs von 59 mit 19.000 Betten im Jahre 1985 auf 69 mit 24.000 Betten im Jahre 1992. Die Belegungsrate liegt seit 10 Jahren gleichmäßig bei etwa 80%. Bis 1996 ist eine Kapazitätserweiterung auf 86 Hotels (mit 31.500 Betten) geplant.

Alleine im Jahre 1991 brachte der Tourismus der Staatskasse 8,67 Mrd. S$ ein. Das entspricht etwa 12,5% des Bruttosozialprodukts. Rein geschäftlich besuchen zu Ausstellungen, Konferenzen und Verhandlungen jährlich etwa 300.000 Gäste Singapur.

Touristenbusse in Singapur

35

Der Singapur-Tourismus auf einen Blick

	1990	1992
Zahl der Besucher (in Mill.)	5,4	5,9
Durchschn. Aufenthalt (in Tagen)	3,4	3,7
Gäste aus:		
Asien	62%	69%
Europa	14%	16%
Amerika	9%	6%
Australien / Neuseeland	9,4%	7,8%
Sonstige	5,6%	1,2%
Einnahmen (in Mrd. S$)	67	noch nicht bekannt
Steigerungsrate	1,5%	
Geschäftsbesucher (einschl.Tagungen, Messen)	303.000	noch nicht bekannt
Anzahl der Hotels	66	69
Anzahl der Betten	23.453	24.243

3.4 Einwanderung und Bevölkerung

Der geistige Reichtum Singapurs besteht in der Vielfalt seiner Bevölkerung. Chinesen, Inder, Malayen, Eurasier, Pakistani, Vietnamesen, Europäer – jeder bringt eine andere Fähigkeit ein. Die Chinesen immerwährenden Fleiß und Geschäftstüchtigkeit, Inder und Malayen handwerkliche Geschicklichkeit, die Eurasier wertvolle Verbindungen zu den kulturtragenden Nationen Europas. Gemeinsam ist allen das Bemühen, in Koexistenz und religiöser Toleranz friedvoll eine lebensfähige Plattform zu schaffen. Hatte noch Stamford Raffles seinen Stadtarchitekten Coleman angewiesen, die Rassen streng in unterschiedlichen Wohnvierteln zu trennen (woraus Chinatown, Little India, Arab Street entstanden), so favorisieren Lee Kuan Yew und sei-

Landeskundlicher Überblick

Singapurs Gesichter: Bilder einer multikulturellen Gesellschaft

ne Nachfolger eine Vermischung der Rassen. Es wird "quer" geheiratet. Die Kinder sind schon nicht mehr Inder oder Malayen, sondern fühlen sich als Singapurer. Eine dritte Identität ist entstanden.

Nur selten übertragen sich Spannungen oder Konflikte aus den Ursprungsländern auf die Einwohner der Insel. Hindus und Sikhs, Juden und Araber, in den Ursprungsländern erbitterte Feinde, respektieren sich in gegenseitiger und schweigender Pflichtachtung. Andernfalls droht allen dasselbe: Ausweisung aus dem gesicherten Schoß der Familie der Singapurer in eine ungewisse materielle und religiöse Zukunft. Denn die Ausübung des Rechtes auf freie Religionsausübung wird nicht nur garantiert, sondern auch streng überwacht. Soziale Rechtsnormen gelten für alle

Landeskundlicher Überblick

gleichermaßen. Privilegien werden nach Leistungen und selten nach ethnischer Zugehörigkeit vergeben. Das schließt Korruption und Vetternwirtschaft nicht aus. Sie sind jedoch weniger häufig als anderswo. Das friedvolle Miteinander ist auf dem Wege, zu einer notwendigen Selbstverständlichkeit zu werden.

3.4.1 Geschichtliche und soziale Aspekte der Einwanderung

Die Gründe für die Einwanderung nach Singapur (und Malaysia) sind, je nach sozialer Zugehörigkeit unterschiedlich. Hohe Arbeitslosigkeit in den Mutterländern oder Vertreibung aus religiösen Gründen waren für Arbeiter und kleinere Angestellte der Hauptgrund. Die Gründung eigener Firmen, Selbständigkeit und eine kleine Scheibe vom Kuchen der Reichen schwebte wohl cleveren Kolonialbeamten vor, als sie sich mit Raffles trafen. Indische und chinesische Großhändler, die schon kräftig davon aßen, wollten hinauf auf die frischluftigen Hügel. Ganz reich sein verhieß ganz oben sein auf der sozialen Leiter von Ruhm und Unsterblichkeit.

In diesem Sinne sind wohl auch die vielen Stiftungen gegen Lebensende zu verstehen, geknüpft meistens an Bedingungen wie Denkmalsetzungen oder Namensverewigung in einer Institution. Ohne Zweifel gab es auch eine große Anzahl Menschen, die Lust auf Neues hatten: Herausforderung, Abenteuer, Selbstbehauptung. Strafgefangene konnten Zeit abarbeiten und eher zurück in die Freiheit. Und ein nicht zu unterschätzender Teil der Neuankömmlinge aus aller Herren Länder waren zwielichtige Gestalten, die froh waren, durch die Fänge der Justiz geschlüpft zu sein: Es war ein buntes Gemisch aus Menschen, Motiven, Erwartungen, das 1819 auf Singapur zu existieren begann.

Heute beantragen jährlich etwa 7.000 Menschen aus aller Welt die Staatsbürgerschaft der Republik Singapur. Die meisten kommen aus Ländern der Dritten Welt, aus China, den Philipinen, aus konfliktgeschüttelten Regionen. Grundsätzlich, so heißt es im Einwanderungsgesetz, wird jeder aufgenommen. Die Ausnahmen sind jedoch die Regel. Singapur k a n n nicht alle Menschen Asiens auf seinem ohnehin beengten Territorium beherbergen.

So schaffen berufliche Kriterien eine Barriere. Je höher die Qualifikation, desto geringer die Probleme bei der Aufnahme. Technische Berufe stehen auf der Prioritätenliste obenan. Ein polizeiliches Führungszeugnis aus dem Heimatland, ein Minimum an Kapital, der Nachweis schulischer Ausbildung und berufliche Diplome sind elementare Voraussetzungen. Kommt der Antragsteller aus den USA oder Westeuropa, hat er keinerlei Schwierigkeiten. Nur jeder 5. Antrag wird positiv entschieden. Beim Antrag auf politisches Asyl werden sehr genau die Umstände untersucht. Die meisten "politischen" Flüchtlinge, die im Verdacht stehen, aus wirtschaftlichen Gründen zu kommen, werden umgehend zurückgeschickt. Oftmals wird nur – wie bei den *Boatpeople* aus Vietnam – eine befristete Aufenthaltsgenehmigung erteilt.

Wenn nach zahlreichen Befragungen der Antrag positiv entschieden wurde, müssen die Neubürger in einer feierlichen Zeremonie das Gelöbnis der Nation nachsprechen, wobei sie die rechte Hand aufs Herz legen:

"Wir, die Bürger von Singapur, geloben, uns als ein geeintes Volk zu betrachten, ungeachtet der Rasse, Sprache oder Religion, und geloben an einer demokratischen Gesellschaft zu bauen basierend auf Gerechtigkeit und Gleichheit – um Glück, Wohlstand und Fortschritt für unser Land zu erreichen."

Dann erst erhalten sie die *Rosa-Card* als Staatsbürger oder die *Blue-Card* zum Dauerwohnrecht.

3.4.2 Die Chinesen

Regelmäßige Kontakte zwischen China und Malaya, bzw. zwischen Malakka sind seit dem 15. Jahrhundert belegt. Die Kaiser der Ming-Dynastie mußten nach sicheren Transportwegen über Wasser suchen, da die Landrouten oft durch Räuberbanden blockiert waren.

1403 kam Admiral *Yin Jing* nach Malakka. Fünf Jahre später ist der "Besuch" von General *Zheng He*, einem Eunuchen, überliefert. Es entstanden Handels-und Beistandsverträge. Tausende chinesischer Kaufleute ließen sich in Jahore nieder. Sie begannen, neben den Portugiesen und Holländern, den Handel zwischen China und Indien, Siam und Borneo zu kontrollieren.

Chinesen überfluteten Malaya, als Zinn entdeckt wurde. Auf Singapur legten sie als erste Pfeffer- und Muskatnußplantagen an. *Seah Eu Chin*, der Gabir- und Pfefferkönig, beschäftigte alleine über 2.000 Kulis. Daneben gab es Tausende, die Wälder rodeten, Straßen bauten, Kanäle zogen, in den Häfen Frachtgut schleppten.

Durch den Niedergang der Qing-Dynastie und mit den damit verbundenen sozialen und politischen Unruhen wurde eine weitere Einwanderungswelle ausgelöst. Zu Anfang des 20. Jahrhunderts hatten es viele Chinesen zu bescheidenem Wohlstand gebracht. Die britische Verwaltung sah die Tüchtigen auch gerne in leitenden Funktionen von Wirtschaft, Verwaltung, Versicherung, Banken. Dort waren (und sind!) sie überaus erfolgreich.

Landeskundlicher Überblick

Die Zahl der chinesischen Einwanderer wuchs 1871 auf 56% und erreichte 1911 schließlich 71%. Um 1930 waren schon drei Viertel aller Bewohner Singapurs chinesischer Abstammung. Sie überlebten in geschlossenen Stammesverbänden (*Kongsi*), einer Art Clan, und unterstanden dem *"China-Captain"* als oberster Autorität.

Jeder Clan hatte seine eigene Verwaltung, die für alle kommunalen Belange zuständig war. Darüber hinaus wurde notgedrungen und oft auch nur nach außen der britische Gouverneur akzeptiert.

Die ethnische Farbigkeit des riesigen China spiegelte sich in der Zusammensetzung der Clans wieder. Mit 40% bildeten die aus Xiamen oder Guangdong stammenden *Hokkien* die Majorität. *Kantonesen* sind heute noch mit etwa 25% vertreten. *Hainanesen*, *Teochew*, *Hojia*, *Hokjiu*, *Gungsai*, *Yunnan* und *Han* gibt es in jeweils kleineren Gruppen.
Zu größtem Ansehen und Wohlstand brachten es in Singapur die *Hokkien*, *Teochew* und *Kantonesen*.

Berühmte chinesische Namen aus der Pionierzeit sind:

- *Tan Kim Ching* (1829-1892), Großhändler für Früchte, Gemüse, Gewürze, reichster Mann in Singapur, mildtätig, spendete Hospitäler
- *Tan Tek Guan* (1845-91) und
- *Tan Chay Yan* (1870-1916).

Tan Kim Ching

Söhne *Tan Kim Ching's*, führten Geschäfte des Vaters würdig weiter, expandierten mit Reisimport und Seidenhandel, gründeten Schiffswerften, besaßen großen Einfluß auf die Entwicklung von Chinatown, Bau von Spitälern, Schulen, Sportplätzen

- *Lim Nee Soon* (1874-1936), Gummikönig, Vizepräsident der Chinese Commercial Bank
- *Seah Eu Chin* (1805-1883), Eigentümer von Pfeffer-, Gambir-, Kaffee- und Teeplantagen, einer der reichsten Kaufleute Asiens

Auch **Frauen** waren maßgeblich am gesellschaftlichen Aufbau Singapurs beteiligt. Ihre Domäne lag im Sozialbereich, bei der Schulbildung oder dem Sport.
- Dr. *Lee Choo Neo* (1895-1961), erste chinesische Ärztin in Singapur
- *Tom Teck Neo* (1873-1974), gründete den chinesischen Frauenbund, rief verschiedene Schulen ins Leben,

setzte sich für die medizinische Betreuung von Kindern und Frauen ein

3.4.3 Die Inder

In Singapur leben gegenwärtig etwa 200.000 (= 7%) Menschen indischer Abstammung. Mehr als andere ethnische Gruppen sind sie durch ihre Religionszugehörigkeit charakterisiert und spalten sich in Sikhs und Hindus. Wie schon erwähnt, gibt es keine wesentlichen Spannungen zwischen ihnen.

Die Beziehungen Indiens zu Malaya sind fast dreitausend Jahre alt. Von Bengalien aus segelten die ersten Boote entlang der Küsten nach Süden. Inder betrieben seit dem 2. Jahrhundert n.Chr. zwischen Arabien und China einen vermittelnden Handel. Dafür unterhielten sie entlang der Westküste Malayas kleine Handelsposten. In diesen Stadtstaaten wurden Eisen, Blei, Gold, Zinn, Edelhölzer, Gewürze und vor allem die gefragten indischen Waffen gegen Seide und Porzellan getauscht.

Einer der bedeutendsten Stützpunkte war Patani (im heutigen Bundesstaat Kedah). Gegen Ende des ersten Jahrtausends hatte sich die Schiffsbaufertigkeit sowohl der Araber als auch der Chinesen so weit entwickelt, daß sie diesen indischen Brückenhandel nicht mehr benötigten. In der missionarischen Nachfolge des Propheten Mohammed besiedelten viele Moslems die Halbinsel Malaya.

Um 1290 existierte das Hindureich von Sri Vijaya auch als Hoheit über *Temasek*, wie Singapur damals hieß. Fast hundert Jahre später ging Temasek in den Flammen der buddhistischen Großmacht von Majapahit unter. Mit Sir Stamford Raffles kamen 1819 die Vorväter des heutigen Inder auf die Insel. Raffles segelte von Penang aus. In Indien, dem Sitz des Generalgouverneurs und der *East-Indian-Company*, hatte sich Raffles die Vollmachten zur Inbesitznahme von Singapur geholt.

So war es nur natürlich, daß sich zahlreiche Inder in seiner Begleitung befanden. Einer davon war sein Schreiber namens P. Govindasamy Pillai, der später sehr reich und angesehen wurde. Inder aus Bengalien waren die ersten Baumeister und Hilfskräfte Colemanns. Über 4.000 Strafgefangene schufteten beim Bau von Verwaltungsgebäuden, Kirchen und Tempeln. Weitere Einwanderungswellen brachten Händler, Geldwechsler, Köche, Beamte, Schreibkundige nach Singapur.

Die unteren Kastenmitglieder arbeiteten im Dienstleistungsgewerbe, so als Wäscher (siehe Dhoby Ghaut) oder Straßenreiniger. Sikhs wurden vorrangig als Staatsbeamte und Polizisten beschäftigt. Ein Großteil der britischen Kolonialarmee bestand aus Südindern. *Little India* war der er-

Landeskundlicher Überblick

ste schnellwachsende Stadtbezirk (vgl. Kapitel 6.2.7).

Anfang bis Mitte des 20. Jahrhunderts brachten zunehmende politische Spannungen im Mutterland neue Besiedlungswellen auf die Insel. Unter der Aufsicht von britischen oder Sikh-Beamten arbeiteten Tausende auf den Gummiplantagen, im Straßenbau oder in den Steinbrüchen. Wenige brachten es zu bescheidenem Reichtum, während die meisten in der Hitze dahinvegetierten.

Während die Chinesen im allgemeinen die Schlüsselpositionen in Wirtschaft, Verwaltung, Handel und Politik einnahmen, verblieben die Inder in den unteren oder mittleren Verwaltungsebenen.

In der Hinwendung zu inbrünstiger Religionsausübung suchten viele einen Ausgleich. So entstanden um die Mitte des 19. Jahrhunderts die meisten der Hindu- oder Sikh-Tempel in Singapur. Begründer und Spender waren oftmals reiche Händler und Philanthropen, wie der bereits erwähnte P. Govindasamy Pillai (*Sri Mariammam-Tempel*) oder ein wohlhabender Textilgroßhändler namens Narsinghan (*Sri Srinivasa Perumal*).

3.4.4 Die Malayen

Mit knapp einer halben Million bilden die malayenstämmigen Bewohner Singapurs die zweitstärkste ethnische Gruppierung. Die politische Entwicklung des Stadtstaates bis 1965 ist nicht zu trennen von der Malayas.

Entstehung und Herauskristallisation zu einem Volk sind jedoch sehr verschieden. *Die Malayen* gibt es im Grunde nicht. Die Föderation Malaysia ist der Zusammenschluß von sehr unterschiedlichen Völkern. Dazu gehören die Ureinwohner, *Orang Asli*, die heute noch in Urwäldern leben. Dazu gehören die Stämme der Eingeborenen aller Gegenden, wie die *Dayak*, *Semang*, *Temuah*, *Bajau*, *Bugis* und *Boyanesen*. Hinzu kommen die Stämme der eigentlichen Malayen. In den Schmelztigel gehören Inder, Chinesen, Briten, Javaner, Armenier, Thai, Tamilen und Pakistani.

Aus allen diesen verschiedenen Völkern und Rassen begann sich das zu formen, was heute Malaysia ist. Bis 1896 bedeutete Malaya für die Engländer nur Malakka, Penang und Pangkor. Danach begannen die Briten mit einer schrittweisen Erfassung des Landes. Die Singapurer, die aus Malaya stammen, lassen sich auf irgendeine dieser ethnischen Gruppen zurückführen. Sie nehmen einen wichtigen Platz in der Gesellschaft ein. Besonders im Dienstleistungssektor, dem Außenhandel, in der Gastronomie, der Schulbildung oder in kulturellen Bereichen sind Malayen gefragte Fachkräfte. Drei der 15 Mitglieder zählenden Regierung sind malayenstämmige Bürger Singapurs.

3.4.5 Die islamische Besiedlung Singapurs

Der Zuzug muslimischer Siedler ist eng mit den Namen zweier Familien aus dem Jemen verknüpft, die im Laufe von 170 Jahren zu Dynastien wurden: *Sharif Omar al Junied* und *Syed Abdul Rahman bin Taha Alsagoff*. Im Telefonbuch von Singapur gibt es heute über 300 *Junied*. Die *Alsagoffs* bringen es sogar auf über fünfhundert Nennungen.

Syed Omar al Junied erkannte ebenso wie *Stamford Raffles* die ungeheuren Möglichkeiten der Inselkultivierung. Er verkaufte sein Haus auf Sumatra und zog 1819 zu Raffles. Zu dieser Zeit war er bereits unter arabischen Händlern, Kulis und Abenteurern eine respektierte Persönlichkeit.

Mit ausgezeichnetem Gespür für Geschäfte baute er ein Handelsimperium auf. Aus gesellschaftlicher Verantwortung und religiöser Toleranz stiftete er das Land für den Bau der *St. Andrews*-Kathedrale und für das *Tan Tok Seng*-Krankenhaus. Großzügig beteiligte er sich auch am Bau der *Town Hall* innerhalb des schnell wachsenden arabischen Viertels.

Große Verdienste erwarb er sich auch durch die Einführung von kommunalen Verwaltungen, dem Bau von Schulen, Moscheen und dem Friedhof in der Victoriastraße. Seinen Namen tragen heute Straßen und Plätze.

Die *Alsagoffs* stammen in direkter Linie vom Propheten Mohammed ab (das 33. Geschlecht). Sie kamen 1824 von Hadramaut mit einem eigenen Handelsschiff nach Singapur und begannen, den Schiffsbau zu beflügeln. Nach wenigen Jahrzehnten hatten sie ein komplettes Netzwerk von Schiffs- und Handelsverbindungen zwischen Singapur und den umliegenden Inseln aufgebaut und zählten zu den reichsten Familien ganz Asiens.

Die Alsagoff gründeten um 1880 zahlreiche Wohltätigkeitsorganisationen, Stiftungen, Schulen, Moscheen, Krankenhäuser oder Banken. Sie ließen Straßen anlegen und pflastern. Auf ihre Initiative gingen Gründungen wie z.B. die *Arab Street* zurück. Die *Junieds* und die *Alsagoffs* beschäftigten mehrere tausend muslimische Arbeiter, die es unter den vielen schuftenden Kulis aus aller Herren Länder noch am besten hatten. Der Islam wurde dadurch für Singapur eine nicht wegzudenkende religiöse Kraft.

3.4.6 Die Christen

In Singapur gibt es 350 christliche Kirchen von 24 unterschiedlichen Glaubensrichtungen. Die Vielzahl verschiedener religiöser Strömungen, die

Landeskundlicher Überblick

Eines der 350 christlichen Gotteshäuser

ihren Ursprung auf Jesus von Nazareth zurückführen, ist verwirrend. Naturgemäß kamen mit dem Engländer Raffles die Anglikaner als erste (*St. Andrews Church*).

In Malaya, besonders in Malakka, war seit dem Wirken des portugiesischen Jesuitenpaters *Franciscus Xavier* (1506-52) eine römisch-katholische Missionsströmung vorhanden, die auf Singapur übergriff. Durch die Handelsaktivitäten der *Vereenigde Oost Indische Compagnie* (VOC) begann sich die Religion der Reformierten auszubreiten. Baptisten, (*Baptist Church*, Kings Road), Presbyterianer (Kirche am *Dhoby Ghaut*), Lutheraner (*Queenstown Church*) und Methodisten (*Wesles Church*) folgten und errichteten Mitte des 19. Jahrhunderts ihre Kirchen.

Wegen massiver Unterdrückung im Heimatland sahen orthodoxe Syrer (Mar Thoma Syrier) und Abessinier ihre Chance im fernen Inselstaat. Aus ähnlichen Gründen ließen sich 12 armenische Familien 1824 in Singapur nieder und beauftragten den Stadtarchitekten Coleman mit dem Bau einer kleinen Kirche. Dieses älteste Gotteshaus Singapurs steht heute noch. Aus den USA wurden die Heilsarmee und die Sieben-Tage-Adventisten (*Seven Days Church*) heimisch. Alleine die Heilsarmee unterhält 12 straff geführte Zentren.

3.4.7 Die Teochew-Christen

Die zahlenmäßig stärkste christliche Glaubensgemeinschaft sind die Teochew Protestanten und Katholiken. Der Osten der Insel, die *Upper Srangoon Road*, *Mandai* und *Ponggol Road* sind ihre Siedlungsgebiete. Die Teochew sind Chinesen und stammen aus den Provinzen *Fujian* und

Guangdong. Sie wurden durch philippinische Geistliche im 17. Jahrhundert zu Katholiken und waren in Krisenzeiten Objekte religiösen Fanatismus. Von ihnen spalteten sich die *Teochew Protestanten* ab. Unruhen und Drangsal im Mutterland, Armut und die Sehnsucht nach einem besseren Leben waren ausreichende Gründe für das unfreiwillige Experiment fern der Heimat. Als fleißige und intelligente Arbeiter (sie waren die ersten, die lesen und schreiben konnten) waren sie Raffles sehr willkommen.

Heute künden das bedeutende *Teochew Colleg*, das *St. Xavier-Seminar*, die *St. Gabriels Schule* und das *St. Josephs Convent* von ihrem geistigen Leben. In ihrem religiösen Kult praktizieren sie eine Mischung aus uralten chinesischen Traditionen und christlichen Praktiken. Sie begrüßen das rituelle *Wayang*-Schattenspiel, bejahen das *Fest der Hungrigen Geister*, die chinesische Oper, Fronleichnams-Prozessionen, Kreuzigung und Auferstehung oder die Muttergottes mit dem Kind ebenso wie die Ahnenverehrung. Ihr bedeutendstes Gotteshaus ist die *Church of the Nativity of the Blessed Virgin Mary* (= "Kirche Christi Geburt durch die gesegnete Jungfrau Maria").

Die Christen aus Europa und Asien spielen besonders im Wirtschafts- und Kulturleben Singapurs eine entscheidende Rolle. Zahlenmäßig unterlegen (nur knapp 10% der Gesamtbevölkerung), gehören ihre sozialen Aktivitäten, ihre Spitäler und Reha-Zentren, Schulen und Jugendeinrichtungen (YMCA) zu den substantiellen Kultur- und Freizeitangeboten der Stadt.

3.4.8
Juden in Singapur

Es gibt heute etwa dreihundert jüdische Familien in Singapur. Sie pflegen ihren Glauben und ihre Bräuche in zwei imposanten Synagogen. Am *Oxley Rise* liegt eines der Meisterwerke des kolonialen Architektur-Unternehmens *Swan* und *Maclaren*: die *Chesed el Synagoge*. Und in der *Waterloo Street* erhebt sich, frisch restauriert, die elegante *Maghain Synagoge*.

Charles Simon kam 1830 als erster jüdischer Siedler aus Bagdad an den Singapur-River. Er begründete einen überaus erfolgreichen Gewürzhandel. Schon 1846 befanden sich die sechs größten der 43 Handelsunternehmen in der Hand von jüdischen Geschäftsleuten.

Überall im heutigen Singapur stößt man auf ihre Spuren. In *Boat Quay Distrikt* gibt es die Synagogen Straße. Die *Manasseh Road* erinnnert an den Besitzer des größten Warenhauses *Sellah Manassah*. Und am *David Elias-Warenhaus* in der *Middle Street* prangt der Stern Davids. Der jüdische Friedhof, ursprünglich an der *Orchard Road* gelegen, mußte kürzlich der Un-

Landeskundlicher Überblick

Interieur der Synagoge Chased El

tergrundbahn MRT weichen. Die jüdische Gemeinde war um 1940 mit 2.500 Mitgliedern zahlenmässig am stärksten. Sie erhielten bedeutenden moralischen Aufschwung, als der in Singapur geborene Sepharde *David Marshall* 1955 erster Premierminister wurde. Er erwarb sich die Hochachtung aller religiösen Kreise.

Die heute in Singapur lebenden Juden gehören überwiegend zum sog. Sephardischen Zweig des Volkes Mose und kommen aus dem Yemen, Indien oder Syrien. Viele von ihnen sprechen neben Englisch nur Arabisch. Sie unterhalten Warenhäuser sowie Handelsketten und sind am Bankgewerbe beteiligt.

Die europäischen Juden, die *Ashkenasi*, erst während oder nach dem Holocaust zugewandert, verdienen ihr Geld mit dem Im- und Export von Maschinen, betreiben Agenturen oder sind in Börsengeschäften tätig. Im Gegensatz zu anderen Ländern gibt es in Singapur keine nennenswerten Probleme mit den Arabern. Die Gläubigen der *Maghain Aboth Synagoge* und die Muslime des nahegelegenen *Arab Distriktes* gehen einander vornehm aus dem Wege.

3.4.9 Andere

Unter dieser Rubrik werden im statistischen Jahrbuch der Regierung etwa 40.000 Einwohner (= 1,1%) zusammengefaßt. Gemeint sind damit überwiegend Europäer mit ständigem Wohnsitz in Singapur. Sie sind Geschäftsleute oder auf den Sektoren Bildung und Kultur tätig oder sie genießen als Rentner die warmen Temperaturen. Ferner gibt es Indonesier aus dem Nachbarland im Süden und in steigender Zahl auch Hongkong-Chinesen, Australier, Phillipinos und Tamilen.

MAJULAH SINGAPURA

Music and lyrics by Zubir Said

Die Nationalhymne Singapurs

Religionen

4. Die Religionen und ihre Arten der Ausübung

4.1 Allgemeiner Überblick

Laut statistischem Jahrbuch gehören 90% der in Singapur lebenden Menschen religiösen Gemeinschaften an. 56% von ihnen sind Taoisten, Mahayana-Buddhisten oder gehören Mischformen an, 16% sind Moslems (zumeist sunnitischer Konfession), 10% fühlen sich den unterschiedlichsten **christlichen** Kirchen zugehörig, 4% sind Hindus und weitere 4% stellen die Sikhs, Juden, Zoroastrer (Parsen), Jains (Angehörige des Janismus) oder Angehörige anderer religiöser Vereinigungen.

Die Muslime in der Republik unterstehen einer eigenen Verwaltung, dem *Muslim Religious Council*. Für alle anderen religiösen Gemeinschaften fühlt sich das *Ministry of Community Developments* zuständig. Seit 1949 existiert eine "inter-religiöse Organisation". Diese beschäftigt sich mit Konflikten zwischen den einzelnen Glaubensgemeinschaften und soll Frieden, Toleranz und gegenseitiges Verständnis fördern. Sie kooperiert eng mit der Weltfriedenskonferenz und der Asien-Friedenskonferenz.

4.2 Die Religionen der Chinesen

Es gibt Chinesen, die Muslime sind oder Zoroaster oder Christen. Die überwiegende Mehrzahl aber anerkennt einen komplizierten und für Europäer nicht leicht zu erfassenden Kodex aus Konfuzianismus, Taoismus und Buddhismus. In beinahe jedem Familienverband existieren leicht veränderte Vorstellungen. Der gemeinsame und verbindende Nenner ist die Ahnenverehrung.

4.2.1 Konfuzianismus

Meister *Kong* (*Kong Fuzi*) lebte von 551-479 v.Chr. im China der östlichen Zhou-Dynastie. Er erkannte den Niedergang der gesellschaftlichen Kräfte in einem Verfall der sittlichen Werte und rief zur Wiederherstellung traditioneller und bewährter Richtlinien auf. Sein Lehrsystem, das zu Leb-

Religionen

zeiten sehr angefochten wurde, basiert auf der ausgewogenen Stellung des Individuums in der Gesellschaft. Besonders fünf Grundtugenden sollte jeder Einzelne nachstreben: Loyalität gegenüber der Obrigkeit, Rechtschaffenheit gegenüber Jedermann, Weisheit zur Erkenntnis der ewigen Gesetze, Sittlichkeit und Aufrichtigkeit. Als Fundament einer gesunden Gesellschaft sah Meister Kong das Akzeptieren dreier ewig gültiger Verbindlichkeiten an:

❶ die Autorität des Vaters gegenüber dem Sohn
❷ die Autorität des Herrschers über den Untertan
❸ die Autorität des Mannes gegenüber der Frau.

Die Rechtfertigung für sein philosophisches System bezog der im 17. Jhd von den Jesuiten in **Konfuzius** umbenannte Lehrer nicht von himmlischen Gottheiten, sondern aus der Substanz uralter überlieferter Schriften, wie dem **Buch der Lieder** *(Shi Jing)*, dem **Buch der Urkunden** *(Shu Jing)*, dem **Buch der Sitten** *(Li Ji)*, dem **Buch der Wandlungen** *(Yi-Ging)* und den **Frühlings- und Herbstannalen** *(Chunqiu)*.

Der Kern seiner Lehre ist die Moral. So lehrte er u.a.: *"feingedrechselte Worte und ein wohlgefälliges Gebahren sind selten Zeichen wahrer Menschlichkeit"*.

Erst von der Han-Dynastie an (2. Jhd v.Chr.) fand die Lehre des Meisters volle Anerkennung und wurde sogar zur Staatsdoktrin erhoben. Im Verlauf der Jahrhunderte verschmolz sie mit buddhistischen und mystisch-taoistischen Elementen zu einem Glaubensgemisch. In Singapur findet man vielleicht deshalb keinen Tempel, der dem Konfuzius – obwohl im 7.Jahrhundert zum Gott erhoben! – alleine geweiht ist. Allerdings kommt er im Pantheon fernöstlich-chinesischer Gottheiten mit großer Selbstverständlichkeit vor.

4.2.2 Taoismus

Tao oder *Dao* heißt soviel wie 'Weg'. Der Weg als Ziel. Wir wissen von dieser wahrscheinlich jahrtausende alten Lehre vor allem durch die Sammlungen des Meister *Lao Tse*. *Tao* meint aber auch Urgrund, allumfassende Kraft, die nicht faßbare, unerklärlich Quelle allen Seins. Daneben steht *Tao* für den Rythmus zwischen Werden und Vergehen, Auf und Ab zwischen *Yang* (= Sonne, aktiv, männlich, stark, hell) und *Ying* (= Mond, passiv, weiblich, schwach, dunkel). Der Weg ist nicht – im Gegensatz zu Konfuzius – durch menschliches Streben zu vollenden, sondern alleine durch Geschehenlassen, durch Leersein, sich zur Verfügung stellen: *"nichts tun – heißt alles tun"*. Die Vollendung des Weges wird geschenkt.

Der Kern der taoistischen Lehre basiert auf der fünf-Elemente-Theorie von Wasser, Erde, Feuer, Holz, Metall und ihren wechselseitigen Bezie-

Religionen

Taoistischer Schrein

hungen. Die Elemente werden gesteuert von lebendigen Geistwesen, die ihren Ausdruck überall im Kosmos finden. So entsprechen die fünf Elemente-Urgeister den fünf Planeten.

Die taoistische Lehre war im China Mao Tse Tungs verboten und wich deshalb nach Taiwan aus. Dort und an wenigen anderen Plätzen Asiens (Tibet) wird sie noch in "reiner" mystischer Form praktiziert. In Singapur, wie in vielen anderen Ländern des Fernen Ostens, ist der Taoismus zusammengeflossen in die Gemeinschaft mit Buddhismus und Konfuzianismus.

Die taoistische Mythologie

Die chinesichen Glaubensvorstellungen sind wenig dogmatisch und äußerst flexibel. Sie umfassen ein riesiges Repertoire von Haupt- und Nebengottheiten, Halbgöttern, Heiligen und Verehrungswürdigen. Kaum eine Religion in der Welt ist so in permanenter Bewegung begriffen wie die chinesische. Ständig kommen neue Gottheiten hinzu, während vorhandene verschwinden.

Folgende **Götter** werden in Singapur am häufigsten verehrt:

- **Yok Wong** (*Yu Huang*), der Jadekaiser. Er fungiert als eine Art Göttervater. Dargestellt wird er meistens als Mann mit edlem Gesicht, langem, weisheitsvollem Bart und mit kostbarem Gewand. Gemeinsam mit *Dao Jun* (dem Wächter über das Gleichgewicht zwischen *Ying* und *Yang*) und *Lao Tse* (dem größten Meister des *Tao*) gehört er zur himmlischen Trias.
- **Ma-Zu-Po** ist das weibliche Pendent zu *Yok Wong*. Als Kaiserin des Himmels, Urweib, Summe aller Fruchtbarkeit und als Schutzgöttin des Wassers genießt sie vielseiti-

Religionen

ge Verehrung nicht nur unter den Frauen, sondern auch von Seeleuten und Fischern. An Bord keines chinesischen Bootes oder Dampfers fehlt ein ihr gewidmeter Schrein. Dargestellt mit gelbem Kleid, besetzt mit Jadeplättchen, Gold- und Silberfäden, bildet auch sie die geistige Mitte einer göttlichen Trinität. Ihr zur Seite werden *Quian Li Yan* (= "Tausend Li-Auge") und *Shun Feng* (= "lauschendes Ohr") hochgeehrt (*Thian Hock Heng Tempel* in der *Telok Ayer Street*).

- **Guandi**, der Gott des Krieges und der Gerechtigkeit, erscheint in den Schreinen als rot- und pausbäckiger, bärtiger und äußerst respekteinflößender (zumeist sitzender) Herrscher. Er trägt ein Panzerhemd und mindestens eine Waffe.
- **Shou Xing**, den Gott der Langlebigkeit und des Reichtums, trifft man in fast jedem chinesischen Tempel, beim Volksfest oder bei Familienfeiern. Er erscheint als fröhlicher, älterer Herr mit Glatze und langem, weißem Bart, einem Pfirsich und einem knorrigen Stab in der Hand. Manchmal reitet er auf einem Hirsch (Symbol der Langlebigkeit und des Reichtums).
- **Sun Wukong**, der Affengott, ist bei den Chinesen und insbesondere bei den Kindern sehr beliebt. Seine Gestalt fand Unsterblichkeit in dem Märchenroman "*Reise in den Westen*" (die Parallelen zum *Hanuman* des indischen *Ramajana-Epos* sind dabei offensichtlich). *Sun Wukong* ist Herr über alle Kobolde, Hexen, Elfen, bösen Geister.

Dargestellt wird er in menschlicher Gestalt mit überlangen Armen und Händen und äffischem Gesicht.

Aus der Vielzahl der **Heiligen** ragen die **Acht Unsterblichen** hevor. Sie leben auf den Inseln der ewigen Glückseligkeit. Von Zeit zu Zeit, wenn man sie ruft, kommen sie den bedrängten Menschen im Kampf gegen die Übermacht des Bösen zu Hilfe. Manchmal sind sie als Einflüsterungen unsichtbar vorhanden, manchmal sichtbar als Helden. Sie wenden alle Dinge zum Guten.

Seit der Yuan-Dynastie (14. Jhd) repräsentieren sie bestimmte Aspekte des Lebens wie: Glück, Armut, Herrscher, Volk, Jugend und Alter, Mann und Frau.

4.2.3 Buddhismus

Neben den Lehren des Konfuzius und des Tao fand der Buddhismus etwa im ersten Jahrhundert Eingang in die chinesische Religion. Bei den Weisheiten des indischen Fürstensohns Siddharta Gautama (etwa 565-485 v.Chr.), der nach lebenslangem Suchen, Meditieren und Selbstdisziplin zum '*Buddha*' (= der Erleuchtete) wurde, handelt es sich eher um eine Anleitung zum Einswerden mit dem Kosmos als um eine Religion.

Seine Schüler trugen die mündlich überlieferten Weisheitslehren weiter, bis König

Religionen

Dach eines buddhistischen Tempels

Aschoka (273-232 v.Chr.) auf einem Konzil die Niederschrift in drei Blöcken (*Tripitaka*) veranlaßte.

Buddha erkannte als Ursache allen irdischen Leidens das Gebundensein an Begierden und an deren Befriedigungsversuche. In den "Vier Heiligen Wahrheiten" beschrieb er die Ursachen für die Entstehung des Leidens, die Auswirkungen desselben, Wege zur Durchbrechung dieser Kausalkette von Wunsch und Wunschbefriedigung und die Lehre vom Achtgliedrigen Pfad.

Die Befolgung dieses Weges – weil er mühevoll ist, nannte er ihn Pfad – bewirkt die Beendigung des ewigen Kreislaufs von Werden und Vergehen und die Erlösung durch Verlöschen im Nichts (*Nirwana*, entspricht etwa dem christlichen Himmel). Dieser Pfad geschieht in drei Etappen: Reinigung – Erleuchtung – Vereinigung. Unter den acht Notwendigkeiten verstand Buddha: die Rechtmäßigkeit der Ansichten, der Gedanken, der Reden, des Verhaltens, der Lebensführung, der Bemühungen, der Erinnerungen und der geistigen Sammlung. Um den dornigen Pfad zur Vollkommenheit zu erleichtern, flankiert ihn der Meister mit 10 Geboten. Dazu zählen das absolute Verbot, irgendein Lebewesen zu töten, und die Liebe: *"alles Bemühen, aller Eifer, alle Verdienste haben nicht ein Tausendstel der Liebe. Die Liebe ist die Erlösung des Herzens."*

Weitere Gebote sind Toleranz, Freigiebigkeit, Wahrhaftigkeit.

Schon im 3. Jhd n.Chr. war der Buddhismus in ganz China verbreitet. Fünfhundert Jahre später wurde die erste Gesamtausgabe der verbindlichen Lehren gedruckt: 130.000 Holzblöcke oder 700mal umfangreicher als die christliche Bibel. Neben der

Religionen

ursprünglichen, orthodoxen Lehre *Hinayana* (= "Kleines Fahrzeug") trat die Auffassung des *Mahayana* (= "Großes Fahrzeug").

Der dominierende Unterschied zwischen beiden Überzeugungen besteht in der Frage der/des Buddha. Während die Verfechter des *Hinayana* nur die Einmaligkeit des historischen Buddha anerkennen, gibt es für die weitaus größere Anhängerzahl des *Mahayana* immer wiederkehrende Erleuchtete und zudem eine Fülle von Bodhisattvas. Darunter versteht man Nachfolger, die den Pfad erfolgreich durchschritten haben, anstelle aber ins Nirwana einzugehen, auf diesen Schritt verzichten, um den Menschen als geistige Helfer (unsichtbar) zur Seite zu stehen.

In China bildeten sich zahlreiche Schulen des Buddhismus heraus, die unterschiedliche Aspekte betonen. So die "Schule der drei Abhandlungen", "die Schule der Eigenschaften der Dinge" oder "die Schule der Disziplin und Meditation". Aus den Lehren dieser Einrichtungen bildete sich ein göttergleiches Pantheon heraus, das in den allermeisten Tempeln – auch in Singapur und Malaysia – seine Darstellung findet. Dabei ist eine bewertende Unterteilung in folgende vier Klassen zu beobachten:

1. Klasse: *Shakyamuni* (chin.: *Shih-chia-mu-ni*), der historische Buddha, dargestellt in sitzender Meditationshaltung. Seine Attribute: bestimmte Urbild-Handgesten (*Mudras*), auf dem Kopf den "Höcker" (*Usnisha*), an der Stirne, zwischen den Augenbrauen, das mystische dritte Auge (Urna), auf dem Kopf Erleuchtungsflammen und ein "Heiligenschein" (*Mandorla*) sowie lang heruntergezogene Ohrläppchen. Oft wird er auch meditierend unter Salabäumen gezeigt.

- *Amitabha* (chin.: *A-mi-t'o Fo*; = 'Buddha des unermeßlichen Lichtes'). Das historische Vorbild war der ehemalige Mönch *Dharmakara*. Seine Darstellung: meist aufrecht in der Mitte zwischen zwei anderen Buddhas stehend, in der Hand eine Lotosblume.
- *Yao-Shih-Fo*, der Buddha der Heilkunst. Ein himmlischer Arzt für alle Kranken, Verletzten, Verkrüppelten.
- *Vairocana* (*Pi-Lo-Fo*), Verkünder und Beschützer der Lehre. Sichtbar gemacht mit zusammengelegten Händen.
- *Locana*, der Beschützer der Gemeinde, dargestellt mit der rechten Hand im Schoß und der linken an der Brust.

2. Klasse: Dieser werden die Boddhisattva zugerechnet. Am häufigsten erscheint *Avalokitesvara*, der Herr des Mitleids und der Barmherzigkeit. Ursprünglich männlich, wurde er im 10. Jahrhundert zur weiblichen *Kuan Yın* umfunktioniert. Als Helferin der Kranken, der Seeleute, der Fischer, aber auch der Jungfrauen, ist sie sehr populär und durchaus mit der christlichen Maria vergleichbar. Wie diese wird sie oft mit einem Kind auf dem Arm abgebildet oder mit einem Rosenkranz in der Hand.

Religionen

Höchst beliebt ist auch *Mi-Lo-Fo* (*Maitreya*), der fröhlich lachende, wohlbeleibte Mönch mit einem Geldbeutel in der Hand. Er gilt den Gläubigen als Buddha der Zukunft. In dieser Bedeutungsgruppe wird auch *Manjusri*, der Boddhisattva der Weisheit und der Versenkung, zumeist mit *Ti-tsang*, dem Gott der Erde und des Totenreiches, verehrt.

3. Klasse: Dazu zählen die Arhat (chin.: *Lo-hans*), die Jünger. Ursprünglich die unmittelbaren Schüler des historischen Buddha, wurde die Bezeichnung ab dem 3. Jahrhundert in ganz China für alle Nachfolger üblich. Sie erscheinen an den Altären in Gruppen zu 16, 18 oder 500 versammelt. Darunter befindet sich auch oft der Reisende Marco Polo, der den Lehren Buddhas höchste Achtung zollte.

4. Klasse: Diese unterste Klasse wird von den 24 *Devas*, den Schutzwächter-Gottheiten gebildet. In den Tempeln wachen, nahe dem Eingang, besonders die vier Götter der Himmelsrichtungen und Tageszeiten. Im Osten *Mo Li Qing* (weißes Gesicht, Jadering, Zauberschwert), im Süden *Mo Li Hong* (mit krebsrotem Gesicht und dem Chaosschirm), den Westen beschützt *Mo Li Hai* (blaues Gesicht mit viersaitiger Gitarre) und den Norden *Mo Li Shou* (mit schwarzem Gesicht, 2 Peitschen, 1 Beutel).

Der chinesische Tempel

Der chinesische Tempel gehört zur Gesamtkomposition von Palast, Garten, Pavillons, Stupa, Türmen. Die frühesten Tempel waren einfache Schreine, auf denen geopfert wurde. Unter dem Einfluß des *Shakyamuni-Buddha*, der Lehren des *Konfuzius* und des *Tao*, entstand die heute noch

Chinesisches Tempelchen (Amoy Street)

Religionen

übliche klassische Tempelform als Abbild des Universums. Der Grundriß gleicht einem Quadrat, die vier Enden der Erde symbolisierend. Die drei Kulthallen liegen auf dem heiligen Pfad, der von Süden nach Norden führt, den Weg der Erkenntniszunahme darstellend. Die erste Halle, oft auch in den Eingangsbereich einbezogen, wird von 4 mächtigen Wächterfiguren, den Königen der Himmelsenden, der Tages- und Lebenszeiten bewohnt. Sie halten Wache und gemahnen an die Vergänglichkeit allen Seins.

In der Haupthalle ist in der Mitte der Anlage das Hauptkultbild untergebracht. In der Regel ist das Buddha, der Erleuchtete, alleine oder zusammen mit den Buddhas von Vergangenheit und Zukunft. Es können auch lokale Schutzgottheiten sein, wie *Ma Zu Po*, die Göttin der Seeleute. Umrahmt werden die zentralen Figuren zumeist von Boddhisattven oder Schülern oder Helden.

In der letzten der drei Hallen werden religiöse Versammlungen abgehalten, die Sutren verlesen, gelehrt oder über die Sutren diskutiert. An den Seiten der Gesamtanlage befinden sich Wohnungen der Mönche, die Bibliothek und Verwaltungsräume. Gleich neben dem Eingang, an den äußersten Ecken des vordersten Innenhofes, befinden sich ein Glocken- und ein Paukenturm.

Der Tempeleingang ist dreigeteilt. Nur der mittlere ist für die Gläubigen zugänglig. Aber auch er wird flankierend bewacht von zwei gewaltigen Löwenfiguren, die böse Geister abschrecken sollen, Kraft und Stärke demonstrierend. Das männliche Tier ist erkennbar an dem Ball im Maul, das weibliche an dem Jungen, das es mit einer Pranke umklammert.

Die Walmdächer aus Glasurziegeln sind zumeist nach außen geschwungen. Die Traufenden sind mit Glückssymbolen "versiegelt". Zahlreiche Tiere, hilfreiche Geister verkörpernd, tanzen auf den vorderen Bereichen. In der Dachmitte auf den Kulthallen erstrahlt eine Sonne oder ein Juwel.

4.2.4 Hinduismus

Im heutigen Hinduismus leben 5.000 Jahre Religionsgeschichte. Es handelt sich dabei um keine Verkündigungslehre oder Einzelreligion, sondern um ein kompliziert ineinander verschachteltes System unterschiedlichster Glaubensrichtungen, Sekten, Kasten, Ordensgemeinschaften mit fließenden Konturen und oftmals die Bedeutung wechselnden Gottheiten.

Das einende Band sind die *Veden* (von *Veda* = 'Wissen'; eine Sammlung von rituellen Vorschriften, Lobpreisungen, Flüchen, Prophezeiungen und Visionen) und das Kastenwesen (*sanatana dharma* = die 'ewige Ordnung').

Religionen

Volksfrömmigkeit im hinduistischen Tempel

Die Götter

Heilig ist fast alles, was existiert. So z.B. die Berge, die (Edel-)Steine, das reinigende Wasser der Flüsse (besonders des Ganges), die Kraft der Seen, das Feuer, der Mond. Auch Bäume, wie der Banyan oder Betel, werden geehrt. Bei den Tieren genießt die Kuh uneingeschränkte Ehrfurcht. Ähnlich verhält es sich mit Pferd, Affe, Tiger, Elefant, Pfau und Adler.

Mit Zaubersprüchen (*Mantren*) werden heilende Kräfte aufgerufen. Mantren sind von Gott gegebene Konzentrations- und Reinigungshilfen. Im Zusammenwirken mit *Swastika*-Hakenkreuz, Mondsichel, Phallus (*Linga*) oder Vulva (*Yoni*) erleichtern sie den Zugang zu den Gottheiten. Der hinduistische Himmel ist bevölkert von höchsten männlichen und weiblichen Göttern, Wächtern (*Lokapalas*) mittlerer Bedeutungsklasse, aus dem Milchschaum entstiegenen Tänzerinnen (*Apsaras*), Sehern, Dämonen, Riesen und Naturgeistern.

An der Spitze stehen *Brahma*, *Vishnu* und *Shiva*:

Brahma, der Schöpfergott, vierköpfig, mit roter Hautfarbe, hält in den vier Händen die vier Weisheitsbücher.

Vishnu, ruhend auf der Weltenschlange oder auf dem mythologischen Vogel Garuda reitend, wird oft mit seinen vier Attributen Diskus, Keule, Lotus und Muschel dargestellt. Er steigt aus den himmlischen Gefilden herab, um die Bösen zu strafen oder den Guten beizustehen. Dabei kann er fast jede beliebige Gestalt annehmen: Eber, Mannlöwe, Zwerg, die des hohen Brahmanen Krsna, oder, wie in seiner wohl populärsten

Religionen

Inkarnation, die des unerschrockenen Helden Rama.

Shiva, der Gnädige, der tanzend die Welt erschafft oder auch vernichtet, erscheint auf hinduistischen Darstellungen mit Dreizack, Bogen, Trommel, Strick oder Keule.

Oftmals werden *Brahma*, *Vishnu* und *Shiva* auch als Trias dargestellt, wobei *Brahma* die Rolle der Erschaffung der Welt, *Vishnu* die der Erhaltung und *Shiva* die der Zerstörung zukommt.

In fast keinem hinduistischen Heiligtum fehlen der elefantenköpfige, kleine, dicke *Ganesha* (= der Gott der Weisheit und Gelehrsamkeit), der Affengott *Hanuman* (= Helfer des Helden *Rama*) sowie der weiße Stier *Nandi* (= Musikant und Aufseher niederer Geister). Auf einem Papagei reitend sieht man den Liebesgott *Kama*. Die Grenze zur Unterwelt bewacht *Yama*, der Totenrichter. Die Enden der Welt sind *Indra* anvertraut, der einst der höchste aller Götter war.

Den zahlreichen Göttern männlichen Geschlechtes entsprechen vielfältige weibliche Formen. Allen voran die Urmutter und große Göttin *Mahadevi*, die in unterschiedlichsten weiblichen Aspekten auftritt. So als gattentreue *Uma* oder als blutrünstige Kämpferin *Kali*, als "schwer Zugängliche" *Durga* oder als wilde *Candi*. Die Hymnendichter und Seher genießen höchste Verehrung. Als sieben Sterne im Großen Bären erscheinen sie am Himmel. Ihnen schreibt man die heilige Dichtung der *Veden* zu, die vor etwa 6.000 Jahren entstand. Der Schlüssel zu Ihrer Deutung liegt alleine in den Köpfen der Brahmanen. Für das Volk leichter verständlich sind die *Puranas*, das *Mahabharata* und das *Ramayana*. Zwischen 500 und 1500 n.Chr. entstanden die "alten Erzählungen" (*Puranas*). Geistig mit den *Veden* verwandt, malen sie Entstehen und Vergehen der Welten aus, ordnen sie die Götter und ihre Beziehungen neu, schildern in Visionen und apokalyptischen Bildern das Ende aller Zeiten.

Das große *Mahabharata*-Epos berichtet vom Kampf der *Pandava* und *Kaurava* vor etwa 5.000 Jahren. Im wichtigsten Teil dieses mehrere tausend Seiten umfassenden Werkes steigt Gott *Krishna* als Wagenlenker hernieder und belehrt in der *Bhagavad Gita* (Gesang Gottes) den Helden *Arjuna* über Yoga, transzendentales Wissen, die Erkenntnis des Absoluten oder die verschiedenen Arten des Glaubens.

Das *Ramayana*-Gedicht entstand wahrscheinlich im 4. Jhd v.Chr. und ist heute noch in ganz Asien äußerst populär. Die Geschichten vom Riesen *Ravanna*, der die schöne *Sita*, Ehefrau *Ramas*, der siebenten Inkarnation *Vishnus*, besitzen möchte, vom Raub *Sitas*, der Verfolgungsjagd durch die Lüfte nach Lanka (Sri Lanka), der Hilfe des Affenkönigs *Hanuman* und der Schlacht der Guten gegen die

Religionen

Bösen existieren in unzähligen Varianten in den Lieblingsbüchern von Kindern.

Ernstzunehmende Quellen berichten über 1.100.000 Götter und Dämonen. Die Lebensdauer der einzelnen Gottheiten ist jedoch recht unterschiedlich. Über 90% besitzen nur eine relative Unsterblichkeit, nämlich eine Weltperiode (= 4.320.000 Menschenjahre). Nur die Brahmanen sind unsterblich. Sie leben 1.000 Weltenalter oder ein *Kalpa* (= 1 Brahmanentag). Die Lebenserwartung der höchsten Verehrungswürdigen wird mit 311 Billarden und 40 Millionen Menschenjahre angegeben. Dabei sind die Unsterblichen des siebenten Himmels 1 Millarde und 848 Millionen Meilen von der Erde entfernt.

Zum Kultus

Hinduistische Stätten der Götterverehrung können überall und alles sein. Häufig gibt es einfache Schreine, eine Grotte in einem Felsen irgendwo in der Landschaft, ein riesiger Tempel, angelegt in einer Höhle, oder, wie ausschließlich in Singapur vorkommend, als freistehender Stadttempel. Man betritt das Heiligtum barfuß, reinigt sich an heiligem Feuer, das vom Brahmanenpriester gebracht wird. Unsichtbar für den Gläubigen lodert es, hinter einem Vorhang verborgen, im Allerheiligsten der Cella.

Dann beginnt die Kommunikation mit dem gewünschten Götterbild. Zur Einstimmung dienen mantrische Sprüche, Gesang oder Tanz, oftmals begleitet von Blasinstrumenten und Pauken.

Die Opferung nimmt einen wesentlichen Platz während der Zeremonie ein. Die dargebrachten Opergaben in Form von Früchten oder Reis sollen der Reinigung und Läuterung der fünf sinnlichen Organe dienen. Gesegnet durch die Gottheit erhalten die Gläubigen ihre Speisen zurück. und verzehren sie gemeinsam mit Armen. Die Besprengung der Gottheit mit Wasser und das Umschreiten des heiligen Schreines gehören ebenfalls zu den häufigsten Praktiken der täglichen Religionsausübung.

Der ganze Tag, vom Morgengrauen bis zum Abend, ist durchsetzt mit religiösen Pflichten. Hinzu kommt eine stark rituelle Einbindung von Familienfesten wie Geburt, Hochzeit, Totenfeier. Dem Zyklus des Jahres folgend, finden Tempelfeste in jedem Monat statt (siehe Kapitel).

Der hinduistische Tempel

Obwohl die hinduistische Religion wesentliche Elemente des Buddhismus übernommen hat, unterscheidet sich der Tempel nach Bedeutung, Formgebung und Ausstattung wesentlich. Der buddhistische Tempel entstand aus der Reliquienverehrung. Ein Zahn, Knochen oder Haare des Erleuchteten wurde in einem heiligen Schrein in die Erde

Religionen

Gopuram (Torturm) eines hinduistischen Tempels

versenkt und darüber ein Stupa errichtet, der verehrt wird. In Indien dagegen dient der Bau eines Tempels der Verehrung einer konkreten Gottheit. Etwa im 7. Jahrhundert bildeten sich zwischen dem Norden und Süden des Landes gravierende stilistische Unterschiede heraus. In Singapur finden sich ausschließlich Tempelanlagen Südindiens.

Dem südindischen Tempelbau liegt die Idee des *vastupurusamandala* zu Grunde (von *Vastu* = 'Anlage', *Purusa* = 'Geist', *Mandala* = 'Form'), also eine Anlage, wo der Allgeist eine bestimmte Form erhalten soll. Ein Hindutempel ist somit der sichtbar gewordene, dreidimensionale Raum des göttlichen Geistes. Der wichtigste Teil innerhalb dieser quadratischen oder rechteckigen Anlagen ist die Cella mit dem Kultbild, um dessenwillen die Stätte errichtet wurde. Vor dem Kultbild brennt zumeist das heilige Feuer, für die Augen der Gläubigen verhüllt durch einen kostbaren Vorhang. Die Cella ist umgeben von einer Halle, zu der einige Stufen emporführen.

Über der Cella hebt sich eine mehrstufige Pyramide, die zu einem Terassendach überleitet. Zum Schutz der Cella gegen böse Einflüsse wurde sie ab Mitte des 12. Jahrhunderts von einer Mauer umzogen. Diese umfaßt auch weitere kleine Tempel, Mönchswohnungen, freie Flächen für rituelle Tänze und religiösen Unterricht. In der Mauerumfriedung gibt es Tore, die an den weithin sichtbaren Aufbauten erkennbar sind.

Besonders über dem Haupteingang hat sich in Verlauf der Kunstgeschichte ein kostbarer Torturm (*Gopuram*) herausgebildet. Höher als der Aufbau des Allerheiligsten (beim *Sri Mariamman-Tempel* etwa 20 m) und besetzt mit den Schutzgottheiten, ihren Erkennungsattributen, den zugeordneten Symboltieren, den sie begleitenden Götterscharen. Diese Gestalten sind vollplastisch modelliert und zum Teil grellbunt angemalt. Neben der Funktion des Tempelschutzes sollen sie Ehrfurcht beim Eintretenden erwecken.

Der *Gopuram* verjüngt sich nach oben und findet seinen Abschluß in einem runden Tonnendach. Der Dachgiebel wird von einem Kale Kopf gekrönt. Die Göttin *Kala* symbolisiert hier die alles verschlingende Zeit.

4.2.5 Der Islam

Die jüngste der drei großen Weltreligionen ist an die Offenbarung ihres Propheten Mohammed (570-632 n.Chr.) gebunden. Im Alter von vierzig Jahren hatte er in einer Höhle des Berges Hira Visionen über die Endzeit des letzten Gerichtes der Welt. Aus dieser übersinnlichen Schau reformierte er die religiösen Vorstellungen der Hirtenvölker Arabiens. An die Stelle der vielen Kleingottheiten setzte er den Einen, den er Allah nannte.

Nach seinem Tode kam es unter seinen Anhängern zu Streitigkeiten über die rechtmäßige Nachfolge. Als *Ali*, der mit der Prophetentochter *Fatima* verheiratet war, die Kalifenwürde nur auf die direkten Nachfolger Mohammeds begrenzt sehen wollte, kam es zum ersten Bürgerkrieg zwischen seinen *Schiiten* und den Verfechtern einer Erbfolge im Sinne der prophetischen Lehre, der *Sunna*. Dieser Konflikt ist bis heute nicht ausgestanden.

Die Lehren Mohammeds wurden zunächst mündlich weitergegeben. Der *Kalif* (Nachfolger Mohammeds) *Othman* ließ das komplette Lehrsystem bis 656 schriftlich fixieren. Durch den Kriegsherrn *Omar* (634-644) gelangte der Islam nach Persien, Ägypten, Palästina. Kaufleute trugen den Koran in die entferntesten Winkel Asiens, so auch nach China und Indien. Bis zum 13. Jahrhundert war die neue Lehre mit Feuer und Schwert im gesamten Mittelmeerraum ausgebreitet und auch in Europa bekannt geworden.

Lehre und Kultus im Islam

Der Koran, das unverfälschte Wort Gottes, ist die Grundla-

Im Innern der Moschee: Muslime im Gebet

Religionen

ge aller Muslime. Er ist das Abbild eines im Himmel auf Tafeln befindlichen Urkorans. Der Koran ist in 114 Kapitel oder Suren mit insgesamt 6.236 Versen gegliedert. Die Überschriften zu den einzelnen Suren deuten den pragmatischen Charakter der Lehre an: die Weiber (4), die Beute (8), die Pilgerfahrt (22). Besonders bedeutsam ist die erste Sure, die Öffnende (*al fatiha*), die als häufigstes Gebet verwendet wird: "*Lob sei Allah, dem Weltenherrn, dem Erbarmer, dem Barmherzigen, dem König am Tage des Gerichtes!*"

Außer dem Koran als unmittelbarer Mitteilung Gottes ist die Sunna, eine Sammlung von Aussprüchen, Handlungen, Verhaltensweisen Mohammeds von existentieller Bedeutung für das religiöse Leben der Muslime.

Der Islam regelt allumfassend das Leben seiner Anhänger bis in die kleinsten alltäglichen Verrichtungen. Dabei gibt es keine scharfe Trennung zwischen Sakralem und Profanem: alles ist Gottesdienst. Die wichtigsten Pflichten sind in den "5 Pfeilern" (*arkan al-din*) formuliert. Sie beinhalten das Glaubensbekenntnis, das Gebet, das Almosengeben, das Fasten im Monat Ramadan und die Pilgerfahrt nach Mekka.

Das Wort *Islam* bedeutet Hingabe, Ergebung in den Willen Gottes. Deshalb heißt es in dem Glaubensbekenntnis: "*es gibt keinen anderen Gott außer Allah, und Mohammed ist sein Prophet*" (*la ilaha illa-l-lah-wa-M uhammadum rasulu-l-lah*). Das rituelle Gebet bindet fünfmal täglich das Tun der Gläubigen ein in die Allgegenwart Gottes.

Der Ablauf des Gebetes ist bis ins Detail vorgeschrieben. Mit dem Ruf "*Allah akbar*" wird die 1. Sure aus dem Koran rezitiert. Dann beugt der Muslim seinen Körper und spricht "*Gepriesen sei Gott, mein Herr der Größte*". Dann berühren die Knie, dann die Stirne den Boden. Die fünf Gebete (bei Tagesanbruch, zum Mittag, am Nachmittag, bei Sonnnenuntergang und zum Nachtanbruch) können überall, an jedem beliebigen Platz durchgeführt werden, falls eine Moschee nicht erreichbar ist. Dabei ist das Gesicht nach Mekka zu wenden.

Das allerwichtigste Gebet der Woche ist das am Freitagnachmittag. Kernpunkt ist die Predikt (*Chut*). Das Fasten (*Saum*) verlangt im 9. Kalendermonat des islamischen Jahres, dem Ramadan, von Sonnenaufgang bis Sonnenuntergang eine totale Enthaltsamkeit von allen Gelüsten wie Essen, Trinken, Geschlechtsverkehr. Einmal im Leben sollte jeder Muslim die Pilgerfahrt nach Mekka unternehmen, sofern er gesundheitlich und finanziell dazu in der Lege ist. Falls nicht, kann er sich vertreten lassen. Der Aufenthalt, währenddessen er die Kaaba, den jahrtausendealten schwarzen Meteoritenstein mehrfach umrunden muß, sollte mindestens eine Woche betragen.

Religionen

Die Moschee

Der islamische Tempel ist die Moschee, ursprünglich: *"der Ort, wo man sich niederwirft"* (vor Allah). Wie die Lehre des Islam, so hat auch die Architektur vorhandene Stile aufgesogen und zu einer Eigenständigkeit verarbeitet. Im Verlaufe von 1.300 Jahren Kulturgeschichte erfuhr die Formgebung des islamischen Bethauses mannigfältige stilistische Umformungen.

Weithin kenntlich ist eine Moschee am hochaufragenden Minarett und der gewölbten Kuppel. Beide Teile sind der frühchristlichen Basilika entlehnt. Das Minarett war Glockenturm, die Kuppel symbolisiert das Himmelsgewölbe. Bei den Moscheen in Singapur haben die Kuppeln, ihren indischen Vorbildern folgend, das Lotosblatt zum Vorbild. Schon im Buddhismus wurde die Lotosblüte zum Kennzeichen von Reinheit, Schönheit und Vollkommenheit. Der Grundriß einer Moschee kann rechteckig sein (wie das Wohnhaus des Propheten in Medina, das als Grundmuster dient), seltener auch quadratisch. Dabei wird zumeist die nach Mekka zugewandte Seite in die Breite gezogen, um möglichst vielen Gläubigen in den ersten Reihen Platz zu geben.

Wichtiges Charakteristikum für den Innenraum einer Moschee sind die Arkadenbögen. Sie ermöglichen mit ihren Stempelsäulen die Durchbrechung der Wand und geben den Räumen ein aufgelockertes Gepräge. Unverzichtbare Bestandteile eines islamischen Gotteshauses sind die Gebetnische (*Mihrab*), die Stufenkanzel (*Minbar*) und – als heutige Zutaten – eine Standuhr und Bücherregale.

Die *Mihrab* ist der allerheiligste Punkt im Raum, quasi die Anwesenheit Allahs vergegen-

Kuppel der Sultansmoschee

Religionen

wärtigend. Sie ist nach außen gewölbt, mit einer kleinen Extrakuppel versehen, mit besonders kostbaren Ornamenten verziert und den wertvollsten Teppichen belegt. Rechts davon befindet sich normalerweise die Kanzel (*Minbar*). Einige Stufen führen "in den Himmel". Von dieser Erhöhung las ursprünglich der Prophet Muhammed die ihm vom Himmel ergangenen Anordnungen.

Heute wird die *Minbar* nur beim Freitagsgebet, dem wichtigsten der ganzen Woche, vom Imam betreten, dem Vorbeter und geistigen Haupt einer Gemeinde. Von hier verliest er wichtige Mitteilungen. Oftmals wird die *Minbar* auch zu politischen Auftritten benutzt. Eine Standuhr mit Mekkazeit und die zahlreichen Bücherregale mit Schriften aus dem Koran oder der Sunna sind unverzichtbare zeitgemäße Bestandteile einer Moschee in Singapur.

Wichtigstes Schmuckelement für die Gestaltung des Innenraumes sind die Ornamente. Obwohl es im Koran – der von Gott direkt durch den Propheten gesandten Botschaft – kein direktes Verbot einer bildhaften Darstellung des Göttlichen gibt, werden Mohammed zahlreiche ablehnende Aussprüche in dieser Richtung nachgesagt. Seit dem 13. Jahrhundert wurde das Bilderverbot als verbindlich akzeptiert, wohl aus der Erkenntnis heraus, daß man Gott nicht darstellen kann. Als Ausweichlösung entstand die Kunst der Ornamentik. Fortlaufende Wiederholung desselben geometrischen Musters, phantasievoll abgewandelt, oder Pflanzenmotive wie die zahlreichen Variationen der Gabelblattranke und Arabeske, wurden stlistische Elemente zur Verschönerung des islamischen Kirchenraumes.

Hinzu kam die arabische Schrift selber. Ganze Bänderreihen von Suren umlaufen den Innenraum unterhalb der Kuppel. Am häufigsten verwendet wird die zweite Sure: *"Allah! Es gibt keinen Gott außer ihm, dem Lebendigen, dem Ewigen"* (Vers 256).

4.2.6
Die Sikh-Religion

Die Weltreligion der Sikh ist eine Synthese von Islam und Hinduismus. Von der indischen Mischreligion stammt der Gottbegriff *Hari* (als Vater, Mutter, Bruder verehrt). Vom Islam wurde die Lehre von der göttlichen Vorherbestimmung allen Seins entlehnt. Erlösung von der Wiedergeburt u n d Vergebung der Sünden. Mohammedanische Paradiesvorstellungen neben brahmanischem Nirvana zeigen eine nahtlose Vereinigung beider Lehren.

Die Verehrung des Gottesnamens *Hari* ist die höchste kultische Handlung. Morgen- und Abendgebet, rituelle Reinigung, Fasten und Almosengeben, aber auch die Blutrache gehören zum täglichen religiösen Leben.

Religionen

Der Name taucht zum ersten Mal beim Guru *Nanak* (1469-1538 n.Chr.) auf und meint Schüler (*Sisya*), die dem Guru gehorsam sind. Als die Würde des hohen Lehrers (Guru) um 1580 erblich wurde, entstand das Zentralheiligtum *Harimandir* (Tempel des Hari) in Amritsar (Teich der Unsterblichkeit). Bis zum 17. Jhd gingen die Versuche, zugewanderte Moslems und alteingesessene Hindus religiös zu vereinen, relativ friedlich vonstatten. Durch zahlreiche Morde auf beiden Seiten verwandelte sich spätestens seit Guru *Govind Singhn* (1675-1708) in aggressives Gegeneinander. Blutrache und Vergeltung, Mord und Gegenmord, Hysterie und Fanatismus sind seitdem zwischen Hindus, Sikhs und Moslems an der Tagesordnung.

In Singapur gibt es diese Konflikte kaum. Die Gläubigen strafen einander durch friedliche Mißachtung. Etwa 20.000 Sikhs leben auf der Insel. Einer ihrer Hauptleitsätze lautet: "*Mache Freundlichkeit zu deiner Moschee, Lauterkeit zu deiner Gebetsschnur, Recht und Gesetz zu deinem Gebetskanon*".

Raffles-City: Tropisches Einkaufsparadies

In der Arab Street: Korbhändler

Muslimischer Geldwechsler

Trotz aller Arbeit: Freizeitvergnügen

urchteinflößend: Hinduistische Göttin

Am Boat Quay: Das Bankenzentrum

Im Haw Par-Freizeitpark: Drei Weise

In Little India: Wahrsager

Singapurianer: Eine Familie mit vielen Gesichtern

Chinesischer Buddha der Fröhlichkeit: Mile Fo

Anschauungsunterricht: Sagen und Legenden

Fernöstliche Architektur: Chinesischer Tempel

Fleißiges Inselvolk: Lastenträger

Vor Singapurs Hafen: Frachtschiffe aus aller Welt

Sport der Begüterten: Golfspiel

Weltberühmt und renoviert: Das Raffles-Hotel

Auf dem Singapur-Fluß: Säuberungsarbeiten

Am Clifford Pier: Chinesische Dschunken

Am Finanzdistrikt: Die Anderson-Brücke von 1910

Ritual im Tempel: Tägliches Ahnenopfer

Reizvolle Kontraste: Hindutempel und Wolkenkratzer

5. Reisen in Singapur

5.1 Praktische Reisetips von A bis Z

Aids 66	Geschäftszeiten 75
Ärzte 66	Gesundheit 75
Auskunft 66	Goethe-Institut 76
Ausreise 67	Gottesdienste 76
Autofahren 67	Kartenmaterial 77
Autohilfe 67	Kinos 77
Autoverleih 68	Kleidung 77
Babysitting 68	Konzerte 78
Badestrände 68	Nachtleben 79
Bahn 69	Notruf/Notfall 80
Banken 69	Öffnungszeiten 80
Benzin 70	Polizei 80
Bibliotheken 70	Post 81
Blumen 70	Reisebüros 81
Busse 71	Reisezeit 82
Camping 71	Rundfunk 82
Diebstahl 71	Sport 82
Diplomatische Vertretungen 71	Taxis 83
Drogen 72	Telefonnummern 83
Eheschließungen 72	Telekommunikation 84
Einreise 72	Tiere 84
Elektrizität 72	Trinkgeld 84
Fahrradfahren 73	Trinkwasser 85
Fernsehen 73	Unterkunft 85
Flüge 73	Verkehrsmittel 88
Fluggesellschaften 73	Verkehrsregeln 89
Folklore 74	Versicherung 89
Fremdenverkehrsämter 74	Wetterbericht 89
Friseur 74	Zeit 89
Geld und Zahlungsmittel 75	Zeitungen 90
	Zoll 90

Praktische Reisetips von A-Z

A Aids

Bis vor kurzem noch war Aids in Singapur ein Fremdwort. Jetzt liest man in Bussen und U-Bahnen die warnenden Tafeln der städtischen Gesundheitsbehörde: "Aids verbreitet sich in Singapur. Achten Sie darauf, mit welchem Partner Sie Kontakt haben. Am sichersten ist es nur mit e i n e m vertrauenswürdigen Partner. Kondome sind ein wirksamer Schutz, geben aber keine absolute Garantie." Im staatistischen Jahrbuch, herausgegeben von der Regierung, fehlt das Stichwort 'Aids'. In inoffiziellen Gesprächen mit Verantwortlichen wurde mehrfach bestätigt, daß 1992 etwa 150 Personen als infiziert registriert wurden. Die Dunkelziffer liegt sicher darüber. Obwohl es offiziell kein Rotlichtmilieu gibt und Prostitution streng verboten ist, läßt sich die Insel jedoch nicht hundertprozentig abschotten. Schon direkt vor der Haustür, in Johore, können Einheimische und Touristen ungehemmt und billig ihren Lüsten frönen. Ebenso bildet der riesige Überseehafen eine nie versiegende Quelle an Infektionsmöglichkeiten. Offiziell aber existiert das Phänomen Aids in Singapur nicht.

⊃ Ärzte

Fast jedes Hotel hat seine speziellen Ärzte, die auf Wunsch schnellstmöglich zur Verfügung stehen. Darüber hinaus gibt es die Gelben Seiten (*yellow pages*) im Telefonbuch, das in jedem Hotel vorhanden ist, wo alle 4.000 Ärzte aufgelistet sind. Sie stehen unter der Rubrik *Medical Practitioners*, die Zahnärzte unter *Dental Surgeons*. Für den Touristen sind besonders drei Krankenhäuser empfehlenswert:
- *Singapore General Hospital*, Tel.: 22 23 322
- *National University Hospital*, Tel.: 77 95 555
- *Dialyse Centre*, Tel.: 25 99 217

Diese Kliniken sind rund um die Uhr mit Personal besetzt. Die **Kosten** für eine Behandlung müssen bar bezahlt werden. Sie können, sofern eine Auslandskrankenkasse besteht, nach der Reise gegen Vorlage der Quittung in Europa zur Rückerstattung bei den Krankenkassen eingereicht werden.

(vgl. auch unter Stichwort "Gesundheit")

⊃ Auskunft

- **Vor der Reise**:
- Botschaft der Republik Singapur, Südstr. 133, D-53175 Bonn, Tel.: 0228/312007-9.
- Singapur Tourismus Büro (*Singapur Tourist Promotion Board*; zuständig für Deutschland und Österreich), Poststraße 2-4, D-60329 Frankfurt, Tel.: 069 231456-7.
- In der Schweiz: *Singapur Tourist Promotion Board*, vertreten durch Fa. Ogilvy & Marther, Bergstr. 50, CH-8032 Zürich, Tel.: 1/2525365.
- **In Singapur**:
- *Singapur Tourist Promotion Board* (STPB), Raffles City Tower, 250 North Bridge

Praktische Reisetips von A-Z

Rd, Singapore 0617, Tel.: 65-33 96 622, Fax: 33 99 423; geöffnet: Mo-Fr 8.00-17.00, Sa 8.00-13.00 Uhr. Wöchentlich gibt das *STPB* die Zeitschrift *"Weekly guide – This week in Singapore"* mit den neuesten Informationen für Touristen heraus. Sie ist in allen Hotels und beim *STPB* zu erhalten. Daneben gibt es zahlreiche Broschüren, die ergänzende Angebote mitteilen. Dazu gehören die *"Singapore News Perspectives"* und der *"Singapore Official Guide"*. Zahlreiche Bereiche werden durch die vom STPB herausgegebenen Empfehlungen zu *Shopping, Entertainment, Attractions* bedient.

Das *STPB* ist gleichzeitig auch die Beschwerdestelle für Betrug und Übervorteilung. Spezielle Telefonnummer: 73 83 265; unter dieser Nummer können Sie auch in Notfällen Rat und Tat erhalten.

- Auskünfte für Tagungen und Konferenzen: *Singapur Convention Bureau*, Tel.: 33 96 622 oder unter World Trade Centre.

⇒ Ausreise

Man gelangt schnell (Fahrzeit ca. 30 Minuten) und problemlos zum Changi International Airport. Ein Taxi benötigt – je nach Verkehrslage – etwas weniger und kostet 15-18 S$. Von der Orchard Rd fährt der Stadtbus No. 390.

Bei der Ausreise müssen Sie 12 S$ **Airport Tax** pro Person bezahlen. Coupons dafür erhalten Sie in allen Hotels und am Flughafen selber. Zur Ausreise benötigen Sie denselben gültigen Reisepaß wie bei der Einreise und das eingeheftete Blättchen *"Departure"*. Die Zollbestimmungen sind genau zu beachten; die Kontrolleure in Singapur kennen keine Gnade.

(Vgl. auch Stichwort 'Zoll')

⇒ Autofahren

In Singapur fährt man auf der linken Straßenseite und überholt rechts. Die Stadtgeschwindigkeit von 50 km/h darf nicht überschritten werden. Das bereitet nicht-britischen Europäern oft Schwierigkeiten. Das Straßen- und Stadtautobahnennetz ist hervorragend ausgebaut. Trotzdem kommt es in den Spitzenbetriebszeiten früh und abends zu teilweise sehr langen Staus.

Für den Touristen lohnt sich auf der Insel das Autofahren absolut nicht: zum einen hat die Republik ein flächendeckendes Netz von Nahverkehrsfahrzeugen, die im 3- bis 5-Minuten-Takt verkehren. Zum anderen findet man in der Innenstadt Abstellplätze (wenn überhaupt) nur in den teuren Parkhäusern. In den Satellitenstädten, wo es sehr wenige solcher Einrichtungen gibt, wird Parken zu einem echten Problem.

⇒ Autohilfe

Bei Mietwagen ist man verpflichtet, die Verleiherfirma zu verständigen. Die Rufnummer ist dem Mietvertrag beigelegt. Für Pannen steht ansonsten die *Automobil Association of Singapore* (Tel.: 73 72 444) zur Verfügung oder die 24-Stunden-Pannenhilfe (Tel.: 74 89 911).

⊃ Autoverleih

Es gibt auch in Singapur die bekannten Mietwagenfirmen wie *Avis* und *Hertz*, nebst den einheimischen Verleihern *AB Cars* oder *Ken Air*. Fast sämtliche Hotels der gehobenen Preisklasse bieten hauseigene Fahrzeuge mit oder ohne Fahrer an. Zum Ausleihen reicht der Führerschein des Heimatlandes. Bezahlen kann man mit Kreditkarte oder bar. Buchungen sind schon in Europa möglich oder aber direkt bei den Büros oder über die Hotels.

Einige **Preisbeispiele** für Wochenendtarife (Fr 16.00 Uhr bis Mo 10.00 Uhr):
- *Hertz*: S$ 245 (Toyota Corolla) bis S$ 45 (Minibus) plus S$ 30 $ Versicherung und Steuer; Reservierungen: 19 Tanglin Rd, Tel.: 7344646
- *Avis*: S$ 290 bis S$ 700 (Mercedes Benz 200)
- *AB Car*: S$ 240 bis S$ 450
- *Ken Air*: S$ 220 bis S$ 380

B Babysitting

In allen teureren Hotels gibt es auf Wunsch die Möglichkeit, ausgebildetes Fachpersonal zur Betreuung der Kleinsten vermittelt zu bekommen. Das ist stundenweise, tagsüber und/oder pro Nacht möglich. Die Aufpreise dafür sind so unterschiedlich, daß hier keine gültigen Aussagen gegeben werden können. Im allgemeinen rechnen gute Hotels das zum Serviceangebot. Viele Kirchen haben ebenfalls einen Aufpasserdienst eingerichtet. Darüber hinaus weisen die Gelben Seiten (*yellow pages*) eine Reihe von Babysitting-Dienste aus.

⊃ Badestrände

Schöne Strände zum Baden findet man auf Sentosa Island, St. Johns, Kusu, entlang der ausgeschilderten Stellen der East Coast, im Changi-Village (siehe Kapitel 6.5.8). Wei-

Badestrand auf Sentosa aus der Vogelperspektive

Praktische Reisetips von A-Z

Der Hauptbahnhof

tere Bademöglichkeiten bestehen auf den nahegelegenen Inseln in Indonesien und Malaysia.

⊃ Bahn

Abgesehen von den U-Bahnen (*MRT*) gehört die Fernbahn zu Malaysia. Der Nachbarstaat unterhält auch den Bahnhof in der *Keppel Rd* im Stadtteil Tanjong Pagar. (MRT Tanjong Pagar oder Busse 10/30/84/97) Täglich verkehren Fern- und Expreßzüge zwischen Singapur und Kuala Lumpur, der Insel Penang und Cameron Highlands. Von Kuala Lumpur besteht Anschluß nach Bangkok/Thailand. Die Zugwagen der 1.Klasse sind vollklimatisiert und haben Schlafwagen. Die Züge der 2. Klasse haben manchmal Liegewagen und Klimaanlage. Eine Fahrt Singapur-Kuala Lumpur dauert etwa 7 Stunden und kostet in der 1.Klasse S$ 60, in der 2. Klasse S$ 26 und in der 3. Klasse S$ 14.80. Die Tickets sollte man vor Fahrtantritt lösen; die Schlafwagenplätze möglichst langfristig vorher buchen. Es gibt bei der *Malayan Railways* zahlreiche günstige Sonderangebote. So kann man z B. mit dem *Visit Malaysia Railpass* für S$ 40 zehn Tage lang, und für S$ 85 einen ganzen Monat kreuz und quer durch das Land fahren.

⊃ Banken

Die Öffnungszeiten der meisten Banken sind: Mo-Fr 9.30-15.00 Uhr (durchgehend), Sa 9.30-11.30 Uhr.

Die *Development Bank of Singapore* hält Sa bis 15 Uhr ihre Filialen geöffnet. Beim Einlösen von Reiseschecks muß man seinen Reisepaß vorlegen. Bargeld kann man ohne Ausweis wechseln. Außer den Banken tauschen alle Hotels, Einkaufszentren und lizensierte Privatwechsler. Die

Praktische Reisetips von A-Z

Bankgebäude bestimmen Singapurs Skyline

günstigsten Kurse erhält man bei letzteren. Es ist empfehlenswert, US-Dollars mitzuführen. Mit ihnen kann man überall auch bar bezahlen.

 Hinweis
Es empfiehlt sich, vor der Rückreise alles Geld (notfalls im Duty free Shop) auszugeben. Die Rücktauschgebühren sind ungewöhnlich hoch!

⊃ Benzin

Es gibt mehrere hundert Tankstellen überall auf der Insel, die normalerweise 8.00-22.00 Uhr geöffnet sind, Sondertankstellen rund um die Uhr. Preise (Stand Mai 93 pro Liter): S$ 1,28 $ für verbleites, S$ 1.11 für bleifreies Superbenzin, S$ O,50 für Diesel.

⊃ Bibliotheken

Neben der *Nationalbibliothek* mit ihren 2,7 Millionen Bänden in chinesischer, malaischer, tamilischer und englischer Sprache (Öffnungszeiten Mo-Fr 8.30-20.00 Uhr) ist die *Universitätsbibliothek* mit etwa 800.000 Bänden, Zeitschriften, Tonträgermaterialien und Mikrofilmen Mo-Fr 9.00-20.00 Uhr und Sa 9.00-12.00 Uhr für die Öffentlichkeit zugänglich.

Das *Nationalarchiv* lagert Dokumente zur Geschichte Singapurs ab dem Jahre 1805. Zahlreiche weitere Dokumente sind auf Mikrofilmen gespeichert und einschaubar. Darüber hinaus verwaltet es umfangreiches privates Archivmaterial.

⊃ Blumen

Blumenservice gibt es in jedem Hotel. Auch die Kaufhäuser haben Blumen im Angebot. Innerhalb der Shoppingzentren gibt es zahlreiche Blumengeschäfte. Einer der schönsten ist im *Isetan* am Dhoby Ghaut im Keller. Preise: ein Strauß Rosen à 10

Praktische Reisetips von A-Z

Stück 15-20 S$, gleiche Menge Orchideen 10 S$, hübsch verpackt.

⇒ Botschaften

siehe "Diplomatische Vertretung"

⇒ Busse

Von der Queensstreet aus (Arab Street) fahren viertelstündlich Schnellbusse der Linie 170 nach Johore Bahru. Man muß dort die Hin- und Rücktickets lösen. An diesem Busbahnhof sowie in der Tagespresse und beim *STPB* und in zahlreichen Reisebüros findet man auch die aktuellsten Sonderangebote für Busreisen.

Täglich fahren Busse von Singapur nach:
Butterworth, Fahrtzeit 7-8 Std., Preis 30 S$
Kuala Lumpur, Fahrtzeit 14 Std., Preis 19 S$
Penang, Fahrtzeit 5 Std., Preis 31 S$
Malakka, Fahrtzeit 5 Std., Preis 12 S$
Kuantan, Fahrtzeit 7-8 Std., Preis 18 S$
(zu den städtischen Bussen vgl. Stichwort "Nahverkehr")

C Camping

Auf Singapur gibt es, von Sentosa Island einmal abgesehen, keine Campingplätze. Die Ein- oder Durchreise mit Campingmobilen ist verboten (Ausnahme: zum Einschiffen).

D Devisen

siehe unter Stichwort "Geld"

⇒ Diebstahl

Die Kriminalität ist in Singapur, im Vergleich mit allen anderen asiatischen Ländern, kaum vorhanden. Man kann seine Sachen überallhin unbeschadet mitnehmen. Sollte es doch einmal vorkommen, daß Sie bestohlen werden, können Sie sich an jedes Hotel in der Nähe oder natürlich die Polizei wenden.

⇒ Diplomatische Vertretungen

Vertretungen der Republik Singapur
● **in Deutschland**: Südstraße 133, D-53175 Bonn, Tel.: 0228/312007-9
● **in der Schweiz**: 6 Rue Antoine Carteret, CH-1202 Genf, Tel.: 022/7330-9.
Vertretungen **in Singapur**:
● **Deutsche Botschaft**: 14. Stock, Far East Shopping Centre, 545 Orchard Rd Tel.: 73 71 355
● **Österreichisches Konsulat** und Handelsmission: 22-04 Tower Block, Shaw Centre, 1 Scotts Rd Tel.: 23 54 088
● **Schweizer Botschaft**: Liat Tower, Suite 17o3, 541 Orchard Rd Tel.:73 74 666.

Rund um die Uhr besteht ein telefonischer Notdienst. Ansonsten sind die Konsulate Mo-Fr 9.00-16.00 Uhr geöffnet. Die Öffnungszeiten sind jedoch starken Schwankun-

Praktische Reisetips von A-Z

gen unterworfen. Es empfiehlt sich deshalb, vorher anzurufen.

⊃ Drogen

In Singapur herrschen sehr strenge Vorschriften hinsichtlich Einfuhr oder Handel mit Drogen. Dieses ist grundsätzlich verboten. Auf Ihrem Einreisedokument, ausgegeben von der Paßbehörde, steht in roter Hervorhebung, daß Rauschgifthandel auch in kleinen Mengen mit dem Tode bestraft wird. In den letzten Jahren gab es immer wieder Beispiele, daß schon bei Besitz von "nur" 30 Gramm Heroin ein Todesurteil vollstreckt wurde.

Es gibt – auch für ausländische Besucher! – keine Gnade und keine Ausnahme von diesem Gesetz. **Deshalb ist das Verbot von Drogen in Singapur sehr ernst zu nehmen.** Alleine dieser deutlichen Abschreckungsmaßnahme ist es wohl zu verdanken, daß Singapur heute quasi *clean* ist. Oben geschilderte Vorkommnisse sind jedoch Einzelfälle und werden als Abschreckung umfangreich publiziert.

E Eheschließungen

Hochzeiten zwischen Personen unterschiedlicher Nationalität sind in Singapur fast die Regel. Eheschließungen von muslimischen Gläubigen oder auch bei nur einem muslimischen Partner unterliegen dem *Muslim Law Act*. Für alle anderen Bürger Singapurs gilt das Eherecht der Republik. Für Anfragen stehen die Botschaften zur Verfügung, die ständig mit diesen Formalitäten konfrontiert werden.

⊃ Einkaufen

s. Kapitel 5.2

⊃ Einreise

Bürger der Bundesrepublik Deutschlands benötigen für die Einreise nach Singapur nur einen gültigen Reisepaß.

Sie können sich bis zu drei Monaten aufhalten. Falls Sie eine auf nur 14 Tage befristete Aufenthaltsgenehmigung bekommen (was oft bei Einzelreisenden der Fall ist), kann man eine Verlängerung bis zu drei Monaten beim *Immigration Department*, North Boat Quay, beantragen.

Über drei Monate hinaus ist ein Aufenthalt möglich, jedoch nur auf besonderem Antrag. Erfahrungsgemäß bereitet diese Jahresgenehmigung keinerlei Schwierigkeiten. Bürger Österreichs dürfen sich visafrei bis zu 30 Tagen aufhalten. Vor der Einreise muß ein Dokument ausgefüllt werden, dessen eine Hälfte abgegeben wird. Die zweite Seite wird in den Paß geheftet und ist bei der Ausreise fällig.

⊃ Elektrizität

Die Stromspannung beträgt 220-240 Volt, 50 Hertz. Adapter sind in den meisten Hotels erhältlich.

Praktische Reisetips von A-Z

⊃ Essen und Trinken

s. Kapitel 5.3

F Fahrradfahren

Mit dem Fahrrad durch die Stadt zu radeln ist nicht üblich und wegen des Straßenverkehrs auch nicht ratsam. Aber es gibt zahlreiche ausgewiesene Radwege, etwa auf Sentosa, entlang des East Coast Parkway oder auf verschiedenen Inseln. Überall dort gibt es Ausleihmöglichkeiten, wobei eine Stunde etwa 5 S$ kostet. Außerhalb der Stadt kann man radeln, wo man will. Allerdings erscheint Radfahren bei der Luftfeuchtigkeit und hohen Temperaturen ein zweifelhaftes Vergnügen zu sein. Bequemer ist ein *Trishaw*, eine Fahrraddröschke. Die Fahrer genießen heute den Ruf, exotische Relikte einer vergangenen Zeit zu sein. Sie lassen sich eine Stunde mit etwa 40 S$ pro Person bezahlen.

⊃ Feiertage

s. Kapitel 5.4

⊃ Fernsehen

Seit 1963 werden Schwarz-Weiß-Sendungen ausgestrahlt. Von 1974 an gab es täglich Farbberichte im 625-Pal-System. Die Zuschauer haben reiche Auswahlmöglichkeiten. Die drei Hauptsender *SBC 5*, *SBC 8* und *SBC 12* strahlen wöchentlich 194 Stunden aus. Gesendet wird in vier Sprachen: Englisch, Chinesisch (Mandarin), Malay und Tamil. Etwa 35% der ausgestrahlten Programme werden im Lande produziert. *SBC 12* strahlt ausschließlich Sendungen in englischer Sprache aus. Neuerdings gibt es auch einen Kanal fürs Zeitunglesen. Sendezeit ist von 6 Uhr früh bis Mitternacht. Als Tourist kann man dem obligaten Fernseher in seinem Zimmer ohnehin nicht ausweichen. Neben den drei staatlichen Sendern gibt es zahlreiche kommerzielle, die Werbespots für die "beliebten" Unterbrechungen an den spannendsten Stellen produzieren.

⊃ Flüge

Der Hauptflughafen für Passagiere ist Changi. Mehr als 45 Fluggesellschaften aus aller Welt fliegen diesen wohl schönsten und modernsten Flughafen der Welt an. Die nationale Fluggesellschaft *Singapur Airlines* hat seit Jahren den ersten in der Welt hinsichtlich Komfort, Sicherheit, Freundlichkeit und Service inne. Vom Changi Airport kann man ausnahmslos internationale Ziele anfliegen. Die nächsten Destinationen sind Tioman, Kuala Lumpur oder Penang.

⊃ Fluggesellschaften

Die für Reisende aus Europa wichtigsten Fluggesellschaften sind (in alphabetischer Folge):
- *Air France*, 1 Tanglin Rd, Ming Court Shopping Arcade, Tel.: 7377166

Praktische Reisetips von A-Z

- *Alitalia*, 268 Orchard Rd 18 Yen San Buildg, Tel.: 7376966
- *British Airways*, 14 Scotts Rd 05-01, Far East Plaza, Tel.:538444
- *Lufthansa*, Tanglin Shopping Centre, 19 Tanglin Rd, Tel.:374444
- *SAS*, Changi Airport, Tel.:423433
- *Swissair*, 304 Orchard Rd, Lucky Plaza, Tel.:377004

⊃ Folklore

In der Tagespresse kann man sich über die zahlreichen Veranstaltungen der einzelnen ethnischen Gruppen informieren. Das ganze Jahr verteilt gibt es irgendwo folkloristische Darbietungen. Besonders farbenprächtig sind die Shows auf Sentosa oder im Tang Dynastie Centre. Die teuren Hotels veranstalten zur Unterhaltung ihrer Gäste regelmässige Folkloreshows. Diese sind zum Teil sehr auf westlichen Geschmack getrimmt. Ein Hauch von Originalität hat sich aber in die Gegenwart hinübergerettet.
Regelmäßige Veranstaltungen finden statt:

- *Instant Asia*, Cultural Show, Raffles Hotel, täglich 11.30 (zusätzliche Termine für Gruppen auf Anfrage)
- *Asean Night*, Mandarin Hotel, täglich außer Mo 19.00 Uhr mit -1945 ohne Abendessen.
- *Malam Singapura*, Hyatt Hotel, Scotts Rd, täglich außer So 19.00 Uhr
- *Rang Mahal* (indische Show), Imperial Hotel, täglich 19.00 Uhr

(siehe im Reisekapitel auch unter Botanischer Garten, Jurong Bird Park, Tiger Palm Garten Shows)

⊃ Freizeit

siehe Extrabeitrag

⊃ Fremdenverkehrsämter

Für alle Fragen des Tourismus' ist das *Singapore Tourist Promotion Board* (STPB) zuständig: Raffles City Tower, North Bridge Rd 240, Tel.: 3396622 oder 3300432.
(siehe auch unter Stichwort "Auskunft")

⊃ Friseur

Wenn Sie in Singapur zum Friseur müssen oder wollen, haben Sie die Qual der Wahl. In kaum einer anderen Hauptstadt der Welt gibt es so viele Schönheitssalons wie auf der Insel. Gepflegtes Aussehen, "smart" sein, ist eine Bürgerpflicht. Vor wenigen Jahren verweigerte man noch Touristen mit ungepflegten Haaren die Einreise. Obwohl das inzwischen etwas gelockert wurde, haben die Friseure nach wie vor Hochkonjunktur. Jedes Hotel, jedes Eckgeschäft, ganz zu schweigen von den Kaufhäusern und Shoppingzentren – alle bieten sie den vollendeten Service für die Schönheit. Es ist nur eine Frage des Preises. Möchten Sie italienisches oder französisches Styling, zahlen Sie für eine Herrenkopfbehandlung 40-100 S$,

Praktische Reisetips von A-Z

während die Dame für 80-150 S$ betreut wird. Lieben Sie ein asiatisches Outfit, kostet es etwa 10% weniger. Wollen Sie einfach nur einen schicken Haarschnitt, empfehle ich Ihnen, zu *Sweenus* in das *Holland Village Shopping Centre* zu fahren, in den 1. Stock zu *Alice* oder *Jiang Shee* zu gehen und sich für 20 S$ (Damen etwa das Doppelte) hervorragend bedienen zu lassen. Geschäftszeit: Mo-Sa 9.00-19.00 Uhr, Tel.: 4681795.

G Geld und Zahlungsmittel

In Singapur können alle fremden Währungen in beliebiger Menge ein- und ausgeführt werden. Zu Wechselgeschäften berechtigt sind alle lizensierten Geldwechsler (*Money Changer*), Banken, Hotels und Shopping Centres. Zum Umtausch von Travellerchecks benötigen Sie einen Reisepaß. Bargeld kann ohne Legitimation umgewechselt werden.

Die Landeswährung ist der Singapur Dollar (S$; = 100 Cents). Folgende Banknoten sind im Umlauf: S$ 1, 5, 10, 20, 50, 100, 500, 1000 und (selten) 10.000. Es gibt Münzen im Wert von 1, 5, 10, 20 und 50 Cents.

⭢ Geschäftszeiten

Die Öffnungszeiten der Geschäfte sind sehr unterschiedlich. Im allgemeinen haben Kaufhäuser 9.00-18.00 Uhr, viele große Zentren auch bis 21.00 Uhr geöffnet. Private Kleinstunternehmer halten ihre Lädchen solange auf, wie Kunden vorbeikommen. Da es einen behördlich geregelten freien Sonntag nur für Büros gibt, sind viele Läden die ganze Woche über geöffnet. Das gilt besonders für die Geschäfte in Chinatown, Little India und Arab Street.

Der rote Löwe
Das Gütezeichen des roten Löwen wird von der Verbrauchervereinigung Singapurs auf Antrag vergeben. Es bestätigt, daß dieses Geschäft gute Waren zu fairen Preisen nebst sachkundiger Bedienung anbietet und deshalb dem Kunden empfohlen werden kann.

⭢ Gesundheit

Objektive gesundheitliche Risiken für einen Singapur-Aufenthalt gibt es nicht. Tropische Krankheiten wie Malaria, Typhus oder Hepathitis existieren nicht mehr. Die hygienischen Verhältnisse zählen mit zu den besten der Welt. Subjektiv kann es durch die hohe Luftfeuchtigkeit, kombiniert mit den relativ hohen Temperaturen (28-33° C) zu Kreislaufproblemen kommen. Es empfiehlt sich, vor Antritt der Reise den Hausarzt zu konsultieren und herzstärkende Mittel wie Korodin o.ä. mitzunehmen. Während des Aufenthaltes ist unbedingt darauf zu achten, daß der Verlust an Flüssigkeit durch die Einnahme von nichtalkoholischen Getränken (Mineralwasser, Fruchtsäfte) ausgeglichen wird. Reisende aus Europa

Praktische Reisetips von A-Z

können wesentlich zum subjektiven Wohlbefinden beitragen, indem sie in den ersten Tagen alles weniger hektisch tun, also langsamer gehen, sich weniger vornehmen, etwas öfter Trink- und Ruhepausen einlegen. Für Magen- und Darmverstimmungen, bedingt durch die Klima-Umstellung und das veränderte, zum Teil sehr scharfe Essen, sollte man entsprechende Mittelchen dabei haben (z.B. Immodium). In den zahlreichen und sehr gut ausgerüsteten Apotheken (*Pharmacies*) kann man alles Notwendige aber auch vor Ort bekommen.

Zur Aufbesserung des subjektiven Wohlbefindens gibt es neuerdings in Singapur zahlreiche Zentren für Fußzonenreflexmassage und Akupunktur. Das ist kein Mumpitz, sondern jahrtausende alte Heilkunst. Die Reflexology geht davon aus, daß sich in jedem der Füße 7.200 Nerven in 67 Reflexzonen befinden, die – richtig behandelt – den ganzen Körper wieder ins harmonische Gleichgewicht bringen. Eines der besten dieser (staatlich kontrollierten) Zentren befindet sich im *Chinatown Point Centre*. Dort kostet eine halbstündige Behandlung 20 S$. Auch im *Golden Landmark Hotel* sind entsprechende Einrichtungen.
Zu den nachgewiesen erfolgreichsten Akupunkturzentren in Singapur zählen:
International Acupunktur Centre, 733 Geylang Rd, Tel.: 74 25 621 (24 Std. geöffnet)
Chinese Acupunktur Centre, 545 Serangoon Rd, Tel.: 298 7306.

Die Gelben Seiten weisen weitere 300 staatlich geprüfte Zentren dieser Art aus. Eine Behandlung kostet etwa 50 S$ (vgl. auch Stichwort "Ärzte").

⇒ **Goethe-Institut**

Das Goethe-Institut befindet sich im *Shopping Centre*, 190 Clemenceau Av., Tel.: 3375111.

⇒ **Gottesdienste**

In Singapur gibt es etwa 350 Kirchen und christliche Glaubensgemeinschaften. Die einzelnen Zeiten der Veranstaltungen sind in den Gelben Seiten unter *church services* angegeben. Hier einige Auszüge:
● Presbyterianer (auch deutschsprachig): *Prebyterian Church*, Orchard Rd 3, Tel.: 2507902
● Katholiken: *Cathedral of the Good Sheepherd*, Queens St., Tel.: 3372036
● Anglikaner: *Saint Andrews Cathedral*, St. Andrews Rd; Tel.: 3376104
● Baptisten: *Baptist Church*, 90 Kings Rd, Tel.: 4664929
● Juden: *Maghain Aboth Synagoge*, Waterloo St., Tel.: 3360692
● Lutheraner: *Lutheran Church*, 709 Commonwealth Drive, Tel.: 637866
● Methodisten: *Wesley Church*, 5 Fort Cannings Rd, Tel.: 3361433

H Hotels

siehe unter Stichwort "Unterkunft"

Praktische Reisetips von A-Z

I Informationen

siehe unter Stichwort "Auskunft"

K Kartenmaterial

Um einen guten Überblick über die unterschiedliche Struktur der Insel zu bekommen, empfiehlt sich der Kauf einer guten Landkarte. Zwar geben das *STPB* und die Hotels kleine Übersichtspläne über das City Centre heraus. Diese sind aber bereits kommerziell ausgerichtet, markieren oft nur die gesponsorten (teuren) Läden und sind im Maßstab nicht getreu. Sehr zu empfehlen ist dagegen die in Singapur gedruckte Karte vom Nelles Verlag (Preis 8,90 S$) im Maßstab 1:22.500 mit speziellen Bereichen für die einzelnen Stadtbezirke. Diese Karte ist sehr genau und relativ übersichtlich. Sie erhalten sie in jeder guten Buchhandlung und an Kiosken.

⮑ Kinos

Insgesamt hat Singapur 50 Kinos mit einer Sitzplatzkapazität für etwa 51.000 Zuschauer. Der Besuch der Filmtheater hat allerdings an Beliebtheit eingebüßt. Das Fernsehen, die reichlich über das Jahr verteilten Feste und die hohe Beanspruchung durch den Arbeitstag mögen die Gründe dafür sein. Die meisten Filme sind importiert, chinesische aus Hongkong oder Taiwan, gelegentlich auch aus der Republik China, indische aus Indien oder Sri Lanka. Westliche Filme werden synchronisiert mit englischsprachigen Untertiteln dargeboten.

In der Universität gibt es einen Filmclub, der künstlerisch besonders wertvolle Filme zeigt. Auch die Botschaften und Kulturzentren wie das Goethe-Institut oder Institute Francaise zeigen herausragende Produktionen aus ihren Ländern. Alle diese Veranstaltungen werden in der Zeitung "*The Strait Times*" angekündigt.

⮑ Kleidung

Bei dem feuchtwarmen Klima empfiehlt sich leichte, luftdurchlässige Kleidung für den Tagesbummel draußen. Die Kleidung sollte möglichst aus Naturfasern bestehen. Besonders eng anliegende Sachen sollten vermieden werden. In Singapur legt man großen Wert auf ein gepflegtes Äußeres. In allen einschlägigen Kaufhäusern kann man sehr preisgünstig aus einem vielseitigen Angebot auswählen. Kleidung gehört zu den wenigen Dingen, die hier für Europäer erheblich billiger sind als in ihren Heimatländern. Beim Tragen von T-Shirts mit zweifelhaften Aufschriften, halblangen oder kurzen Hosen und Turnschuhen kann man unter Umständen beim Eintritt in Restaurants Schwierigkeiten bekommen. Bei Abendveranstaltungen erwartet man mindestens ein Jacket bzw. ein Kleid.

Zwischen Dezember und März und Juni bis September

Praktische Reisetips von A-Z

regnet es häufiger. Deshalb empfiehlt sich die Mitnahme eines Regenschirmes. Für S$ 10 kann man aber auch an jeder Ecke einen kaufen. Sowie es regnet, wachsen die fliegenden Regenschirmhändler wie Pilze aus dem Boden.

⮕ Klima

siehe unter "Reisezeit"

⮕ Konzerte

Das 1979 gegründete *Singapore Symphonie Orchestra* gehört zu den besten Klangkörpern Asiens. Seit dieser Zeit wird es vom Chefdirigenten *Choo Hoey* betreut, der gemeinsam mit seinen über hundert fest engagierten Musikern inzwischen ein breites Repertoire erarbeitet hat.

In der *Victoria Memorial Hall*, dem etwa 1.000 Sitzplätze fassenden städtischen Konzertsaal, gibt es wöchentlich gutbesuchte Symponie- und Kammerkonzerte. Darüber hinaus werden Veranstaltungen in Schulen und Parks durchgeführt.

In den letzten Jahren erhielt der vielbeachtete Klangkörper verstärkt Einladungen auch aus Europa und Amerika. Die Eintrittspreise liegen zwischen 10 und 30 S$. Finanziert wird das *Singapore Symphonie Orchestra* durch staaliche Zuwendungen und privaten Sponsoren. Die Veranstaltungen werden in allen Publikationen des Tourismusverbandes, der Tagespresse, im Rundfunk und Fernsehen bekanntgegeben.

Eintrittskarten erhält man entweder direkt in der *Victoria Memorial Hall* (MRT-Station: City Hall, Busse 10, 70, 75, 82, 100, 130) Tel.: 3396120; oder beim Einkaufszentrum *Tang*, Orchard/Scotts Rd, Tel.: 2962929, 9.00-17.00 Uhr.

Das Singapore Symphonie Orchestra

N Nachtleben

Vor einigen Jahren hätte der an Reeperbahn, Bangkoks Patpong oder Hongkongs Kowloon gewöhnte Reisende beim Stichwort 'Singapurs Nachtleben' gelächelt. Heute hat sich die Szenerie gewandelt. Nach wie vor gibt es keine Bordelle (zumindest offiziell nicht), keine schmierigen Spelunken, keine Spielhöllen. Dafür aber eine breite Palette an 'Kontaktbistros', Bars, Lounges, Diskotheken und Nachtklubs. Unter "Nachtleben" versteht man in Singapur auch die vielen offenen Märkte und Garküchen, die Vorstellungen der Chinesischen Oper, Konzerte oder Rockvorstellungen.

Hier eine Auswahl der **beliebtesten Bars**, **Pubs** und **Lounges**:

- *Anywhere*, Tanglin Shopping Centre, 19 Tanglin Rd, Tel.: 2351041; geöffnet 18.00-02.00 Uhr
- *Bibi's Theatre Pub*, Peranakan Place, 180 Orchard Rd Tel.: 7326966; 16.00-01.00 Uhr
- *The Cellar*, Basement, Yen San Buildg. 268 Orchard Rd, Tel.: 2357361; geöffnet 17.00-01.00 Uhr
- *Elvis Place*, Duxton Hill, Tel.: 2278543; geöffnet 15.00-24.00 Uhr

Singapore by night

- *Einsteins*, Mezzannie Floor, Shaw Centre, Scotts Rd, Tel.: 7379790 11.30-01.00 Uhr
- *Jimms Pub*, Hotel Negara, 15 Claymore Drive, Tel.: 7370811; geöffnet 18.00-24.00 Uhr
- *Zouk*, 17-21 Jiak Kim Str./Kim Seng Road, Tel.: 7382988; geöffnet 17.00-03.00 Uhr
- *Paddlers*, 66 Boat Quay, Tel.: 5352607; geöffnet 12.00-22.00 Uhr
- *Saxophone*, 23 Cuppage Rd, Tel.: 2358385; geöffnet 19.00-24.00 Uhr
- *Sommerset*;s Bar, Westin Plaza Hotel, Tel.: 3388585; geöffnet 17.00-02.00 Uhr

Praktische Reisetips von A-Z

Pop-Sängerin

- *Alex Karaoke Pub*, Amara Shopping Centre, 165 Tanjong Pagar Rd, Tel.: 2215865; geöffnet 17.00-01.00 Uhr
- *Floating Disco*, On board of Equator Dream Clifford Pier, Tel.: 2707100; geöffnet 22.00-O2.00 Uhr
- *Khameleon*, Marina Village, 31 Marina Park, Tel.: 2274510; geöffnet 21.00-03.00 Uhr
- *The Warehouse*, River View Hotel, 382 Havelock Rd, Tel.: 7329922; geöffnet 20.00-02.00 Uhr
- *Hard Rock Cafe*, Cuscaden Rd, Tel.: 2355232; geöffnet 11.00 Uhr-02.00 Uhr
- *Dallas Theatre Lounge und Night Club*, Amara Hotel, 165 Tanjong Pagar Rd, Tel.: 2213311; geöffnet 16.30-03.00 Uhr
- *Lido Night Club*, Glass Hotel Shopping Centre, 317 Outram Rd, Tel.: 7328855; geöffnet 21.00-03.00 Uhr.

⮑ Notruf/Notfall

Feuer oder dringliche medizinische Hilfe **995**
Polizei **999**
Pannenhilfe **7489911**

O Öffnungszeiten

Die behördlichen Dienststellen haben normalerweise Mo-Fr 8.00-17.00 Uhr, Sa 8.00-13.00 Uhr geöffnet.
Banken: Mo-Fr 10.00-15.00 Uhr durchgehend, Sa 9.30-11.30 Uhr
Museen: Mo-Fr 9.00-17.00 Uhr
Geschäfte: (siehe unter Stichwort "Geschäftszeiten")

P Polizei

In Singapur gibt es zur Aufrechterhaltung von Sicherheit und Ordnung insgesamt 7.280 Polizeibeamte. Diese wirken in den Bereichen Innere Sicherheit, Wasserschutz, Zivil, Geheimdienst, Post, Bank usw.

Praktische Reisetips von A-Z

In jedem Stadtbezirk finden Sie Notrufsäulen und Revierdienststellen.
Der allgemeine Polizeinotruf ist **999**.

➲ Post

In Singapur gibt es 68 Postfilialen, sowie über 100 lizensierte Briefmarkenhändler. Sie werden geleitet vom *General Post Office* (**GPO**), Fullerton Building, am Clifford Pier, Tel.: 5330234; geöffnet für Telefonate und Postdienst 24 Stunden. Eilpost kann an besonders gekennzeichneten Servicestellen (*Local Urgent Mail*) aufgegeben werden und wird innerhalb von 2 Stunden auf der Insel zugestellt.
Briefmarkensammler können Sondermarken über die *Singapore Philatelic Society*, 160 Cross St, beziehen.
Die **Postgebühren** nach Europa betragen: Brief 10 g = 0,75 S$, Postkarten = 0,35 S$, Aerogramme = 0,35 S$

R Reisebüros

In den Gelben Seiten finden Sie über dreihundert staatliche lizensierte Reiseanbieter. Sie sind zumeist in den Kaufhausketten oder Hotels untergebracht. Täglich gibt es zahlreiche Angebote auch in der Tagespresse. Da das Angebot groß ist, der Wettbewerb sehr hart, verlieren sich manche Anbieter in der juristisch schwer erfaßbaren Grauzone. Der Preis sagt nicht alles. Fragen Sie zum Beispiel bei einem Badehotel auf Batan auch, wo der Bungalow liegt und wieviele Zimmer das Hotel hat! Im allgemeinen gilt hinsichtlich des Preis-Leistungsverhältnisses: je teurer die Gegend, in der das Büro untergebracht ist, je teurer auch der Reisepreis. Die Seriösität ist damit nicht automatisch garantiert. Auf jeden Fall lohnen sich Preisvergleiche.

Zur allgemeinen Information einige Standardpreise für immer wiederkehrende Ausflugsziele von Singapur aus (inklusive Transport und Doppelzimmerbelegung):
- **Malaysia:**
- *Tioman* 3 Tage/2 Nächte S$ 178,- p.P.
- *Penang*: 3 Tage/4 Nächte S$ 229,-
- *Damai Beach Resort*: 3 Tage/4 Nächte S$ 380,-
- *Langkawi*: 3 Tage/4 Nächte S$ 365,-
- **Indonesien:**
- *Batan*: 1 Tag incl. 1 Mittagessen und Transport S$ 48,-; 2 Tage/1 Nacht mit Frühstück und Mittag S$ 95,-
- *Tanjung Penang*: 2 Tage/1 Nacht S$ 125,-
- *Medan-Tobasee*: 5 Tage/4 Nächte S$ 489,-
- *Bali*: 4 Tage/3 Nächte S$ 689,-

Nachstehend finden Sie einige Telefonnummern von lizensierten Reisebüros, die nicht in teuren Wohnvierteln residieren und deshalb vernünftige Preise garantieren können.
Tina Travel, Tel.: 2971778/9
Airtran, Tel.: 3399555
Scan Tours, Tel.: 3397733
Everjoy, Tel.: 5331338
Grand Travel, Tel.: 5352328
Imperial Tours, Tel.: 3391866

Praktische Reisetips von A-Z

⊃ Reisezeit

Da das Klima, 135 km vom Äquator entfernt, nur dadurch unterschieden wird, ob es mehr oder weniger regnet, empfehlen sich März bis Juni und Dezember bis März als ideale Reisezeit. Aber selbst während der übrigen Jahres kann man reisen, wenn man mehrstündige Regenschauer in Kauf nimmt.

Nur sehr selten regnet es tagelang. Während der Monsumzeit ballen sich am frühen Nachmittag die Wolken zusammen und regnen sich gegen Abend ein bis zwei Stunden lang ab. Danach ist es nur wenig kühler. Die durchschnittlichen Temperaturen liegen am Tage zwischen 28° und 33° C, in der Nacht nur wenig darunter.

⊃ Restaurants

s. Kapitel 5.3

⊃ Rundfunk

Seit 1936 gibt es Rundfunksendungen in Singapur. Die Programme werden in Malay, Chinesisch, Tamil und Englisch ausgestrahlt. Gegenwärtig wählen wöchentlich etwa 1,7 Millionen Hörer aus neun verschiedenen Programmarten mit insgesamt 1.236 Stunden Sendung. In fast allen Hotelzimmern können Sie alle neun Sender, darunter auch die drei englischsprachigen Frequenzen (*Symphony*/FM 92,4 MHz; *Perfect* 10/98,7 MHz; *Class*/95 FM auf 95 MHz) empfangen.

S Souvenirs

s. Kapitel 5.2

⊃ Sport

Jede Schule hat eigene Anlagen. Die beliebtesten Sportarten sind Jogging, Schwimmen, Golf, Tennis und Squash, Wassersport, Fußball sowie Polo. Der erste in Singapur gegründete Sportclub war der Billard Club von 1829. Am 1. Januar 1834 wurde zum ersten Male am Neujahrstag gerudert. Ab 1843 begann der Turf-Club seine Wettaktivitäten. Der Gewinn des 1. Rennens betrug am 23. Februar für den Sieger 150 S$ – mittlerweile sind es 250.000 S$. Das erste Crikketmatch wurde 1852 ausgetragen. Bei den *SEA (South East Asia) Games*, einem Pendant zu den Olympischen Spielen, sind die Sportler des Inselreiches immer auf den vordersten Plätzen zu finden.

Die 16. Spiele in Manila brachten mit insgesamt 18 Gold-, 32 Silber- und 44 Bronzemedaillen höchste Anerkennung. Führend in ganz Asien ist das *Singapore Body Building Team*. Beim Rückenschwimmen, Wasserski und Segeln errangen die Sportler der Löweninsel ebenfalls die ersten Plätze. Insgesamt findet man auf der Insel: ein Nationalstadion mit 60.000 Plätzen, dem Athletikeinrichtungen, Squash-, Tennis- und Golfplätze sowie eine Sporthalle angegliedert sind. Ferner unterhält die Regierung 7 Sportzentren für Athletik,

Praktische Reisetips von A-Z

34 Mehrzwecksportfelder, 4 Hallenstadien, 25 Schwimmanlagen, 82 Tennisplätze, 444 Squashfelder und Hunderte von Fitnesszentren. Hinzu kommen zahlreiche private Einrichtungen in Clubform.

Hier **einige nützliche Adressen**:
- **Badminton**
- *Badminton Hall*, Guillemard Rd; Tel.: 2451222
- **Golf**
- *Sentosa Golf Club*, Tel.: 4722722
- *Changi Golf Club*, Netheravon Rd; Tel.: 5451298
- *Jurong Country Club*, Science Centre Rd; Tel.: 5605655
- *Keppel Club*, Bukit Chemin; Tel.: 2735522
- **Pferderennen**
- *Turf Club*, Bukit Timah Rd; Tel.: 4662782
- *Polo Club*, Thomson Rd; Tel.: 2564530
- **Squash**
- *Singapore Squash Centre*, Fort Cannings Rise; Tel.: 3374280
- *Farrer Park*, Rutland Rd; Tel.: 2514166
- *National Stadium*, Lallang; Tel.: 4408622
- **Tennis**
- *Changi Tennis Court*, Cranwell Rd; Tel.: 4452941
- *East Coast Park Lagoon*; Tel.: 4425966
- **Wasserski**
- *East Coast Park Lagoon*; Tel.: 4425966
- **Yachtclub**
Changi Sailling Club, Netheravon Rd; Tel.: 4451298
- *Republic of Singapore Yachtclub*, Jalan Buroh; Tel.: 2650931

T Taxis

In Singapur gibt es 12.705 registrierte Taxis. Sie haben – je nach Gesellschaft – sechs unterschiedliche Farben. Die häufigsten sind schwarz mit gelbem Dach und rot mit weißem Dach; blau, gelb und beige und sind durch das beleuchtete Zeichen **Taxi** auf dem Dach gekennzeichnet. Taxis halten entweder auf Handzeichen oder stehen an besonders gekennzeichneten Haltepunkten. In den Wagen besteht Gurtpflicht. Jedes Taxi ist mit einer Uhr ausgestattet, die den korrekten Fahrpreis anzeigt. Dieser setzt sich zusammen aus einer Grundgebühr von S$ 2.20 und jeweils S$ 0,10 für je 250 Meter bis zu 5 km. Alle 45 Sekunden rückt der Zeiger um S$ 0,10 beim Warten vorwärts. Für Fahrten nach 22.00 Uhr und nach Mitternacht gibt es besondere Zuschläge von S$ 3. Für Taxis, die zu einer bestimmten Zeit an eine bestimmte Stelle beordert werden, verlangt man ebenfalls S$ 3 Aufpreis. Eine ganze Stunde Taxifahren kostet korrekt S$ 20. Im allgemeinen gehört Taxifahren in Singapur, besonders während der Regenstunden, zu den billigen und beliebten Notwendigkeiten. Es gibt kaum nennenswerte Wartezeiten bei der Inanspruchnahme eines Wagens.

➲ Telefonnummern

- Polizei 999
- Ambulanz 995
- Pannenhilfe 7489911

Praktische Reisetips von A-Z

- Postanfragen 165
- Telefonauskunft Inland: 100, International 104
- Automatische Fluginformation 5424422
- Zeitansage 1711
- Arzt, med. Notdienst 2223322
- Singapore Tourist Information 7383778 und 3300432
- Singapore General Hospital 2223322
- National University Hospital 7795555

⮕ Telekommunikation

Singapur ist an ein weltweites Telefonsystem angeschlossen. Die Verständigung über Satelliten nach Amerika oder Europa ist hervorragend. Von den überall aufgestellten Fernsprechern mit der Aufschrift *International Direct Dialing* kann man durch Münzeinwurf sofort in alle Welt anrufen.
Von Singapur aus wählt man nach Hause folgende Nummern (jeweils plus Ortskennzahl ohne die Null plus Rufnummer):

- nach **Deutschland**: 005-49
- in die **Schweiz** : 005-41
- nach **Österreich**: 005-43

Nach der letzten Ziffer dauert es ca 1 Minute, bis das erste Freizeichen ertönt; nicht auflegen !
Für Ferngespräche **nach** Singapur wählt man:
von Deutschland und der Schweiz 00-65, von Österreich 90-0-65, anschließend die Rufnummer.
Da die **Gebühren** sehr unterschiedlich sein können, je nachdem, von wo Sie anrufen, empfehle ich Ihnen, die Auskunft anzurufen. Inland 103, Ausland 162. In den meisten Hotels liegen auch in englischer und deutscher Sprache Informationen auf dem Nachttisch. Auch die Hotelauskunft (*Operator*) kann Genaueres sagen.
Telegramme können Sie von jedem Fernsprecher aufgeben. Von öffentlichen Zellen müssen Sie jedoch genügend Münzen bereithalten. Rufen Sie von Ihrem Appartement aus an, wird die Gebühr Ihrer Telefonrechnung zugeschlagen.

⮕ Tiere

Für die Einfuhr von Tieren benötigt man eine Genehmigung. Darüber hinaus ist eine dreimonatige Quarantänezeit vorgeschrieben. Ähnlich verhält es sich bei der Ausfuhr.

⮕ Trinkgeld

In offiziellen Dokumenten kann man lesen, daß das Geben von Trinkgeld nicht erwünscht, sondern daß es eine Untugend sei usw. In der Praxis aber sieht es anders aus. Jeder Kellner und Taxifahrer, jedes Zimmermädchen und jeder Rezeptionist im Hotel freut sich über ein Scheinchen und wird es nicht zurückweisen. Üblich sind etwa 10% des Rechnungsbetrages. Wohltuend für den Besucher ist jedoch, daß Serviceleistungen auch unabhängig vom Trinkgeld erbracht werden und die "Bakschisch-Daumenschraube" entfällt.

Praktische Reisetips von A-Z

⮕ Trinkwasser

Das Wasser in Singapur kann man auch aus der Leitung trinken (wenn es nicht ausdrücklich durch einen Hinweis verboten ist). Allerdings schmeckt es nicht. Mineralwasser, zumeist importiert, gibt es in großer Auswahl. Das Trinken von Freilandgewässern in den Naturreservaten sollte man unterlassen.

U Unterkunft

In Singapur ist Unterkunft gleich Hotel. Campinganlagen oder Zeltplätze gibt es nicht. 1992 standen den fast sechs Millionen Besuchern etwa 25.000 Hotelbetten zur Verfügung. Die Vielfalt und Auswahl ist riesengroß und lediglich eine Frage des Geldbeutels. Lag die durchschnittliche Belegungsquote 1980 noch bei 40-50%, so können die Manager gegenwärtig mit über 90% aufwarten. Die Qualität von Zimmern und Service – zumindest in den oberen Preiskategorien – gehören zur Weltspitze. Für den europäischen Besucher ist es nicht leicht, preiswerte Unterkünfte zu finden, da fast sämtliche neu hinzugekommene Etablissements der oberen Mittel- oder Luxusklasse angehören. Es empfiehlt sich auf jeden Fall die vorherige Buchung bei einem Reisebüro. Agenturen erhalten oft beträchtliche Nachlässe. Bei Direktbuchungen sollte man den offerierten Preis nicht ohne weiteres akzeptieren. Je nach Auslastung an den betreffenden Tagen gewährt man Rabatte bis zu 50%. Unangemeldet in Singapur ein Zimmer suchen zu müssen, kann sehr teuer oder zeitaufwendig sein. Es lohnt sich nicht, in den Außenbezirken nach billigeren Quartieren zu fahnden, da die Satellitenstädte zumeist keine Hotels besitzen.

Im folgenden sind Hotels der unterschiedlichsten Preiskategorien aufgeführt und jeweils an einem oder zwei Beispielen erläutert. Die Preisangaben sind Groborientierungen und unterliegen Schwankungen. Zu jeder Übernachtung kommen 10% Dienstleistungssteuer und 4% Regierungssteuer hinzu (die im Preisbeispiel **nicht** berücksichtigt sind):

- **Einfache Hotels (40-70 S$)**
- *Little India*, Veerasani Rd 3, (38 S$)
- *New Mayfair*, 40 Armenian St, Tel.: 3374542 (52 S$)
- *Majestic*, 31 Bukit Pasoh Rd, Tel.: 2223377 (40-60 S$)
- *YMCA*, Orchard Rd, Tel.: 3377639 (50-70 S$)
- *YMCA*, Stevens Rd, Tel.: 7377755 (75 S$)
- *YMCA*, Fort Cannings Rd, Tel.: 3363150 (60-75 S$)

Beispielbeschreibung:
Little India, Veerasani Rd 3. Kleines Haus mit 25 Zimmern mit Du/WC, inmitten Little India gelegen. Nicht gerade leise, aber urig und unverfälschter Atmosphäre. 1993 restauriert. Die Zimmer sind klein und einfach möbliert. Radiator-Aircondition. Kleiner Speiseraum. In der Umgebung preiswerte Restaurants und Garküchen. Anreise: Bus 64-65-92-1.

Praktische Reisetips von A-Z

- **Hotels zweiter Klasse (70-130 S$)**
  - *Inn of the sixth Hapiness*, 3 Erskine Rd Tel.: 2233266 (80—130 S$)
  - *Ambassador*, Meyer Rd, Tel.: 4463311
  - *Bencoolen*, Bencoolen St, Tel.: 3360822
  - *Allsons* Victoria St, Tel.: 3360811
  - *Lion City*, 15 Tanjong Katong Rd, Tel.: 3458111
  - *Broadway*, 195 Serangoon Rd, Tel.: 2924661
  - *RELC International*, Orange Grove Rd, Tel.: 7379044

Beispielbeschreibung:
RELC International. Im Grünen nahe dem *Shangri La* gelegen, ausgestattet mit 128 Zimmern und Suiten mit Bad, Fernseher, Aircondition, einfach möbliert, sauber, behaglich. Zwei Restaurants, Geschäftsräume, Konferenzmodalitäten. Von 120 S$ an aufwärts.

- **Hotels erster Klasse (150-280 S$)**
  - *Apollo*, 05 Havelock Rd, Tel.: 7332081
  - *Cockpit*, 7 Osley Rise-Penang Rd, Tel.: 7379111
  - *Merlin*, 7500 Beach Rd Merlin Plaza, Tel.: 2980011
  - *Grand Central*, Orchard Rd/Cavenagh Rd, Tel.: 7379944
  - *Metropol*, 41 Seah St, Tel.: 3363611
  - *Novotel Orchid Inn*, 214 Dunearn Rd, Tel.: 2503322
  - *Phoenix*, Sommerset Rd, Tel.: 7378666
  - *Garden*, 14 Balmoral Rd, Tel.: 2353344
  - *Cairnhill*, 19 Cairnhill Circle, Tel.: 7346622
  - *Queens*, 24 Mt. Elisabeth Rd Tel.: 7376088

Beispielbeschreibung:
Cockpit Hotel. Das älteste Hotel an der Orchard Rd mit wechselnden Schicksalen. Nach der vorübergehenden Schließung des *Raffles* zog der Barkeeper hierher und kreiert seitdem den echten Singapore-Sling in einer urigen Bar. Die Zimmer mit Bad, Fernseher, Minibar sind ordentlich, wenn auch ein wenig abgewohnt. Die Restaurants bieten sehr gute Fischgerichte und chinesische Speisen. Vom Hotel aus kann man das Stadtzentrum wunderbar zu Fuß erkunden. Preis – je nach Verhandlungsfähigkeit und Anzahl der Nächte zwischen 100 und 180 S$.

- **Hotels der Luxusklasse (230-350 S$)**
  - *Orchard*, 442 Orchard Rd, Tel.: 7347766
  - *Sheraton*, Nassim Hill, Tel.: 7379677
  - *Hilton*, 581 Orchard Rd, Tel.: 7372233
  - *Hyatt Regency*, 10/12 Scotts Rd, Tel.: 7331188
  - *Mandarin*, 333 Orchard Rd, Tel.: 7374411
  - *Marco Polo*, 247 Tanglin Rd, Tel.: 4747141
  - *Marina Mandarin*, Marina Square, Tel.: 3383388
  - *Oriental*, 6 Raffles Square, Tel.: 3380066
  - *The Pavillon Interconti*, 1 Cuscaden Rd, Tel.: 7338888
  - *River View*, Havelock Rd, Tel.: 7329922
  - *Shangri La*, 2 Orange Grove Rd, Tel.: 7373644

Praktische Reisetips von A-Z

- *Shangri La Rasa Sentosa*, 101 Siloso Rd, Tel.: 3711022

Beispielbeschreibung:
Orchard Hotel/Orchard Rd. Brandneu, sehr zentral gelegen, mit allem erdenklichen Komfort wie Pool, Sauna, Fitnesraum, Konferenzsaal, Ballsaal für 1.500 Personen, Business Centre, Zimmer elegant, üppig und geräumig möbliert. Zahlreiche exzellente Restaurants im Hause, z.B. *Nostalgie-Longe*, *Hua Ting Chinese Restaurant* mit brillianter Küche, italienisches Feinschmeckerlokal *Louis Ristorante* mit hervorragendem Ambiente. Im Gegensatz zu vielen bekannten Hotelketten herrscht hier eine elegante, süperbe Atmosphäre (240-400 S$, auf Wunsch trotz 94% Auslastung aber erhebliche Reduzierungen)

Beispiel 2:
River View Hotel. Dieses schöne Hotel mit 21 Stockwerken und 472 Zimmern liegt direkt am Singapore River. Roberto Pregarz, langjähriger Chef des *Raffles*, versteht es auch hier, eine fast romantische Atmosphäre zu zaubern. Schöner Gastgarten, direkt am Fluß mit zivilen Preisen. Für gehobene Ansprüche das chinesische und das feine italienische Restaurant.
Die Zimmer sind elegant und mit allem Komfort eingerichtet. Preise: 180-300 S$. Auf Anfrage gibt es Sonderkonditionen.

● **Hotels der Super-Luxus Klasse (280-6.000 S$)**
Singapur gerät zunehmend in den Strom des großen Reichtums. Entsprechend wurden in den letzten Jahren Übernachtungsmöglichkeiten der Sonderklasse gebaut.
- *Raffles*, North Bridge Rd, Tel.: 3371886 (650-6.000 S$)
- *The Beaufort*, Sentosa Island, Tel.: 2750331 (450-1.500 S$)
- *Duxton*, Duxton Hil, Tel.: 2277678 (320-450 S$)

Beispielbeschreibung:
The Beaufort. Schöner kann ein Hotel nicht sein! Am äußersten Rande von Sentosa gelegen, umgeben von Golfplätzen, Wäldern, in akustischem Frieden, mit Blick auf die Skyline oder die vorbeiziehenden Tanker.
Die Zimmer haben Suitendimensionen, die Bungalows einen eigenen Freiluftpool. Elegantes Interieur, verbunden mit erstklassigem Service und hervorragender Küche machen den Aufenthalt zu einem paradiesischem Vergnügen Das Hotel ist langfristig aus-

Fassade des Orchard-Hotels

Praktische Reisetips von A-Z

Im Speisesaal des 'Beaufort'

gebucht. Reduzierungen sind deshalb sehr selten zu bekommen.

Für **Zimmerreservierungen** wenden Sie sich am besten entweder an ein Reisebüro zu Hause oder in Singapur an das *Singapore Tourist Office* in der Raffles City, 250 North Bridge Rd. Für die bekannten Hotelketten wie *Sheraton*, *Hyatt*, *Hilton*, *Oriental* o.ä. können Sie auch in Deutschland bei jedem dieser Hotels über den *Worldwideservice* Reservierungen vornehmen lassen. Am Flughafen Changi werden Sie bei der Ankunft von zahlreichen Repräsentanten der Hotels empfangen, auch wenn Sie noch kein Zimmer vorgebucht haben. In jedem Fall aber ist eine vorherige Reservation empfehlenswert.

V Verkehrsmittel

Wie schon mehrfach erwähnt, verfügt Singapur über ein hervorragend ausgebautes öffentliches Verkehrsnetz. Das schnellste, billigste und bequemste Verkehrsmittel ist die MRT, die **U-Bahn** (siehe Netzkarte in der hinteren Umschlagklappe). Die Fahrpreise liegen zwischen 0,60 und 1,50 S$.

Mit **Bussen** kommt man ebenfalls quer durch die ganze Insel. Einen Übersichtsplan erhält man beim *STPB* oder direkt bei *Translink* (100 Buona Vista Rd MRT Station, Tel.: 7797600).

Um die Inseln der Umgebung zu erreichen, nimmt man die öffentlichen **Boote**, die am World Trade Centre abfahren (Informationen dort). Eine ruhige, sehr beliebte, wenn auch nicht ganz billige Art, sich in der Stadt zu bewegen, sind die **Trishaws** (Fahrradtaxis). Standplätze gibt es in Chinatown, Little India und am Bras Baseh Park (Queen St). Eine halbstündige Fahrt kostet etwa 30 S$ pro Person.

Praktische Reisetips von A-Z

Es gibt zahlreiche **Sondertikkets** für die Benutzung öffentlicher Verkehrsmittel. So zum Beispiel das *Singapore Explorer Ticket*. Für einen Tag auf allen Verkehrsmitteln werden 5 S$ verlangt, für drei Tage 12 S$. Ein *Translinkticket*, mit dem ebenfalls alle staatlichen Fahrzeuge zu benutzen sind, kostet 10 S$. Man kann damit fahren, wohin man will.

Wenn das Guthaben auf der Karte zu Ende geht, erhält man an jeder MRT-Station gegen Aufzahlung eine neue Karte, wobei der Restpreis umgerechnet wird. So kann man unbedenklich 10, 20 oder 30 S$ aufstocken, weil jederzeit der volle, nicht mehr benötigte Betrag zurückerstattet wird.
(vgl. auch Stichworte "Taxis" und "Autovermietung")

⮕ Verkehrsregeln

In Singapur gelten dieselben Verkehrsregeln wie in England. Es wird **links** gefahren, rechts überholt.

⮕ Versicherung

Im folgenden einige Hinweise für die Absicherung in Notfällen. Vor Antritt der Reise nach Singapur sollten sie eine **Reise-Krankenversicherung** abschließen. Diese ersetzt Ihnen im Falle von Krankheit oder Krankenhausaufenthalt die Kosten für Untersuchungen, den notwendigen stationären Aufenthalt und den größten Teil der Medikamentekosten. Empfehlenswert ist auch eine **Unfallversicherung**, die während der Vertragsdauer rund um die Uhr gilt. Überlegen Sie auch, ob Ihr Hausrat während Ihrer Abwesenheit genügend gegen Diebstahl und Brandschäden gesichert ist.

Eine **Reisegepäckversicherung** ist anzuraten, wenn Sie, außer nach Singapur, noch weiterreisen. Beschädigungen von Reisegepäck sind auf der Insel sehr selten, können aber nicht ausgeschlossen werden. Mit Ihrem Reisebüro sollten Sie auch über eine **Reiserücktrittskosten-Versicherung** sprechen.

⮕ Visum

(vgl. Stichworte "Ein-" und "Ausreise")

W Wetterbericht

Der Wetterbericht wird im Anschluß an die Rundfunk- oder Fernsehnachrichten stündlich angesagt. Man kann aber auch bei der Hafenbehörde telefonische Auskunft bekommen: *Port of Singapore Authority*, Tel.: 2712211.

Z Zeit

Der Zeitunterschied zwischen Singapur und Mitteleuropa (MEZ) beträgt plus 7 Stunden. Während der europäischen Sommerzeit verringert sich die Differenz um eine Stunde. Beispiel: wenn es in Deutschland 10.00 Uhr ist, zeigt der Zeiger der Uhren in Singapur im Sommer auf 16.00, im europäischen Winter auf 17.00 Uhr.

Praktische Reisetips von A-Z

⊃ Zeitungen

Die erste Zeitung, die in Singapur erschien, war *Lat Pau*. Sie wurde von dem zugewanderte Chinesen *Swee Ewe Lay* 1881 herausgegeben und war zugleich das erste Blatt Südostasiens.

Gegenwärtig erscheinen täglich acht Zeitungen in vier verschiedenen Sprachen. Die drei englischsprachigen Blätter sind (der Auflagenstärke nach) *"The Straits Times"*, *"Business Times"* und *"The New Paper"*. Auf Chinesisch wird sehr früh am Tage die *"Lianhe Zaobao"* veröffentlicht. *"Lian He Wan Bao"* und *"Shin Min Daily News"* sind Abendblätter. Die *"Tamil Murasu"* wird für die tamilsprachige Bevölkerung gedruckt, während *"Berita Harian"* von den Malayen gelesen wird.

Die Gesamtauflage aller dieser acht Zeitungen beträgt täglich 1,7 Mio Exemplare. Insgesamt sind 119 Auslandskorrespondeten in Singapur akkreditiert, welche 64 verschiedene Agenturen aus aller Welt repräsentieren.

⊃ Zoll

Singapur hat den Status eines Freihafens. Fast alle Waren können zoll- und steuerfrei ein- und ausgeführt werden.

Folgende Mengen sind erlaubt:
1 Liter Wein, 1 Liter Bier, 1 Liter Schnaps, 200 Zigaretten oder 50 Zigarren oder 250 g Tabak. Die Einfuhr von Tieren, Waffen, Munition, Schmuck in größeren Mengen ist ohne besondere Genehmigung nicht möglich. Die Einfuhr von Drogen, auch" sanften", ist grundsätzlich verboten. **Drogenhandel wird – auch in kleinen Mengen – mit dem Tode bestraft. In Singapur werden diese Urteile auch vollstreckt!**

Anfragen hinsichtlich der Ein- oder Ausfuhr von **Tieren** sind zu richten an:
Primary Production Department, 5 Maxwell Rd. National Development Building, Singapore 0106.

Anfragen hinsichtlich der Ein- oder Ausfuhr von **Waffen** (auch antike Schwerter, Dolche etc.) sind zu richten an:
Singapor Police Force, Arms Branch, Kinloss Complex, 3 Ladyhill Rd, Singapore 1025.

5.2 Einkaufen in Singapur

5.2.1 Allgemeines

Einkaufen in Singapur! Für Viele ist das ein Zauberwort. Bei genauem Hinsehen aber kann es zur großen Überraschung werden. Singapur ist alles andere als preisgünstig (geworden).

Noch vor zehn Jahren konnte man außerordentlich vorteilhaft Kameras, Videogeräte, maßgeschneiderte Kleidung, Seidenstoffe oder Juwelen er-

Innenansicht eines der vielen Shopping Centres

werben. Das ist vorbei! Schuld daran ist die Explosion der Grundstückspreise. Die Ladeninhaber selbst kleiner Geschäfte können gar nicht anders, als die hohen Mietpreise an den Kunden weitergeben.

Das Angebot ist riesengroß, vielseitig, attraktiv gestaltet und die Bedienung höchst professionell. Verpackung, Transport – alles ist erstklassig, nur billiger als in Deutschland sind die Waren äußerst selten.

Bevor Sie sich ins Einkaufsgetümmel stürzen, schnell noch ein paar Tips:

● **Preise aus Deutschland mitbringen.** Wenn Sie die Absicht haben, eine Kamera, ein Videogerät oder etwas anders in Singapur zu kaufen, notieren Sie sich die genauen Preise der Waren in Deutschland.

● **Preisvergleiche und Handeln (*bargaining*).** Da es ungeheuer viele Geschäfte aller Größenordnung in jedem Stadtbezirk gibt, empfiehlt es sich bei teureren Erwerbungen, die Angebote und Preise in Geschäften unterschiedlicher Stadtdistrikte zu vergleichen. In Singapur gilt wie anderswo in den Städten der Welt: je zentraler das Geschäft und je höher die Mieten, desto teurer die Waren. Oftmals bringen zwei, drei U-Bahn-Stationen vom Zentrum entfernt eine Ersparnis bis zu 25%. In staatlichen Geschäften oder Handelszentren ist Handeln fast nicht möglich, da die ausgeschilderten Summen Fixpreise sind. Bei Vorstadtverteilern ist Handeln durchaus üblich.

Einkaufen in Singapur

Wie handelt man?

Händler müssen alle Tricks beherrschen, um zu überleben. Es empfiehlt sich, den Händler sein bestes Angebot machen zu lassen (*what's your best price?*). Nachdem er – mit verkniffener Miene, als habe er 20 Kinder zu Hause – eine Summe genannt hat, bleiben Sie Realist. Es gilt: leben und leben lassen. Wenn Sie ein Angebot zum Schneidern eines Anzuges von 400 auf 100 heruntardrücken, ist das Geschäft beendet. Mit etwas Fingerspitzengefühl kann man 10-20% herunterhandeln. Denken Sie daran: Handeln ist eine Art Sport.

Bezahlung

In Singapur kann man mit allen handelsüblichen Kreditkarten bezahlen. Gerne werden auch US-Dollar zum Tageskurs angenommen. Viele kleinere Läden akzeptieren auch DM. Besser ist es jedoch, zum Geldwechsler zu gehen. Private kleinere Wechsler in den Vorstädten gewähren einen etwas günstigeren Kurs als Hotels oder Banken.

Garantien

Bei allen Markenartikeln gibt es eine weltweite Garantie, die auf einem Ausweis dokumentiert wird. Das Singapurer Tourismus-Büro vergibt an seriöse Läden eine kleine Fischlöwen-Plakette, die im Fenster angebracht ist. Das heißt nicht, daß alle anderen Geschäfte unfair sind, sondern nur, daß diese sich regelmäßigen Kontrollen unterziehen.

Beschwerden

Es gibt zwei Büros, in welchen sich jedermann, ob Tourist oder Einwohner, über Behandlung, Qualität sowie beabsichtigten oder vermeintlichen Betrug beschweren kann: *CASE* (*Consumer Association of Singapore*), Tel.: 2705433 oder 5309896. Erfahrungsgemäß werden Beschwerden sehr ernst genommen. Abgesehen davon sind in Singapur üble Betrügereien, wie man sie in anderen asiatischen Ländern erleben kann, äußerst selten.

Öffnungszeiten

In Singapur gibt es keine staalich vorgeschriebenen Öffnungszeiten. Diese werden von den Shoppingzentren individuell und nach Kundenerfahrung festgelegt. Im allgemeinen haben Geschäfte von 9.30 bis 21.00/22.00 Uhr geöffnet, die Nachtmärkte länger.

5.2.2 Orchard Road

Die Orchard Road (vgl. Karte zu Beginn des Kapitels 6.2.5) ist die Haupteinkaufsstraße Singapurs. An ihr liegen noble Hotels, und (abgesehen von

Einkaufen in Singapur

der winzig anmutenden thailändischen Botschaft) Einkaufszentren vom Feinsten. Das Angebot umfaßt alle Waren, die ein Mensch benötigen kann. Wenn man einige Kaufhäuser durchbummelt hat, hat man einen guten Eindruck, was die Geschäfte insgesamt bieten können. Preislich günstiger jedoch erwirbt man Waren im Holland Village, in Chinatown, am Tanjong Pagar, an der East Coast und in Little India. Wenn man aber nicht auf's Geld schauen muß, ist die Orchard Road, speziell im Bereich der Scotts Road, sicherlich ein Einkaufsparadies.

Nachstehend eine **Auswahl der interessantesten Einkaufszentren**, aufgeführt nach speziellen Warentypen. Es handelt sich dabei, wie auf der Insel üblich, nicht um ein einzelnes Geschäft, sondern um ganze Ballungen von Läden. Kommt man mit dem einen Laden nicht klar, geht man zehn Meter weiter zum Nachbarn.

- **Kameras und Elektrowaren**

Peoples Park Centre, New Bridge Rd, preiswert
Peoples Park Complex, New Bridge Rd, preiswert
Benxon, 1 Rochor Canal Rd Sim Lim Square, preiswert
Cost Plus Electronics, Holland Rd, preiswert
Electric City, Marina Parade Rd, mittlere Preisklasse

- **Computer (auch Kleinstgeräte)**

Ultimate Laptop Shop, 109 North Bridge Rd, preiswert
Funan Centre, 1 Rochor Canal Rd, Sim Lim Square, preiswert

- **Uhren und Schmuck**

Bharath Wtch Pte., 2-4- Kerbau Rd, preiswert
City Chain Stores
Dahinter verbirgt sich eine Ladenkette, wo man gute Markenuhren billiger als in Europa einkaufen kann. Billig-Imitationen wie in Thailand gibt es hier nicht. Die Preise liegen, je nach Stadtbezirk, zwischen preiswert und sehr teuer:
City Chain Store, Orchard Rd Plaza Singapore, teuer
City Chain Store, Scotts Rd Far East Plaza, teuer
City Chain Store, Raffles Boulevard 6, teuer
City Chain Store, North Bridge Rd, Raffles City, teuer
May May Watch Dealers, 60 Albert, St. Albert Complex, preiswert
Nanking Watch Dealers, 3 Coleman St., preiswert

- **Seidenstoffe**

China Silk House, 19 Tanglin Rd, Tangling Shopping Centre, mittlere Preisklasse
China Silk House, Empress Place, Empress Bldg, mittlere Preisklasse
China Silk House, 59 Arab St., preiswert
Chomel, 50 Armenian St., preiswert
Heshe Holdings, 301 Upper Thompson Rd, preiswert
Holland Village, Seidenshops im 1./2. Stock, sehr preiswert

- **Schneidereien**

Es ist durchaus üblich, die Kleidung nicht von der Stange zu kaufen, sondern bei ei-

Einkaufen in Singapur

nem der 2.400 Schneider anfertigen zu lassen. Hier gilt bei der Bezahlung: Glauben Sie nicht alles, was in Zeitungsannoncen versprochen wird. Natürlich bekommen Sie einen Anzug innerhalb von 24 Stunden angefertigt, die Frage ist nur wie! Realistischer sind 2 Tage. Zahlen Sie nur etwa ein Drittel an, den Rest bei zufriedenstellender Endfertigung. Dringen Sie auf mindestens eine Anprobe.

Was kostet das Nähen eines guten Anzuges nebst Stoff und Zutaten? – Das hängt von Geschäft, der Qualität des Stoffes und dem Stadtbezirk ab. Wenn Sie einen Anzug oder Kostüm oder Kleid länger als vier Wochen tragen möchten, müssen Sie zwischen 500 und 800 DM ausgeben. Hier einige preiswerte und seriöse Adressen:
Kongdon Fashion, Philip Wong, 400 Orchard Rd, Orchard Towers, Tel.: 7370130
Chong Seng Tailor, 1 Sophia Rd, Peace Centre, Tel.: 3384394
Dennie Tailor, 374 East Coast Rd, Tel.: 3455067
Wai Keong, 293 Holland Rd, Tel.: 4690704
Ika Tailor, 3 Coleman St, Tel.: 3389973

- **Schuhe**

Golden Landmark Shopping Complex, Arab St
A-One-Boutique, 177 River Valley Rd, Tel.: 3366220
Golden Shoe Store, 04 Orchard Rd, Lucky Plaza, Tel.: 7327982
Cindarella Shoe Company, Scotts Rd, Shaw Centre, 2358

- **Juwelen und Schmuck**

Die Zahl der Geschäfte ist unübersehbar. Aber gerade, weil es sich in den meisten Fällen um Wertobjekte handelt, sollte man auf die staatlich kontrollierten Geschäfte zuerst achten.
A & E Gems, 304 Orchard Rd, Lucky Plaza
Batu Pahat Goldsmith, 84 Srangoon Rd
Beauty Goldsmith, 101 Upper Cross St
Bella Jewellery, 15 Queen St, Tan Chong Tower
Chan Foon Jade und Jewels, 245 South Bridge Rd

- **Antiquitäten**

In Singapur ist es streng verboten, Antiquitäten oder archäologische Kunstschätze "schwarz" zu kaufen und auszuführen. Der Zoll auf dem Flughafen schaut sehr genau hin.
Antiques of the Orient, 19 Tanglin Rd, Tanglin Shopping
Chinese Cloisonne Ware Centre, 250 North Bridge Rd
Elsees Place, 250 North Bridge Rd
Jetty Shop, Sentosa Ferry Terminal
L'Orient, 1 Jalan Rumbia, Imperial Hotel
Lim's Art und Crafts, 11 Holland Avenue

5.2.3 Weitere gute Einkaufsmöglichkeiten

In jedem der ethnischen Viertel, ganz gleich, ob in Chinatown, Little India, Arab Street

Einkaufen in Singapur

oder Holland Village, findet man zahlreiche lohnenswerte Shoppingziele. Der Vorzug dieser Gebiete ist, daß man Bummeln, Einkaufen, Essen und Trinken und Verweilen auf sehr angenehme Art miteinander verbinden kann. Besonders abends sind viele Menschen unterwegs, Einheimische und Touristen. So ergeben sich zusätzlich gute Gespräche. In allen diesen Geschäften ist der Spaß am Handeln absolut normal.

- **Arab Street**

(siehe auch Kapitel 6.2.6)
Rund um die Sultansmoschee, im Gebiet um die Beach Road, Orphir Road, Victoria St und Jalan Sultan findet man noch – oder schon wieder (weil es die Touristen erwarten) – viele Läden zum Einkaufen und Kramen sowie günstige Wechselbuden. Man hat Zeit zum Stehenbleiben und für ein Schwätzchen. In diesem Gebiet findet man neben arabischen Händlern auch Chinesen, Malayen, Javanesen und Buginesen.

Besonders empfehlenswert sind Korbwaren, verschiedene bunte Textilenstoffe (speziell Batik), Schmuck, Teppiche, Parfüme, Lederwaren und Schuhe.

- **Chinatown**

(siehe auch Kapitel 6.2.8)
Das "echte" Chinatown mit seinem verrufenen Flair aus dem 19. Jahrhundert gibt es zum Glück nicht mehr. Aber rund um die Cross St, New Bridge Road, Erskin, Temple und Smith St kann man noch eine Ahnung von der damaligen Zeit bekommen. Dort sind zahlreiche Geschäfte aus den Ruinen auferstanden. Hier zu bummeln macht Spaß, besonders am Abend. Abgesehen vom Peoples Park Shopping Complex, wo man ausgezeichnet Kameras und HiFi-Geräte erhandeln kann, bieten zahlreiche Geschäfte sehr gute Kleidung (auch für Kinder), chinesische Vasen, Seidenstoffe, Duft- und Aroma-Essenzen, Schmuck der unterschiedlichsten Art, Lackarbeiten, Jade, Souvenirs, Tee und Zeremoniengeräte. Unzählige Garküchen sorgen für abwechslungsreiches leibliches Wohl.

- **Little India**

(siehe auch Kapitel 6.2.7)
Es ist reizvoll, am Abend durch die Serangoon Road und die Racecourse Road zu bummeln. Man "riecht" diesen Stadtbezirk förmlich. Rituelle Duftstoffe und Räucherstäbchen verbreiten süße Schwere. Little India ist die Heimat der Saris und leichten Stoffe. Hier findet man äußerst preiswert alle Waren aus Seide, Baumwolle, Mischgewebe, vom Halstuch bis zum Morgenmantel.

Juwelen werden zahlreich angeboten, daneben Lederwaren, Schuhe, Musikkassetten mit Meditationen, Bücher oder indische Pop-Art. Besonders faszinierend sind die vielen Restaurants mit den speziellen, scharfen indischen Gewürzen und Soßen oder dem dünnen Knusperbrot. In diesem Viertel muß man handeln. Empfehlenswert ist ein Einkaufsbummel mit anschließender gastronomischer Einkehr.

Einkaufen in Singapur

● East Coast

Dieses Einkaufgebiet wird bisher von Touristen noch kaum besucht. In der Nähe der Parkway Parade findet man in den riesigen Warenhäusern *Isetan* und *Yaohan* ein relativ preisgünstiges Angebot (= ein Geheimtip für Kleiderjäger). Im *Canton Shopping Centre* kann man sehr günstige Angebote an Alltagskleidung – vom Shirt bis zu Jeans – erstehen, zum Teil um die Hälfte billiger als im Stadtzentrum. Ebenfalls sind Uhren, Kameras und Videogeräte erheblich billiger als in der Orchard Road.

● Holland Village

Holland Village ist ein kleines Städtchen in der Stadt. Dort wohnten früher überwiegend Niederländer. Heute wird die Gegend um die Holland Road und Holland Avenue zumeist vom Personal der Botschaften bevölkert. Die kleinen, zweigeschossigen Häuser wirken wie Spielzeug neben den Hochhauskomplexen. In den zweieinhalb Straßen kann man nicht nur herrlich bummeln, Erdbeeren mit Schlagsahne essen oder Dehli France Küche genießen, man findet auch Buchläden, Textilgeschäfte, ausgezeichnete und bezahlbare Friseure, Supermärkte, Papierartikel, Krimskrams, Antiquitäten, Gemüse und Obst. Man kann Schuhe besohlen lassen, Visitenkarten und Schlüssel in wenigen Minuten bekommen oder sich den Mund an mexikanischem Essen verbrennen. Das Fleckchen erscheint wohltuend individuell und familiär neben den Monsterzentren in der übrigen Stadt.

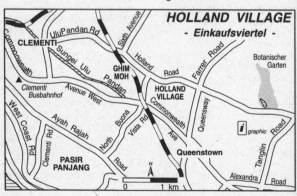

5.3 Essen und Trinken in Singapur

Die Leidenschaft Nummer eins der Singapurer ist Essen, und das Trinken – bedingt durch die hohe Luftfeuchtigkeit – folgt automatisch auf Platz 2.

Dementsprechend groß ist das Angebot. Jede ethnische Gruppe, die sich im Verlaufe der Besiedlung niederließ, brachte ihre eigene traditionelle Küche mit. Dadurch, daß in Südostasien permanent alles wächst, ist immer alles im Überfluß vorhanden. Trotzdem gibt es selten Verschwendung. Alle Religionen erziehen zur Achtung vor den Göttern der Speisen und Getränke. In den letzten 150 Jahren vermischten sich viele landestypische Zubereitungsarten. So entstanden weitere Spezialitäten, die unter dem Begriff "Singapurküche" angeboten werden. Das Typische an der Küche Singapurs ist, daß es sie eigentlich nicht gibt. Malayen, Indonesier – diese wiederum völlig unterschieden in Sumatra-/Java-/Bali-Chinesen (auch hier mehrere hundert verschiedene Zubereitungsarten), Japaner, Inder, Europäer, Mischvölker – sie alle bilden heute das Konglomerat, das man Singapur-Küche nennt.

Ähnlich verhält es sich mit den Getränken. Für viele Religionen (Hinduismus z.B.) ist Essen und Trinken gleich Kommunikation mit den Gottheiten. Wer als Europäer in die Fülle und Pracht hineinstolpert, ist verwirrt und fühlt sich mit der Auswahl überfordert. Was von allem soll man essen, was bekommt unserem Magen, und wo ißt man am preisgünstigsten?

In Singapur gibt es mehrere tausend Garbuden, Kneipen, Restaurants, Hotelküchen. Bevor Sie essen gehen, einige notwendige Hinweise, die eine Auswahl erleichtern und unberechtigte Vorbehalte abbauen können.

● **Hygiene**
Singapur hat mit die strengsten hygienischen Vorschriften in der Welt. Früher waren die Straßenküchen permanente Verursacher von Magen-Darm-Infektionen. Heute werden sie täglich kontrolliert, riskieren ihre Lizenz und achten deshalb peinlichst auf Sauberkeit. Man kann ruhig etwas "auf die Hand" essen. In Restaurants und Hotels schauen die Beamten vom Hygiene-Kontrollamt so oft in die Töpfe, daß keine Chance zum Mogeln besteht.

Wenn Singapur den Ruf einer Saubermann-Stadt hat, hier ist er wörtlich zu nehmen. Die bekannten Magen-Darm-Probleme entstehen vor allem durch unmäßigen Genuß oder – was viel häufiger vorkommt – durch den Verzehr zu unterschiedlicher Gerichte.

Essen und Trinken in Singapur

- **Das rechte Maß**

Grundsätzlich empfiehlt sich: essen Sie die Speisen **nacheinander und in maßvollen Mengen**, weil der Magen besser damit fertig werden kann. Essen Sie nur das, was Ihnen der Wirt empfiehlt. Eine Suppe, die oft gereicht wird, hat die Aufgabe der Speisenneutralisierung und sollte nicht, wie bei uns, vorher, sondern zwischen den einzelnen Gängen geschlürft werden.

- **Kalte Getränke**

Das Bedürfnis, viel zu trinken, ist natürlich und notwendig. Pro Tag sollte man in den Tropen mindestens eineinhalb Liter nichtalkoholische Flüssigkeit **mehr** als gewöhnlich zu sich nehmen. Überall werden eisgekühlte Getränke angeboten (manche, wie Faßbier, sogar mit Eis). Die Magennerven werden aber durch diesen Schock so sehr gereizt, daß sie bei der Speisenverdauung dann Probleme bereiten.

- **Rauchen in Lokalen**

In allen gastronomischen Einrichtungen Singapurs, die mit Aircondition ausgerüstet sind, ist Rauchen verboten. Viele Restaurants haben gesonderte Raucherzonen eingerichtet. Achten Sie bitte auf das *Non Smoking* Zeichen

- **Gütesiegel**

Alle ständig überprüften Garküchen, Lokale und Restaurants erhalten das Singapur-Gütesiegel, das sie stolz an der Tür präsentieren. Auch Lokale ohne dieses Markenzeichen werden regelmäßig kontrolliert.

- **Wo ißt man?**

Die riesengroße Auswahl empfehlenswerter Plätze läßt die Entscheidung schwerfallen. Sicherlich findet man in seinem Hotel eine repräsentative Auswahl. Da können Sie nichts falsch machen. Aber die Preise in den Hotels sind den hohen Zimmermieten angepaßt und deshalb nicht immer gerechtfertigt. Man kann sich vom Tourismus-Büro (Stammford Plaza) die amtliche Broschüre besorgen und auf kulinarische Entdeckungsreisen gehen. Diese Empfehlungen sind relativ objektiv, berücksichtigen aber nur den oberen Preisrand. Mein **Tip**: Entweder Sie entscheiden auf welche ethnische Küche Sie Appetit haben und fahren dann ins indische, chinesische, japanische oder malayische Viertel. Oder Sie lassen sich einfach treiben und probieren auf gut Glück.

Ob Kochecke am Straßenrand, ob Gartenlokal, Eckkneipe, einfach, mittleres oder luxuriöses Restaurant – Sie finden bestimmt das Passende.

> **Hinweis**
> Für ein gepflegtes Abendlokal benötigen Sie auf jeden Fall eine Tischreservierung. Rufen Sie besser selber an, da Ihre Hotels sich selten in Übereifer ergehen Sie als Gast zu verlieren (siehe unter Telefonieren). Die Restaurants dagegen besorgen Ihnen für den Rückweg schnell und unkompliziert ein Taxi.

- **Bezahlung**

Fast alle Restaurants akzeptieren die gängigen Kreditkarten. Bei *Hawkerzentren* und auf der Straße erwartet man Barzahlung Landeswährung.

Essen und Trinken in Singapur

Zuzüglich der ausgewiesenen Preise müssen 10% Service und 3-4% Regierungssteuer beglichen werden. Trinkgelder, etwa in Höhe von 10-20% der Rechnung, werden in guten Restaurants erwartet (obwohl das offiziell immer wieder geleugnet wird).

● **Kleidung**
In Singapur herrscht Ordnung! Mit reklametriefenden T-Shirts, kurzen Hosen und Turnschuhen wird man zum Glück (??) am Abend selbst in einem einfachen Lokal Probleme bekommen. Bei Speiselokalen der mittleren und gehobenen Preisklasse ist Jacket und Binder, bei den Damen schicke Kleidung erwünscht. Im Luxus-Etablissement erwartet man zum festlichen Dinner Smoking und Abendkleid.

● **Chinesische Küche**
Die chinesiche Küche, die in Singapur angeboten wird, stammt ursprünglich aus den Südprovinzen Fujian, Guandong, von den Teochew oder Hokkiens, den Kantonesen, Hakkas und Hainanesen.

● **Hawker-Zentren**
Im folgenden sind einige typische Hawker-Gerichte und Getränke beschrieben sowie eine Auswahl der interessantesten Zentren angegeben:
- *Bak Kut Teh*: ein beliebtes Frühstück oder Nachtessen, bestehend aus Schweineknochen-Suppe mit Soja Soße und scharfen Gewürzen (in Scheiben geschnittene Chillies).
- *Beef Kway Teow*: cremige weiße Reisnudeln mit Rindfleischscheiben, gekochter Rinderleber und Rindbällchen, zumeist als Suppe in der Schüssel serviert.
- *Chicken Rice*: ganzes Huhn, weichgekocht, der ausgenommene Rumpf wird mit Reis ausgestopft, ergänzt mit Soja Soße und Gewürzen, in Scheiben geschnitten und serviert, garniert mit süßem Obst.
- *Fish Ball Mee*: ein adaptiertes Teochew-Gericht. In einer klaren Brühe werden Fischbällchen gekocht und wahlweise mit Nudeln, Reis oder Bohnensprossen serviert.
- *Fried Hokkien Mee*: sehr beliebtes Nudelgericht unter Zutat von viel Knoblauch, Garnelen, Schweinefleisch, Bohnensprossen, Ei und Chinakohl.
- *Or Luak*: Austern in süßer Soße gekocht, mit Ei, dann in eine Art Omelett unter Zugabe von frischen Korianderblättern serviert.

An den Hawkerständen haben sich im Laufe der Zeit auch ganz spezielle **Getränke** herausgebildet, die es nur hier gibt. Einige Beispiele:
- *Bubor Cha Cha*: gesüßte Kokosnußmilch mit Stückchen von Süßkartoffeln, Sago, Tapioca, gekühlt serviert.
- *Chendol*: Kokosnußmilch, Palmenzuckersirup und Nudelstreifen, serviert mit Eis in einem Glas.
- *Ice Kachang*: gekochte rote Bohnen, überzogen mit Eisbröckchen, verschmeckt mit Marmelade, gesüßt mit Fruchtsirup und verrührt mit Instantmilch.

Essen und Trinken in Singapur

INFO

Was sind Hawker-Zentren?

Hawker-Zentren sind Garküchen. Es gibt sie an allen strategisch wichtigen Punkten; überall da, wo Menschen mit regelmässiger Sicherheit vorbeikommen müssen: die Taxifahrer beim Morgengrauen, die Frühaufsteher, die Nachtbummler, die Kinder auf dem Rückweg von der Schule, die Arbeiter in der Pause, die Sekretärinnen auf dem Nachhauseweg. Sie gibt es an Straßenecken, in Kaufhäusern und Markthallen, in Bahnhöfen, Häfen, Ausflugszentren und an Haltestellen. Das Typische dieser Stände ist – neben dem oft penetranten Geruch – die Frische der angebotenen Waren. Denn Hawker kaufen nicht auf Vorrat, es muß vom gleichen Tage

Essen im Hawker

sein. Und es wird fast immer unmittelbar vor den Augen des Gastes zubereitet. Es gibt ein paar Stühle, vielleicht ein wackliges Tischchen. Alles ist sehr einfach und weniger zum Verweilen gedacht, als vielmehr nur zum Stillen des Hungers, um anschließend den Tagesgang fortzusetzen.

Die Preise sind selbst für den kleinsten Geldbeutel erschwinglich. Eine schmackhafte Nudelsuppe ist für S$ 1.50 zu haben, mit etwas Fleisch und Gemüse und anschließend Früchten zahlt man S$ 3-5.

Beliebte Hawkerzentren in Singapur sind:

- *Bugis* in der Bugisstreet (MRT Bugis), nach der inhaltlichen und baulichen Reinigung allabendlich voller Touristen. Einheimische verirren sich selten hierher.
- *Newton Circus* (Newton Road MRT Newton), eines der beliebtesten Zentren mit un-

Essen und Trinken in Singapur

überschaubar großer Auswahl, geöffnet von 9.00-24.00 Uhr. Die 'Hauptkampfzeit' ist jedoch der Abend nach Geschäftsschluß. Vorwiegend besucht von Singapurern.
- *Rasa Marina* (2. Etage des Marina Square, Raffles Blvd., MRT City Hall), gut für ein frühes Mittagessen oder schnelles Abendbrot vor oder nach dem Einkauf. Chinesische Küche, Meeresfrüchte, Nudeln.
- *High Street Centre* (North Bridge Road, MRT City Hall oder Bus), geeignet zur Mittagszeit, um die vielseitigen indischen Gerichte in aller Schärfe zu verzehren.
- *Satay Club* (Connaught Drive, MRT City Hall), die besten Satay-Gerichte und andere malayische Leckerbissen für Nachtschwärmer.

 Hinweis
Bei der nachfolgenden Auflistung von Empfehlungen wurde folgendes Preisschema zugrunde gelegt:
bis S$ 15 = $; S$ 15-40 = $$; S$ 40-100 = $$$, S$ 80-180 = $$$$

Nachfolgend eine Auflistung empfehlenswerter Restaurants:

● **Kantonesisch**
- *Tai Tong Hoi Kee*, 3 Mosque St., Tel.: 2233484, 4.00-14.00 Uhr, $
- *Yick Sang Restaurant*, 7 Ann Siang Hill, Tel.: 2214187, 10.00-18.30 Uhr, $
- *Tsui Hang Village*, 145 Marina Square, Tel.: 3386668, 11.30-15.00 Uhr, $$
- *Hua Ting Orchard Hotel*, Orchard Road, Tel.: 7347766/1274, 11.00-15.00 und 18.00-23.00 Uhr, $$
- *Li Bai Sheraton Tower*, Scotts Road, Tel.: 7376888, 12.00-15.00 und 18.00-23.3o Uhr, $$$
● **Hainanese**
- *Mooi Chin Palace*, Funan Centre/North Br. Road, Tel.: 3397766, 11.00-22.30 Uhr, $
- *5 Star Chicken Rice*, 224 East Coast Road, Tel.: 4402901, 17.00-01.00 Uhr, $
- *Yet Con Chicken Rice*, 25 Purvis Street, Tel.: 3376819, 10.30-21.30 Uhr, $
● **Hakka**
- *Moi Kong*, 22 Murry Street., Tel.: 2217758, 17.30-21.3o Uhr, $
- *Plum Village*, 16 Jalan Leban, Tel.: 4589005, 18.00-22.30 Uhr, $
● **Peking**
- *Pine Court,* Mandarin Hotel, 33 Orchard Road, Tel.: 7374411, 12.00-15.00 und 19.00-23.00 Uhr, $$$

Essen und Trinken in Singapur

- *Prima Tower Revolving*, 202 Keppel Road, Tel.: 2728822, 18.30-22.3o Uhr, $$

● **Shanghainesisch**
- *Shanghai Palace*, Excelsior Hotel, Coleman Street, Tel.: 3393428, 18.30-22.30 Uhr, $$

● **Sichuan**
- *Dragon City Sichuan*, Novotel Orchid Inn, Dunearn Road, Tel.: 2547070, 18.30-22.30 Uhr, $$
- *Lui Hsiang*, Lou Allson Hotel, Victoria Street, Tel.:. 3382245, 12.00-14.00 und 18.00.-23.00 Uhr, $$

● **Teochew**
- *Liang Heng Teochew*, 48 Mosque Street, Tel.:. 2231652, 9.00-22.00 Uhr, $
- *Swatow Teochew Plaza*, 51 Bras Basah Road, Tel.: 3392544, 18.00-23.00 Uhr, $$
- *Hung Kang*, 38 North Bridge Road, Tel.: 5335300 11.00-14.00 und 18.00-22.30 Uhr, $$
- *Ellenborough Market Food Stalls*, 3 Et. Ellenborough Market, 7.00-14.30 Uhr, $

● **Chinesisch-vegetarische Restaurants**
- *Fut Sai Kai Vegetarian*, 143 Kitchener Road, Tel.: 2980336, 10.30-21.00 Uhr, $
- *Pine Tree*, 51 Robinson Road, Tel.: 2220067, 11.30-22.30 Uhr, $$

● **Indische Küche**
- *Muthus Curry*, 76 Racecourse Road (Little India), Tel.: 293-2389, 10.30-22.30 Uhr, $
- *Banana Laef Apollo*, 56 Racecourse Road, Tel.: 2938682, 10.30-22.00 Uhr, $
- *Kinara*, 57 Boat Quay, Tel.: 5330412, 12.00-15.00 und 18.00-22.00 Uhr, $
- *Katara*, 24 Lorong Mambong (Holland Village), Tel.: 4674101, 18.00-22.30 Uhr, $$
- *Rang Mahal*, Imperial Hotel, Jalan Rumbia, Tel.: 7371666, 12.00-14.00 und 19.00-23.00 Uhr, $$$

● **Indisch-Vegetarisch**
- *Komala Villas*, 76 Srangoon Road, Tel.: 2936980, 19.00-22.00 Uhr, $
- *Bombay Woodlands Forum Galleria*, 583 Orchard Road, Tel.: 2352712, 12.00-15.00 und 18.00-23.00 Uhr, $$

● **Malayische Küche**
- *Sabar Menatti*, 62 Kandahar Street, 10.00-18.00 Uhr, $
- *Bintang Timur Far East Plaza*, Scotts Road, Tel.: 2354539, 11.00-22.00 Uhr, $$
- *Azizas* 36, Emerald Hill Road, Tel.: 2351130, 11.30-15.00 und 19.00-23.00 Uhr, $$

● **Nonya-Küche**
- *Nonya and Baba*, 262 River Valley Road, Tel.: 7341382, 11.30-22.30 Uhr, $
- *Peranakan Inn*, 210 East Coast Road, Tel.: 4406195, 11.00-15.00 und 18.00-24.00 Uhr

● **Fischrestaurants**
- *Chin Wah Heng*, East Coast Parkway, Seafood Centre/Block, Tel.: 1202 2425219, 18.00-23.00 Uhr, $
- *Whee Heng*, 893 Ponggol Road, Tel.: 2889127, 11.00-23.00 Uhr, $
- *Ocean Spray*, 31 Marina Park, Tel.: 2253055, 18.00-24.00 Uhr, $$$
- *Singa Inn*, East Coast Parkway, Tel.: 3451111, 12.00-14.00 und 18.00-23.00 Uhr, $$$

Essen und Trinken in Singapur

- *Garden Seafood*, Goodwood Park Hotel/Scotts Road, Tel.: 7377411, 11.00-14.00 und 18.00.30-22.00 Uhr, $$$
● **"Singapur"- Mischküchen**
- *Good Chance*, 23 Kampong Bahru Road, Tel.: 2219851, 11.00-14.00 und 18.00-22.00 Uhr, $
- *Makanan Kampung*, Marina Village, 31 Marina Park, Tel.: 2253055, 12.00-15.00 und 19.00-23.00 Uhr, $
- *Alkaff Mansion*, 10 Telok Blangah Green, Tel.: 2786979, 12.00-14.00 und 19.00-23.00 Uhr, $$
- *Emmersons Tiffin Rooms*, 51 Neil Road, Tanjong Pagar, Tel.: 2277518, 11.00-23.00 Uhr, $$
- *The Chatterbox*, Mandarin Hotel, 333 Orchard Road, Tel.: 7374411, 24 Stunden, $$
- *Jacks Place*, 268 Orchard Road, Yen San Bldg, Tel.: 2357361, 11.00-24.00 Uhr, $
● **Indonesisch**
- *Tambuah Mas*, Tanglin Shopping Centre/Tanglin Road, Tel.: 7333333, 12.00-14.00 und 18.00-22.00 Uhr, $
- *Mutiara Liang*, Court Complex, River Valley Road, Tel.:3365653, 11.00-14.00 und 18.00-22.00 Uhr, $
- *Sanur*, 17 Centrepoint, Orchard Road, Tel.: 7342192, 11.30-15.00 und 18.00-22.00 Uhr, $$
- *Nusa Dua Lagon*, Le Meridien, 100 Orchard Road,

Restaurant mit indonesischem Ambiente

Essen und Trinken in Singapur

Tel.: 7338855, 11.30-15.00 und 18.30-22.00 Uhr, $$

● **Japanische Küche**
- *Hisatomo Family*, Raffles City, Shopping Centre, Tel.: 3391100/305, 11.30-22.00 Uhr, Uhr, $
- *Shima*, Goodwood Hotel/ Scotts Road, Tel.: 7346281, 12.00-15.00 und 19.00-22.00 Uhr, $$
- *Inagiku*, Westinn Stammford Hotel, Tel.: 3388585, 12.00-15.00 und 19.00-23.00 Uhr, $$$
- *Keyaki Pan*, Pacific Hotel, Tel.: 3368111, 12.00-15.00 und 19.00-23.00 Uhr, $$$
- *Nadaman*, Shangri La Hotel, Orange Grove, Tel.: 7373644, 12.00-15.00 und 19.00-23.00 Uhr, $$$$

● **Koreanisch**
- *Haebok;s*, 44 Tanjong Pagar Road, Tel.: 2239003, 12.00-15.00 und 18.00-22.00 Uhr, $$
- *Han Do,* Orchard Shopping Centre, Orchard Road, Tel.: 2358451, 11.00-22.30 Uhr, $$
- *The Korean*, 35 Specialists Centre/Orchard Road, Tel.: 2350018, 11.00-23.00 Uhr, $$

● **Thailändisch**
- *Bangkok*, Garden Hotel Negara, Claymore Drive, Tel.: 7344833, 11.00-15.00 und 19.00-23.00 Uhr, $$
- *Chao Phaya*, Holland Shopping Centre, Hlld. Avenue, Tel.: 4669566, 11.00-15.00 und 19.00-23.00 Uhr, $$
- *Siamese Fins*, 45 Craig Road, Tanjong Pagar, Tel.: 2279796, 12.00-15.00 und 19.00-23.00 Uhr, $$$

● **Vietnamesisch**
- *Paregu*, Orchard Plaza, Orchard Road, Tel.: 7334211, 12.00-15.00 und 19.00-03.00 Uhr, $$
- *Saigon*, 15 Cairnhill Road, Tel.: 2350626, 12.00-15.00 und 18.00-23.00 Uhr, $$

● **Internationale Küche**
Amerikanische Küche:
- *New Orleans*, Holiday Inn Parkview, Tel.: 7338333, 19.00-23.00 Uhr, $$$
- *Steeples Dehli*, Tanglin Shopping Centre, Tel.: 7370701, 8.00-22.00 Uhr, $

Kontinentale Küche:
- *Casablanca*, 7 Emerald Hill Road, Tel.: 2359328, 12.00-15.00 und 19.00-24.00 Uhr, $$$

Französische Küche:
- *Duxton*, Duxton Hotel, Duxton Hill, Tel.: 2277678, 19.00-24.00 Uhr, $$$$
- *H. C. Andersen*, Marina Village, 31 Marina Park, Tel.: 2253055, 12.00-15.00 und 19.00-23.00 Uhr, $$
- *Le Brasserie*, Marco Polo Hotel, Tanglin Road, Tel.: 4747141, 12.00-15.00 und 19.00-24.00 Uhr, $$$

Englische Küche:
- *Upstairs*, Tudor Court, Tanglin Road, Tel.: 7323922, 8.30-19.00 Uhr, $$

Deutsche Küche:
- *Barons Table*, Royal Holiday Inn, Crown Plaza, Tel.:7377966, 12.00-15.00 und 19.00-01.00 Uhr, $$

Griechische Küche:
- *Greece, my love*, 31 Marina Park, Tel.: 2253055, 12.00-15.00 und 19.00-23.00 Uhr, $$$

Italienische Küche:
- *Da Paolo* 66, Tanjong Pagar Road, Tel.: 2247081,

Essen und Trinken in Singapur

12.00-15.00 und 19.00-23.00 Uhr, $$
- *Milano Pizza*, Cuppage Plaza, Koek Road, Tel.: 7346050, 9.00-23.00 Uhr, $
- *Bologna Marina*, Mandarin Hotel, Raffles Blvd, Tel.: 3383388, 12.00-15.00 und 19.00-24.00 Uhr, $$$

Mexikanische Küche:
- *Chico's*, N. Liat Tower, Orchard Road, Tel.: 7341753, 11.00-23.00 Uhr, $$

Marokkanische Küche:
- *Marrakesch*, Marina Village, Tel.: 2253055, 12.00-15.00 und 20.00-23.00 Uhr, $$$

Russische Küche:
- *Shaslik,* Far East Shopping Centre, Orchard Road, Tel.:7326401, 12.00-15.00 und 19.00-24.00 Uhr, $$

Spanische Küche:
- *Que? Manuel*, Marina Village, Tel.: 2253055, 12.00-15.00 und 19.00-23.00 Uhr, $$$$

Schweizer Küche:
- *Le Chalet*, Ladyhill Hotel, Ladyhill Road, Tel.: 7372111, 19.00-24.00 Uhr, $$$

● **Brauerei-Tour**

Wer die ersten Gläser *Tiger*-Bier gekostet und es schätzengelernt hat, kann täglich Mo-Fr der Sache auf den Grund gehen (nur nach vorheriger Anmeldung). Die Tiger-Brauerei ist eine der größten in ganz Asien und produziert 800.000 Hektoliter pro Jahr. In einer eineinhalbstündigen Besichtigung lernt der Besucher alle Geheimnisse der Zutaten und ihre Mischungsverhältnisse kennen, wird eingeweiht in die Brauvorgänge und kann am Schluß in der *Tiger-Taverne* auswählen zwischen zahlreichen Biersorten.

 Asia Pacific Breweries Singapur, Tel.: 8606483.

Feste und Veranstaltungen

5.4 Feste und Veranstaltungen

Wer will, kann in Singapur das ganze Jahr über feiern. Feste und Spiele sind ein unerläßlicher Bestandteil des alltäglichen Lebens. Und wenn die Singapurer gerade kein Fest im eigenen ethnischen Kalender begehen, keinen hungrigen Geist zu füttern, keine Buße zu tun haben, bereiten sie sich monatelang mit Vorfreude auf das nächste anstehende Ereignis vor oder besuchen eine Festlichkeit im Nachbarbezirk. Aufgrund der kulturellen Vielfalt des Inselstaates gibt es immer irgendwo ein religiöses Fest. Hinzu kommen bedeutende **Sportveranstaltungen**, wie das *Epson Singapore Golf Open* im Februar, das mit 250.000 US Dollar dotierte *Epson Super Tennis*-Turnier im April, das Motorbootrennen um den Grand Prix der *World Formula 1* im Dezember oder **kulturelle Veranstaltungen** wie das *International Film Festival* im April oder das *Festival of Arts* im Juni.

Am farbenprächtigsten und phantasievollsten aber sind die **religiösen Feste** der einzelnen ethnischen Gruppen. Massenspektakel, Theater und Religion in einem, erinnern sie vor allem an die eigenen Ursprünge und werden voll echter Inbrunst und unter großer innerer Beteiligung aller Bewohner der entsprechenden Glaubensgemeinschaft vollzogen. Die anderen Kultgemeinschaften haben gelernt, selbst die lautesten und verrücktesten Prozession zu tolerieren und entsenden offizielle Delegierte. Viele der Feste werden in Tempeln zelebriert, viele auf den Straßen oder großen Plätzen. Man gibt viel Geld aus für Masken oder Kostüme, Duftstoffe und Dekorationen.

Hier die **wichtigsten Festivals in chronologischer Reihenfolge**:

- **Januar/Februar**

- *Thaipusam*

Eines der wichtigsten Hindufeste. Für die Touristen ein makaber anmutendes Ereignis, bei dem sich die Gläubigen in Trance die Zunge durchbohren, einen Speer

Büßer am Thaipusan-Fest

Feste und Veranstaltungen

durch die Wangen stoßen oder über glühende Kohlen gehen. Es ist das Fest zur Ehrung des Gottes *Subramanyan*, des Bezwingers böser Kräfte. An diesem Tag schiebt sich eine endlos scheinende Kolonne vom *Perumal Tempel* durch die Straßen von Little India zum *Chettiar's Tempel*.

Aus Buße für die eigenen Verfehlungen kasteien sich die Gläubigen, indem sie große Kästen, besetzt mit Pfauenfedern (sogenannte *Kadavis*) durch ihre Haut gebohrt, herumtragen.

- *Lunar-Fest*

15 Tage lang feiern die Chinesen Neujahr. Gleichzeitig bedeutet es die Neugeburt der Natur, ein neuer Zyklus beginnt. Für die Menschen heißt das, mit dem Alten abrechnen, allen alles vergeben, alle Schulden begleichen, gute Vorsätze fassen, jedem Glück wünschen und – wo möglich – Glück bringen. Zwei Höhepunkte ragen aus diesen Festwochen heraus: *Chingay* und *Hong Bao*. *Chingay* ist die farbenfrohe und lustige, überaus artistische Abschlußparade.

Tanzende Löwengruppen, fliegende Drachen und Löwen, Akrobaten, Flaggenschwinger, Trapezkünstler und Balljongleure nehmen, zusammen mit vielen Hunderten fröhlicher und bunt gekleideter Bewohner, daran teil. Schauplatz ist die Orchard Road. *Hong Bao* dagegen findet in einer *Extravaganza Show* mit Bands, Tanzgruppen, Sängern und Showmastern auf dem Singapore River statt. Dazu werden Köstlichkeiten aus der kulinarischen Zauberküche der Chinesen angeboten. Das Lunarfest ist aber vor allem auch ein Fest der Familie. Einmal im Jahr trifft sich die Großfamilie (auch Onkel und Tante kommen, wenn möglich, aus Amerika), zumeist bei den Stammhaltern. Die Häuser sind dann mit roten Glückssprüchen festlich geschmückt. Die Kinder zeigen in irgendeiner Form besonderen Respekt und Dankbarkeit. Die Eltern überreichen ihnen Geld in kleinen roten Umschlägen.

Nach dem Austausch der Förmlichkeiten wird getafelt. Alles, was man sich sonst das Jahr über nicht leistet, muß der Tisch tragen. Eine besondere Spezialität: gewachste Ente, knusprig gebraten. Dazu Wassermelonenscheiben, dekoriert mit Honigstückchen. Und viele Süßigkeiten. Lunar ist für Kinder vor allem das Fest der Bonbons. Jede Großmutter kennt unzählige traditionelle Rezepte. Chinatown erscheint in ein Meer aus Lichterketten getaucht und darüber hinaus prächtig geschmückt.

● **April**

- *Hari Raya Puasa*

Hari Raya Puasa ist das muslimische Fest zur Beendigung des Fastenmonats Ramadan. Erlöst und glücklich, durchgehalten zu haben, reinigen sich die muslimischen Gläubigen am ganzen Körper, kleiden sich komplett neu ein,

Feste und Veranstaltungen

Moslemfamilie während des Hari Raya Puasa

schmücken sich mit Blumen und Duftstoffen, besuchen Verwandte und heilige Wallfahrtsorte.

Nach langem Fasten gibt es ein üppiges Essen, das man mit den Armen teilen sollte. An den beiden Abenden trifft man sich in Parks und freien Plätzen, zündet Lichter an, hört Chören und Bands zu, singt und tanzt. Austragungsort in Singapur ist überwiegend der malaiische Stadtteil Geylang im Osten.

● **Mai**

- *Vesak*

Der *Vesak*-Tag ist ein buddhistisches Fest, das an die Geburt, die Erleuchtung und das Eingehen ins Nirwana des Buddha erinnert. In Prozessionen werden Buddhastatuen durch die Straßen getragen. In der *Kong Meng San Phor Kark* See-Tempelanlage und im *Tempel der Tausend Lichter* speist man Arme, während Pilger fasten, beten und Geld und Speisen opfern. Die Mönche in ihren gelben Umhängen zelebrieren die Sutren aus dem *Palikanon*. Als Zeichen guten Willens lassen Gläubige Vögel aus ihren Käfigen frei.

● **Juni**

- *Drachenbootfest*

Dieses Spektakel chinesichen Ursprungs findet alljährlich zum Gedenken an den auf-

Beim Drachenbootfest

Feste und Veranstaltungen

rechten Dichter *Ch;u Yuan* statt, der sich in einem Fluß aus Protest gegen den korrupten und morbiden kaiserlichen Hof das Leben nahm. Um seinen Geist zu füttern, werfen die Menschen Reiskörner ins Meer. Und um die Geister der Korruption und der bösen Bürokratie zu vertreiben, lärmen und schreien die Menschen. Am beliebstesten ist inzwischen das Bootsrennen. Teilnehmer aus aller Welt schmücken ihre Boote zuvor mit einem Drachenkopf. Begleitet wird auch dieses Fest von zahlreichen kulinarischen Angeboten. Empfehlenswert: Reisklöße mit Fleisch und Walnüssen.

- **August/September**

- *Nationalfeiertag Singapurs*

Jedes Jahr am 9. August feiert man mit großem Pomp die Souveränität des Inselstaates. Neben der Demonstration militärischer Stärke und politischen Festreden finden farbenprächtige Umzüge, Sportveranstaltungen oder Open Air Konzerte statt. Zur Tradition geworden ist bereits das Singapur-Straßenrennen. An diesem Staatsfeiertag kann man sich ein gutes Bild von der Stimmungslage der Einwohner verschaffen.

- *Fest der Hungrigen Geister*

Im siebenten Mondmonat kommen die Geister der Toten auf die Erde zurück. Wenn sie nicht mit Süßigkeiten und erlesenen Speisen zufriedengestellt werden, können sie die Familien das nächste Jahr über arg plagen. So stellen die Chinesen vor die Häuser, an die Straßenecken, auf Plätzen, vor allem aber in den Ahnenschreinen kostbare Speisen hin und fügen Papiergeld, Rolls Royce, Fernseher und Villen aus Pappe hinzu. Künstlerisch wird dieses Ereignis in den festlichen Aufführungen der chinesischen *Wayang*-Oper nachgestaltet, der Tausende beiwohnen.

- **September**

- *Mooncake Festival*

Dieses Fest hat seinen historischen Ursprung in der Beifreiung von der mongolischen Herrschaft im 14. Jahrhundert. Damals, während der Yuan Dynastie, hatte man geheime Nachrichten in Mondkuchen eingebacken und so einen Volksaufstand vorbereitet, der zum Sieg führte. Heute ist das Fest überwiegend ein Spaß für die Kinder. Sie tragen selbstgebastelte Lampions durch die Straßen und erhalten von jedermann süße Mondkuchen, die mit einem Brei aus süßem Kokossamen, roten Bohnen und gesalzenen Enteneiern gefüllt sind.

- *Geburtstag des Affengottes*

Unter den vielen Gottheiten der chinesischen Mythologie ist die des Affengottes eine der beliebtesten. An diesem Tage gedenkt man der Pilgerreise eines Heiligen, der während der glanzvollen Tangperiode nach Indien geschickt

Feste und Veranstaltungen

wurde, um die heiligen buddhistischen Schriften zu holen. Seine abenteuerlichen Erlebnisse werden gerne nachgespielt.

- **Oktober/November**

- *Deepavali*

Deepavali ist das hinduistische Fest des Lichtes. Es symbolisiert den Sieg des Guten über das Böse, des Lebens über den Tod, und markiert gleichzeitig den Beginn des neuen religiösen Jahres. In diesen Tagen des siebenten hinduistischen Lunarmonats weilen auch die Seelen der Verstorbenen auf der Erde. Die Tempel sind mit Lichterketten und unzähligen brennenden Kerzen geschmückt, um den Seelen den Rückweg in die Welt der Schatten zu ermöglichen. Besonders Little India bietet in diesen Nächten ein farbenfrohes Schauspiel. Gute Speisen und feurige Getränke stimulieren den Kontakt zu diesen.

- **Dezember**

- *Weihnachten*

Das Weihnachtsfest wird auf der ganzen Insel von allen Menschen, ganz gleich ob Christen oder nicht, gefeiert. Für die Christen hat es die bekannte traditionelle Bedeutung der Geburt Jesu von Nazareth, für alle anderen ist es das Fest des zu Ende gehenden Kalender- und Geschäftsjahres. Festlich werden schon wochenlang im Voraus die Straßen und Plätze mit Lichterketten und Lampions geschmückt, am schönsten wohl in der Orchard Road. Die Einkaufszentren, Banken und Geschäftshochhäuser bekommen ein lebendiges Antlitz aus Licht, das bis Mitte Januar erhalten bleibt. Die Hotelketten wetteifern mit mehr oder weniger geschmackvoller Dekoration, Sonderangeboten für Zimmer und Festessen. Die Geschäftsleute aller Nationen versuchen ihre Konflikte beizulegen und aufeinander zuzugehen – Frieden auf Erden, wenigstens für ein paar Stunden.

Vorschläge für Aufenthalte

5.5 Was müssen Sie gesehen haben?
Vorschläge für eintägige bis einwöchige Aufenthalte

- **1 Tag in Singapur**

Am besten nehmen Sie bei einem nur eintägigen Aufenthalt an einer offiziellen Sightseeing-Tour teil, wie sie vom Tourismus Büro veranstaltet wird und Ihnen in zwei oder vier Stunden (je nach Buchung) die wesentlichen Sehenswürdigkeiten der Stadt zeigt. Rufen Sie das Touristenbüro an und fragen Sie, welche Touren gerade laufen: Tel.: 3396622 oder 3300431.

Falls Sie alleine auf Stadterkundung gehen möchten, hier ein Vorschlag:

Orchard Road (MRT oder Busse 7, 14, 65, 92) – Dhoby Ghaut – zur Raffles City. Dort aussteigen. Im Shopping Centre bummeln, vielleicht einen Drink nehmen. Zu Fuß weiter zur Besichtigung der St. Andrews Kathedrale. Entlang des Padang-Hauptplatzes zum Rathaus und Obersten Gericht (klassische Fotomotive). Weiter zum Parlament *(Parliament's Lane)* und zum Raffles Denkmal in Weiß, der Stätte des ersten Landganges 1819. Sich nach rechts wenden (schöner Blick auf die Häuschen am Boat Quay), dann zur Bootsanlegestelle.

Kurze Bootsfahrt auf dem *Singapore River*. Anschließend auf die gegenüberliegende Seite wechseln, am Boat Quay entlang. Durch das Hochhaus der *Overseas Bank* hindurch zum Raffles Place, dann die Arkadenstraße zum Clifford Pier entlangbummeln. Bootsfahrt mit Blick auf die Skyline.

Am späten Nachmittag können Sie zu Fuß, wieder vorbei am Padang-Cricket Platz und dem War-Memorial zum Raffles Hotel spazieren. Besichtigung des *"Raffles"* mit Erfrischungs- oder Shopping-Pause.

Abends mit dem Bus (z.B. Linie 7, 14, 65, 92 in Richtung Orchard Boulevard, aussteigen bei Dhoby Ghaut, dann sich rechts halten) zum *Emerald Hill* fahren und in der Gegend bummeln. Sicher werden Sie in einem der zahlreichen hübschen Abendlokale genüßlich den Tag ausklingen lassen. Oder, falls Sie es lieber deftig-einfach mögen, fahren Sie mit der MRT bis *Bugis* und lassen sich von den zahlreichen Open-Air Kneipen verwöhnen.

- **2 Tage in Singapur**

Der erste Tag wie oben. Am zweiten Tag mit dem Taxi zum *Mount Faber* (ca. 10 S$). Besichtigung der hübschen

Vorschläge für Aufenthalte

Anlagen. Dann mit der Drahtseilbahn hinüberschweben zum *World Trade Centre* und weiter nach *Sentose* (tolle Ausblicke!). Auf Sentosa können Sie einen halben Tag verbringen. Am besten, Sie machen mit der *Monorail* eine Rundfahrt zur besseren Übersicht.

Dann können Sie auswählen, ob *Aquarium*, *Fort Siloso*, die Badebucht oder das *Hotel Beaufort* einen ausführlichen Besuch wert ist. Am Nachmittag fahren Sie mit dem Bus ab World Trade Centre in die *South Bridge Road* und bummeln durch *Chinatown*. Vergessen Sie dabei nicht, an einer Teezeremonie in der *Sago Lane* teilzunehmen. Das erfrischt und entspannt.

Abends gehen Sie ins Konzert oder zu einem der zahlreichen ethnischen Festivals (nähere Informationen im "*Weekly Guide*" in Ihrem Hotel) oder einfach in den 73. Stock des welthöchsten Hotels *Westin Stamford* fahren, schick essen oder nur einen Drink nehmen und dabei die faszinierende Aussicht auf das Lichtermeer der nächtlichen Stadt genießen.

● **3 Tage in Singapur**

Die ersten beide Tage wie oben. Am dritten Tag: Mit dem Bus 10, 30, 143 oder 176 gleich früh am Tag in den *Tiger Balm Garden* fahren (*Haw Par Villa*) und die kunterbunte Singapore-Disneywelt bestaunen. Anschließend zum berühmten *Jurong Vogel Park* (mit Taxi oder MRT bis *Boon Lay*, dann Busse 251/253). Nachmittags besuchen Sie *Little India* und *Arab Street* und kaufen Souvenirs. Am Abend schlage ich Ihnen eine *Dinner Cruise* mit dem chinesischen Drachenboot *Cheng Ho* (einschließlich Abendessen) vor. Anschließend können Sie die Nachtshow der "*Tanzenden Fontänen*" auf *Sentosa* bewundern.

● **4 Tage in Singapur**

Die ersten drei Tage wie oben. Am vierten Tag: Morgens in den weltberühmten *Zoo* (Bus 171 von Queens Street). Anschließend in den gleichfalls attraktiven *Botanischen Garten* (Busse 7, 14, 75, 105). Nachmittags vielleicht zur Abwechslung etwas Technisches: das phantastische *Science Centre* (MRT Jurong East). Abends ist ein Bummel durch das Gebiet um den restaurierten *Duxton Hill* und *Tanjong Pagar* sehr empfehlenswert. Sicher werden Sie unter den zahlreichen Restaurants, Pubs, Kneipen, Bars und Rock-Cafés das Passende finden.

● **5 Tage in Singapur**

Die ersten vier Tage wie oben. Am fünften Tag: Vormittags zur *Tang-Dynastie-Ausstellung*, einer in Originalgröße und mit aller Pracht wiederaufgebauten Stadt aus Chinas Glanzzeit (Busse 30, 154, 178, 192, 240). Anschließend können Sie das *Ming-Porzellan-Dorf* besichtigen und einkaufen (MRT bis Clementi, dann Bus 78 bis Pandan Road). Nachmittags schlage

Vorschläge für Aufenthalte

ich Ihnen einen Bummel im Stadtbezirk *Central* vor: *Armenische Kirche* (älteste der Stadt), *Fort Cannings Hill*, alter Friedhof, herrliche Parkanlagen. Da Sie ohnehin in der Nähe des *Cockpit-Hotels* sind, probieren Sie dort den wirklich originalen Singapore Sling. Den Abend können Sie in einem der zahlreichen Fischrestaurants an der *Ostküste* verbringen. Sie sitzen dabei im Freien mit Blick auf die Stadt und speisen frische Köstlichkeiten aus dem Meer, je nach Größe Ihres Geldbeutels (Bus 10, 12, 14, 32, 40 bis East Coast Road, dann zu Fuß oder mit dem Taxi weiter).

● **6 Tage in Singapur**

Die ersten fünf Tage wie oben. Am sechsten Tag:

- Variante A: Ausflug auf die nahegelegene Insel *Pulau Ubin* mit ihren herrlich naturbelassenen Urwäldern und netten Kneipen (Bus 7 ab Orchard Road bis Endstation, dann weiter mit Bus 2, dann zehnminütiger Bootstrip. Oder mit MRT bis Tanah Merah, dann Bus 2 und Boot). Um Hektik zu vermeiden, sollten Sie für diesen Ausflug etwa 6-7 Stunden einplanen.

- Variante B: Sie besuchen das *Nationalmuseum* (Busse 7, 14; MRT Dhoby Ghaut) und das *Empres-Place Museum* (MRT City Hall oder Raffles Place). Nachdem Sie am Nachmittag die letzten Einkäufe getätigt haben – vielleicht im *Peoples'Park Centre* an der North Bridge Road –, können Sie den Abschiedsabend entweder in der ungezwungenen Atmosphäre der *Bugis-Essens-Straße*, oder, falls Sie es vornehmer möchten, im *Oriental Hotel* oder im romantischen Garten des *River View Hotels* (Havelock Road) verbringen.

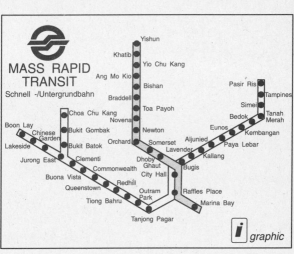

Das kostet Sie Singapur

Die nachfolgenden Angaben sind zwar mit Exaktheit ermittelt worden, jedoch können sie nur als Richtschnur gelten. Die preislichen Angaben sind starken Schwankungen unterworfen. Als roter Faden für Ihre Reiseplanung können sie trotzdem gute Dienste leisten.

Beförderung

- **Flug**

Der Liniendirektflug Frankfurt/M. – Singapur kostet etwa DM 1.800, mit Umsteigen in europäischen Ländern etwa DM 1.350.

- **Mietwagen**

Die Mietwagenpreise haben etwa das gleiche Preisniveau wie in Deutschland. Ein Mittelklassewagen (*Mitsubishi Galant* o.ä.) kostet pro Tag (24 Stunden) einschl. unbegrenzter km DM 165, ein Wagen der höheren Kategorie (*Mercedes Benz* o.ä.) DM 250-300. Achten Sie auf die günstigen Wochenendtarife (z.B. *Toyota Corolla* o.ä., Fr-Mo, inkl. unbegrenzter km DM 242 plus Versicherung). Allerdings ist insgesamt von einem Leihwagen in Singapur abzuraten (Parkprobleme, Linksverkehr), auch weil das öffentliche Verkehrsnetz hervorragend ausgebaut ist.

- **Taxis**

Die Benutzung von Taxis ist in Singapur ein billiges und sehr empfehlenswertes Vergnügen: Es gibt kaum Wartezeiten, die Fahrer sind freundlich und sicher. Die Grundgebühr beträgt DM 2,20, hinzu kommen 0,10 DM pro 250 Meter. Mietet man sich ein Taxi stundenweise, kostet das etwa DM 22 pro Stunde.

Das kostet Sie Singapur

● **Öffentliche Verkehrsmittel**
Das System der öffentlichen Verkehrsmittel ist bestens ausgebaut (vgl. S 88f.). Tagsüber fahren Busse und U-Bahnen (MRT) im Abstand von drei bis fünf Minuten, nach 21.00 Uhr und bis Mitternacht alle 10 Minuten.
– **U-Bahn**: eine einfache Fahrt kostet entfernungsabhängig ca. DM 0,60-1,20 DM. Preisgünstig ist das sog. *Explorer-Ticket*, das 1 bzw. 3 Tage lang auf allen Linien gilt und DM 12 bzw. DM 25 kostet.
– **Stadtbus:** Die Kosten entsprechen denen der MRT.

● **Überlandbusse**
Auf der wichtigsten Überland-Verbindung kostet eine einfache Fahrt von Singapur nach Kuala Lumpur, der Hauptstadt von Malaysia, etwa DM 20; die Fahrtzeit beträgt knapp 8 Stunden.

Ausflüge in die Nachbarstaaten

Zahlreiche Reiseagenturen bieten in Singapur preisgünstige Ausflüge in die Nachbarstaaten an. Sicherer ist es jedoch, wenn man solche Ausflüge zusammen mit dem Singapur-Aufenthalt bereits vor Abflug als Gesamtpaket bucht. Eine kleine Auswahl der beliebtesten Kurzreisen ab/bis Singapur (Preise jeweils p.P.):
● **Malaysia:**
– nach Tioman 3 Tage/2 Nächte S$ 178,-
– nach Penang: 3 Tage/4 Nächte S$ 229,-
– nach Langkawi: 3 Tage/4 Nächte S$ 365,-
● **Indonesien**:
– nach Batan: 1 Tag incl. Mittagessen und Transport S$ 48,-
– nach Tanjung Penang: 2 Tage/1 Nacht S$ 125,-
– nach Bali: 4 Tage/3 Nächte S$ 689,-
● **Eastern & Oriental Expreß (Bangkok)**
Die 2.000 km lange Zugreise von Singapur nach Bangkok mit dem genauso legendären wie luxuriösen *Eastern & Oriental Expreß* ist seit 1993 wieder möglich. Die 3-Tage-Fahrt (2 Nächte) kostet bei Buchung in Deutschland in der Standard-Kabine DM 1.790, in der Luxuskabine DM 2.470.

Aufenthaltskosten

- **Hotels**

Die Hotelkosten (Buch S. 85-88) sind nicht nur von der Kategorie der gewählten Unterkunft abhängig, sondern auch von deren Belegung. Es lohnt sich immer, nach einem ermäßigten Preis zu fragen, evtl. zu handeln. Bei Vorausbuchung von pauschalen Flug- und Hotelarrangements ergeben sich günstigere Gesamtpreise als bei Einzelbuchung vor Ort.

Nach den offiziellen Tarifen zahlt man für die Übernachtung in einfachen Hotels (p.P. im Doppelzimmer) 40-70 S$, in Hotels zweiter Klasse 70-130 S$, in Hotels erster Klasse 150-2.800 S$, in Hotels der Luxusklasse 230-3.500 S$ und in Hotels der Super-Luxus-Klasse 280-6.000 S$.

- **Telefonieren**

Ein 3-Minuten-Telefongespräch nach Deutschland kostet etwa DM 25,00.

- **Benzin**

Der Preis für einen Liter bleifreies Super-Benzin liegt bei ca. DM 1,30.

- **Lebensmittel**

durchschnittliche Supermarkt-Preise sind:

1 l Milch:	ca. DM 1,00
1 Pfund Kaffee oder Tee:	ca. DM 6,00-10,00
1 Pfund Reis:	ca. DM 2,00
1 Brot (1½ kg), beste Qualität:	ca. DM 2,90-4,20
1 Pfund Butter:	ca. DM 2,20-3,00
1 kg. Apfelsinen:	ca. DM 2,00-3,00
1 kg. Äpfel:	ca. DM 2,50-3,00
1 Flasche Bier (Tiger), 0,5 l:	ca. DM 1,80
1 Flasche Import-Bier (z.B. Carlsberg):	ca. DM 1,60-2,00
1 Flasche französischer Rotwein, mittlere Qualität:	ca. DM 28,00-38,00
1 Flasche deutscher Sekt (0,7 l):	ca. DM 34,00-40,00
1 Flasche Coca Cola (1 l):	ca. DM 1,00-1,50

Das kostet Sie Singapur

● **Restaurantpreise**

Die folgenden Angaben beziehen sich auf ein Restaurant der gehobenen Mittelklasse. Die Preise der Garküchen liegen um die Hälfte darunter, diejenigen von Luxushotels bis um das Dreifache darüber.

– **Getränke:**

1 Tasse Kaffee oder Tee:	ca. DM 2,00
1 Kännchen Kaffee oder Tee:	ca. DM 4,50
1 Glas Milch:	ca. DM 1,00
1 Glas Orangensaft:	ca. DM 1,50-2,00

– **Imbisse und Snacks:**

Ham and eggs:	ca. DM 8,00
Rühreier mit Speck:	ca. DM 10,00
Würstchen:	ca. DM 5,00-6,00
Käse- und Schinkensandwich:	ca. DM 6,00
Kleines Steak:	ca. DM 10,00
Hamburger (bei McDonald's o.ä.):	ca. DM 3,00
Hamburger (im Restaurant):	ca. DM 8,00-13,00

– **Hauptspeisen**:

Die folgenden Angaben berücksichtigen jeweils ein Hauptgericht verschiedener Nationalitäten und beziehen sich auf Restaurants der mittleren Preisklasse:
chinesisches Gericht: DM 20,00-25,00, indonesisches Gericht: DM 18,00-22,00, japanisches Hauptgericht: DM 30,00-35,00, thailändisches Gericht: DM 20,00-23,00, Schweizer Küche: DM 30,00-45,00, amerikanisches Gericht: DM 20,00-25,00, französisches Gericht: DM 30,00-40,00, russisches Gericht: DM 16,00-22,00, italienisches Gericht: DM 20,00-30,00, Fischgerichte: DM 18,00-23,00.

– **Desserts:**

gemischte Früchte:	ca. DM 12,00-15,00
Eis mit Früchten:	ca. DM 8,00-12,00
Mousse au Chocolat:	ca. DM 7,00-10,00
Eisbecher mit Likör und Früchten:	ca. DM 15,00

Singapur-Neuigkeiten
Stand: Juli 1995

Modernstes Ausstellungs- und Tagungszentrum Asiens eröffnet

Im August 1995 eröffnet Suntec City, Asiens größtes und bestausgestattetes Ausstellungs- und Konferenzzentrum, seine zahlreichen Tore.
Hier die aktuellen Daten:
- säulenfreie Ausstellungsfläche: ca. 100.000 m²
- großer Kongreßsaal mit 12.000 Sitzplätzen

- 24 Tagungsräume mit 20 bis 400 Arbeitsplätzen
- Einkaufszentrum, 18stöckiges Bürohochhaus

Die ersten Veranstaltungen: Weltbriefmarkenausstellung vom 1. bis 10.11.95, Weltrobotermesse Oktober 95, 26. Weltkongreß der Internationalen Gesellschaft für Haematologie
Auskünfte unter Tel. 65-3372888, Fax 65-4312222

Night Safari im Singapore Zoo

Seit Juni 95 gibt es diese Weltneuheit in großem Stil – Bilder, die bisher nur die Optik teurer Kameras sehen konnte: Tiere bei Nacht in ihrer natürlichen Umgebung. Zoologen, Lichttechniker und Landschaftsarchitekten brachten das Kunststück fertig, das Nachtleben von Zootieren für Menschen so sichtbar zu machen, daß die Tiere dabei nicht gestört werden.
Geöffnet täglich von 18.30 Uhr bis Mitternacht, Eintritt 15 S$

telex 1

Neue Attraktionen auf Sentosa

Auf der berühmten Freizeitinsel Sentosa gibt es jetzt das "**Volcano Land**". Ein 20 m hoher künstlicher Vulkan speit in regelmäßigen Abständen "Lava" in die Luft. Sichtbar gemacht werden die Abläufe *vor* Ausbruch eines Vulkans. Begleitet wird die Vorführung von einer Multimedia Show.

Mit "**Fantasy Island**" wurde der größte Wasserpark Asiens eröffnet. 13 Wasserstrecken und 31 Rutschbahnen bieten viel feuchtes Vergnügen.

Der Singapur River – einst kulturelles Zentrum, nun erwacht zu neuem Leben

Entlang dem romantischen Singapur River entstanden aus ehemals baufälligen Lagerhäusern des Clarke Quays moderne Geschäfte, ein Obst- und Gemüsemarkt, der von Sonnenaufgang bis zur Nacht für lärmendes Treiben sorgt. Gaukler, Handwerker, Wahrsager, Unterhaltungskünstler geben diesem neuen Stadtviertelchen die pikante Würze. Täglich zählt man bis zu 18.000 Besuchern.

Der ehemalige Boat Quay wurde zu einer attraktiven Szenerie für das Unterhaltungsleben bei Nacht umgestaltet. Karaoke Lounges, Pubs, Cafés, Bars, Restaurants belegen jetzt rund um die Uhr, daß Singapur alles andere als eine langweilige Stadt ist.

Ein würdiger Platz für die Schönen Künste

An der Marina Bay entsteht ein Kulturdorf, das Esplanade Arts Centre. Nach Vorbild des Melbourne Art Centre werden ab 1996 eine neue Konzerthalle, ein Lyrisches Theater sowie drei kleinere Theater (für avantgardistische Kunst) ihre Besucher empfangen.

Swimming Pool auf dem Dach des Flughafens

Ein Swimming Pool wurde auf dem Dach des Changi International Airport für Fluggäste errichtet. Der Flughafen von

Singapur, der mit seinen Kinderspielplätzen, Wasserfällen, Blumengärten ohnehin zu den schönsten der Welt gehört, ist um eine Attraktion reicher. 20 Millionen Passagiere aus aller Welt werden hier jährlich betreut. Da die Kapazitätsgrenze bereits jetzt erreicht ist, wurde mit dem Bau eines dritten Terminals begonnen. Nach Fertigstellung des 1 Milliarde teuren neuen Flughafenareals können bis zu 35 Millionen Passagiere jährlich befördert werden.

Hotelneuigkeiten

In Singapur gibt es 4 neue empfehlenswerte Hotels:
- Marriott, Orchard Road - Scotts Road, 160-250 S$
- Inter-Continental, Bugis Street, 200-280 S$
- Damenlou, winziges Familienhotel in Chinatown, Ann Siang Road, 40-100 S$
- Albert Court, nostalgisches Empire-Luxushaus, 180-290 S$

Mit diesen fertiggestellten Hotels erhöht sich die Zahl der registrierten Unterkunftsmöglichkeiten auf über 30.000.

Die Neuauflage der Broschüre "Budget Hotels" ist gerade erschienen. Einige dutzend einfacher, aber ordentlicher Hotels mit Preisen zwischen 20 und 100 S$ sind geprüft und vorteilhaft aufgelistet. Zu beziehen über Singapore Tourist Promotion Board, Hochstr. 35, D 60313 Frankfurt, Fax 069-2978922.

telex 3

6. Singapur sehen und erleben

6.1 Das Raffles-Hotel

6.1.1 Das Raffles-Hotel heute

Anfahrt
MRT City Hall, Busse 56, 82, 100, 181
Lage: 1 Beach Road

Das neue Raffles-Hotel ist gar kein richtiges Hotel mehr. Die Investoren (*Raffles Investment Ltd*, DBS Land) steckten 160 Millionen S$ hinein und restaurierten den Charme, die sympathische Schmuddligkeit, das Lachen, die Verrücktheit und Spleenigkeit, die noch 1988 im Gebälk knisterte, wo Menschen und Käuze beieinanderhockten, die sich etwas zu sagen hatten, hinaus.

Freilich: Teuer war es immer, und schon Hermann Hesse stöhnte 1922: "*Wir wohnen gut, aber teuer im Raffles*". Aber es war bezahlbar, und jeder konnte sich einen Drink leisten, der sein Geld wert war.

Für das am 16. September 1991 nach einjähriger Pause wiedereröffnete und clean-weiß gestylte Haus gilt dies kaum noch. Die 127 Zimmer wurden zu 104 Suiten im gehobenen Neokolonialstil zusammengestutzt. 70 Läden von *Nostalgia* bis *Armani* befinden sich in einem neu angefügten Flügel. Dazu spielt man Brahms' "*Ungarische Tänze*" im Wechsel mit Beethovens "*Elise*". Alles ist wertvoll und teuer – der Fehler ist nur: das Ganze hat keine Atmosphäre. Man spürt die vordergründige Absicht, Geld

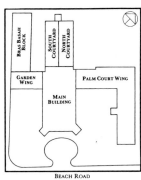

Lageplan der Hotel-Gebäude

Das Raffles-Hotel

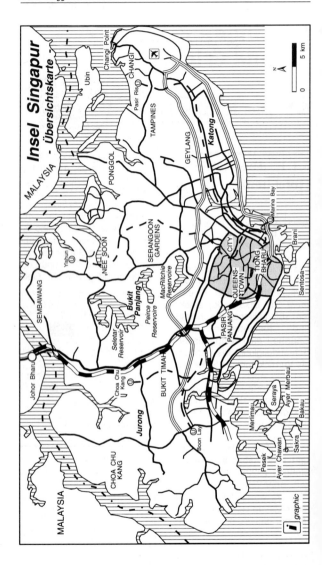

Das Raffles-Hotel

Das Raffles-Hotel

machen zu wollen. Über einhundert Jahre voller Leben können nicht ersetzt werden durch kalkulierten Spaß. Die Preise sind weder im Restaurant, noch bei den Suiten für Normalsterbliche erschwinglich. 800-6.000 S$ zahlt man pro Übernachtung!

Die Zielgruppe ist klar: Fürsten, Staatsmänner, Stammhalter von Business-Dynastien. Damit das normale Touristenvolk auch sein Scherflein beitragen kann, werden täglich mehrere Hundertschaften in Bussen herangebracht – durch die Hintertür. Schnell einen Gang entlang der Souvenirzone (vielleicht ein Kaffeebecher für S$ 15 oder "Echten Raffles-Honig" für S$ 22), dann einen "Singapore Sling" im *Writers Room* oder an der *Long Bar* für S$ 13. Da mixt kein Barkeeper mehr, mit Sorgfalt bedacht, daß die Cointreau-Tropfen nicht zu groß werden. Das Gebräu kommt aus im Keller gelagerten Plastikkanistern und wird kurz angeschäumt. Anstelle von *Ngiam Tong*, der es 1925 aus Versehen erfand, oder der Reihe von Barmännern nach ihm, die in ihre flüssigen Kreationen die gesamte Berufsehre mit hineinmixten, begleitet von erfrischenden und gekonnten Allerweltsplaudereien, segeln nun junge, gleichgültige Kellner das Tablett auf den Tisch.

Vor Tiffins berühmtem Restaurant stauen sich Japaner und Amerikaner, die mit dem Bus gekommen sind, zum High Tea. In einer halben Stunde geht es weiter. Da ist kein vornehmes Gedränge im *Palm Court Garden*, wo Tee und Sandwiches mit spitzen Fingern verzehrt wurden, kein Lachen und Schwatzen. Das wirkliche Leben bleibt draußen. Da ist kein Roberto Pregarz, der als Generalmanager die Gäste (auch die "normalen") persönlich begrüßte, der Kinder ins Haus einlud und waschechte Feten feiern ließ. Die anonymen dienstbaren

Das Raffles-Hotel

Geister (875 vor und hinter den Türen) achten darauf, daß kein unbefugter und zu neugieriger Blick ins Haus gelangt.

Ich kann mir nicht vorstellen, daß sich Reymond Flowers, Jean Paul Belmondo, James Michener oder andere Berühmtheiten noch hierher verirren, daß Filme in diesem Museum gedreht oder Leopld de Coutere ein weiteres Sonett auf das "Raffles" verfassen werden. Sicher ist es noch das "Raffles"; aber *d a s*

6.1.2 Chronologie des historischen Raffles-Hotels

1887: Im September erwerben die armenischen Kaufleute und Hoteliers, die Sarkies-Brüder (bereits Besitzer des berühmten Eastern und Oriental in Penang/Malaya) einen Bungalow in Singapur mit der Absicht, ein Hotel daraus zu machen. Am 1. Dezember eröffnet das "Raffles"-Hotel mit 10 Zimmern und einem Restaurant.

Treppenaufgang im Raffles

"Raffles" ist es gewiß nicht mehr. Wie sagte doch Roberto Pregarz beim Abschied vor der Schließung 1989: "Das Raffles war für viele Menschen ein Ort der lebendigen Harmonie, ein Stückchen Heimat und Geborgenheit in der Fremde, ein Platz, wo sie sein durften, wie sie waren, und – wo sie glücklich waren."

1888: Der Schriftsteller Joseph Conrad (bürgerl. Name Korzeniows) gehört zu den ersten Gästen. Ebenso der junge Rudyard Kipling, der an seinem Dschungelbuch schreibt.

1892-94: Die Sarkies vergrößern das Hotel um den Tiffin-Speisesaal und den Palmengarten.

1899: Der gesamte Komplex des Hotels ist fertig. Mit der eleganten Neo-Renaissance-Architektur, großzügiger Innenausstattung und dem ersten Trafo in der Stadt, der

Das Raffles-Hotel

800 Glühbirnen entflammen läßt (das restliche Singapur erhält erst 1906 elektrisches Licht), wird es in kurzer Zeit der Inbegriff eines Nobelhotels in ganz Südostasien. Magisch beginnt es Einwohner und Reisende anzuziehen.

1902: Der letzte Tiger, der freilaufend in Singapur gesehen wurde, verirrt sich unter dem Billardtisch und wird mit großem Spektakel erschossen. Um den "Tiger im Raffles" beginnen sich Legenden zu bilden.

1910: Das Raffles-Hotel-Postamt öffnet als selbständige Einrichtung. Es fertigt als anerkannte Institution Singapurer und Gäste ab.

1911: Hermann Hesse besucht zum ersten Mal auf seiner Reise von Indien das "Raffles".

1915: Der Barkeeper Ngiam Tong Boon erfindet den "Singapore Sling" – rein zufällig bei einem Gespräch mit einem britischen Gast. Das Getränk wird weltberühmt und hat seither Milliarden eingebracht. Der Weltrekord im Singapore Sling-Trinken liegt bei 155 Gläsern und wird von fünf Fußballern aus Irland gehalten (Rezept s.u.).

1921: Somerset Maugham kommt zum ersten Mal ins "Raffles"(weitere Besuche sind 1926 und 1959).

1920-30: Die große Dekade des "Raffles" findet statt. Nachdem das Hotel einen eigenen Touristenführer in aller Welt veröffentlicht hat, zieht es Fremde von überall her an. Man muß "dagewesen" sein. Berühmte Künstler wie Charly Chaplin, Maurice Chevalier, Frank Buch, Jean Harlow oder Noel Howard residieren hier, ebenso Könige und Staatsmänner.

1933: Die Weltwirtschaftskrise macht sich auch im "Raffles" bemerkbar. Eine neue Holding übernimmt das Objekt, geleitet von Teddy Troller, einem Schweizer.

1941: Japan okkupiert Singapur. Britische Staatsbürger, auf der Flucht nach Hause, logieren im "Raffles". Aus Schmerz über die Kapitulation findet eine große Party statt. Der Tanz "Immer wird es England geben" wird in dieser Nacht kreiert.

1945: Nach der Wiederinbesitznahme durch die Briten wird das Hotel über Monate Zwischenstation für hochrangige japanische Kriegsgefangene.

1953: Elizabeth Taylor, Ava Gardener und Malcolm Forbes besuchen, neben vielen anderen Prominenten das "Raffles".

1955-72: Das Hotel bleibt weiterhin im Gespräch. Filme wie "Pretty Polly","Passion Flower" und "No Room at Raffles" werden hier teilweise gedreht. Die Eigentümer und Manager wechseln häufig.

1972-89: Unter der Leitung von Roberto Pregarz, einem Italiener aus Triest, und seiner chinesischen Ehefrau wird das "Raffles" noch einmal seiner großen Tradition würdig. Kaiser, Könige und Staatsmänner, Filmstars und Produzenten, Schriftsteller und Jounalisten, Opernsänger und Dirigenten gehen ein und aus. Pregarz entfaltet ein reges gesellschaftliches und kulinarisches Leben. Mit Sinn für lebendiges Geschäft und Humor wird das berühmte Curry-Tiffin-Speisen eingeführt, der Palm Court Garden gedeiht zum Konversationstreffpunkt ganz Asiens. Die durchschwärmten Nächte werden Romanvorlagen. Die Montagabendrunde für "Freunde des Raffles" aus aller Welt wird etabliert. Man veranstaltet Kinderpartys, Lampionfeste, Maskenbälle, Shows, Konzerte.

Das Raffles-Hotel

1987: Die Regierung nimmt das "Raffles" in die Liste der Nationalmonumente auf.
1989: Im März wird das Hotel geschlossen. Ein Finanzkonsortium erwirbt es, restauriert und erweitert mit einem Aufwand von S$ 160 Mio den gesamten Komplex.
16. 9.1991: Wiedereröffnung des neuen "Raffles".

6.1.3 Eine kleine Auswahl berühmter Gäste des "Raffles"

Joseph Conrad – Rudyard Kippling – Hermann Hesse – Somerset Maugham – Raymond Flower – James Mitchener – Wiliam Wyler – Milos Foremann – Otto Premminger – Peter Bogdanovich – Indira Gandhi – Helmut Schmidt – Bruno Kreisky – Kaiser Haille Selassie – J.awaharlal Nehru – David Marshall – Robert Kennedy – CyrusVance – Soraya – Pierre Trudeau – Grace Kelly – Elizabeth Taylor – Charly Chaplin – Ava Gardner – Claudia Cardinale – Richard Burton – Björn Borg – Luciano Pavarotti – Herbert von Karajan.

Berühmte Dichter im "Raffles"

- **William Somerset Maugham** (1874- 1965)

Schuld an seiner bitteren, fast menschenverachtenden Gesinnung war sicherlich seine harte Kindheit. Geboren 1874 in Paris, verblieb er nach dem frühen Tode seiner Eltern bis zum zehnten Lebensjahr bei einem wohlhabenden Onkel in Frankreich. Mit zehn Jahren kam er durch einen Familienbesuch mit England in Berührung, das für ihn schicksalsbestimmend werden sollte. Sein Leben lang sollte er der englischen Kultur tief verbunden bleiben.

Bestimmend wurde für ihn auch der innere Zwang, gravierende seelische Erlebnisse in Literatur umschmelzen zu müssen. So hat er die Kälte und Lieblosigkeit seiner Kindheit als Ursache für Zynismus in seinem umfangreichen Werk *Of Human Bondage* (= "Des Menschen Hörigkeit") 1915 literarisch festgehalten. Sarkasmus und Zynismus wurden seine herausragenden

---

INFO

Das Originalrezept des Singapore Sling

½ Gin
¼ Cherry Brandy
¼ gemischte Fruchtsäfte (Orange, Zitrone, Ananas)
einige Tropfen Benedictine
Cointreau
Angostura bitter
mit etwas Eis schütteln (per Hand)
krönen mit 1 Scheibe Ananas und 1 Kirsche

Das Raffles-Hotel

William Somerset Maugham

schriftstellerischen Waffen. Maugham konnte sich nirgendwo "stellen", sich niemals mit heruntergelassenem Visier, Auge in Auge, auseinandersetzen. Seine Unfähigkeit, fließend und frei sprechen zu können und sich anders als stotternd zu äußern, mag die Komplexe vergrößert haben. So flüchtete er in das geschriebene Wort und zahlte doppelt zurück.

Von einer permanenten inneren Unruhe getrieben, floh er menschliche Bindungen, wich Konflikten aus, vermied es, irgendwo zu wurzeln. Rastlos getrieben eilte er von Land zu Land und, als das nicht mehr reichte, von Kontinent zu Kontinent. So wurde Maugham zum Weltbürger.

Da es ihm schwerfiel, sich substantiell in etwas anderes als sich selber zu vertiefen, schien er mürrisch, einsam und mißmutig. Sein tiefes Mißtrauen gegenüber jedem, besonders gegenüber glücklichen Menschen, schärfte den analytischen Blick. Mit fast hellsichtiger Klarheit nahm er die Schwächen und Fehler anderer wahr und stellte sie literarisch an den Pranger.

Dieses wurde die Basis seiner Meisterwerke. In "*Silbermond und Kupfermünze*" (entstanden 1921 im "Raffles") und dem "*Brief*" (*The letter*, verfilmt von W. Wyler), sezierte Maugham die handelnden und sich dadurch in Schuld und Fehler verstrickenden Menschen der "feinen" Kolonialgesellschaft. Mit unerbittlicher Schärfe analysierte er die doppelbödige Moral, legte die psychischen Konstellationen der Agierenden bloß. Seine stilistischen Mittel reichten von verständnisvoller Bissigkeit über satirischer Verzerrung bis zu lustvollem Zynismus. Die Freude an den Fehlern der Menschen besserer Kreise, das sich Weiden an den Schwächen der "Helden" und das gelegentliche gnädige Aus-dem-Staub-Emporheben beherrschte er meisterhaft.

Maugham liebte die Hitze Südostasiens (bei der er stets von Kopf bis Fuß korrekt gekleidet auftrat), dieses Flirren und Zergleißen in Dunst und heraufgesetzter Reizschwelle, die damit verknüpfte Exotik, die intensiven Lichtstimmun-

Das Raffles-Hotel

gen, die grellen Geräusche, das Flair der Heruntergekommenen, Hinausgeworfenen, Gestrandeten, Gehetzten, denen man in Singapur begegnen konnte. Aber er liebte vom Schreibtisch aus, theoretisch. Die Menschen Südostasiens, ihre wahren Schicksale, ihre Bräuche, Kultur und Sprache, interessierten ihn im Kern nicht. Anders als Raffles hat er niemals versucht, in ihr Wesen einzudringen. Er analysierte aus der Distanz.

Im "Raffles" Hotel hielt er sich 1921, 1926 und 1956 für jeweils mehrere Monate auf. Immer bestand er auf "seiner" Suite und "seinem" Boy. Damit war zuletzt Herr *Ho Wee How* gemeint, der einzige Diener, dem er traute. Sein: "*I want my boy*" ist heute noch ein geflügeltes Wort im "Raffles".

Ihn schickte Maugham, der Dichter, in die Restaurants, zu den Gästen, in die Bars und in die Siedlungen der Stadt, um Neuigkeiten und Gespräche aufzufangen und ihm zu berichten. Maugham setzte das Gehörte dann in Literatur um. Nach wenigen Monaten zog er ruhelos weiter, in ein anderes Land, in ein anderes Nobelhotel. Er starb 1965 in Cap Ferrat bei Nizza.

Im "Raffles" war bis 1989 sein breites Bett mit riesigem Moskitonetz das begehrteste Gästeutensil. Es fiel der Generalüberholung zum Opfer. Geblieben ist nur der Name an einer 900-Dollar-Suite im *Palm Court*: "Somerset Maugham".

Leseprobe aus: **"Silbermond und Kupfermünze"** (Roman um den Maler Paul Gaugin von 1919)

"Ich muß malen", wiederholte er. "Angenommen, Sie bleiben immer nur drittklassig, glauben Sie dann, daß es sich gelohnt hat, alles aufzugeben? Schließlich macht es doch in keinem anderen Beruf etwas aus, wenn man nicht wirklich gut ist; man kann ganz gut vorankommen, auch wenn die Fähigkeiten gerade nur ausreichen; aber bei einem Künstler ist das anders." "Sie verdammter Dummkopf!" sagte er. "Ich sehe nicht ein, warum. Es sei denn, es ist dumm, das zu sagen, was auf der Hand liegt." – "Ich sage Ihnen doch, daß ich malen muß. Ich kann nicht anders. Wenn ein Mann ins Wasser fällt, ist es egal, ob er gut oder schlecht schwimmt; er muß herauskommen oder aber er wird ersticken."..... "Sie wollen nicht zu Ihrer Frau zurückkehren?", sagte ich schließlich. "Niemals". "Sie ist bereit, alles, was geschehen ist, zu vergessen und von neuem zu beginnen. Sie wird Ihnen nie den geringsten Vorwurf machen." "Sie kann sich zum Teufel scheren.""Es macht Ihnen nichts aus, wenn die Leute Sie für einen ausgemachten Schuft halten? Es macht Ihnen nichts aus, wenn Ihre Frau und Ihre Kinder um Brot betteln müssen?" "Nicht das geringste." Ich schwieg einen Augenblick, um meiner nächsten Äußerung mehr Gewicht zu verleihen. Ich sprach so eindringlich, wie ich nur konnte. "Sie sind ein Schuft durch und durch." "Jetzt, da Sie Ihrem Herzen Luft gemacht haben, wollen wir essen gehen." –

Das Raffles-Hotel

- **Joseph Conrad**
  (1857-1924)

Als der Kapitan Josef Feodor Konrad Nalecz Korzeniowski, der die Meere Südostasiens befahren hatte, aus gesundheitlichen Gründen seinen Beruf an den Nagel hängen mußte, wurde der Schriftsteller Joseph Conrad geboren.

Joseph Conrad

Seine Liebe und fast krankhafte Sehnsucht nach Asien diktierten ihm die Geschichten in die Feder. Conrad, der eigentlich polnischer Abstammung und in der Ukraine auf die Welt gekommen war, zog sich nach England zurück und schrieb in englischer Sprache von den Gestrauchelten, Unfertigen, den Zu-kurz-Gekommenen, von denen, die vom Schicksal als Zerrissene ausersehen waren. Seine Helden befinden sich im Kampf mit der Umwelt, seien es Naturkatastrophen, gesellschaftliche Zwänge oder eigenes Versagen. Sie kämpfen und gehen unter, leider – möchte man sagen, denn sie sind sympathische Kreaturen.

Assoziationen an die Heroen des antiken Griechenlands kommen auf. Schauplätze sind die Brennpunkte der durcheinandergewürfelten Völker Südostasiens: Sumatra, Java, Indien, Singapur. Über allem waltet für Conrad die allesgebende und allesvernichtende Urgewalt der Natur. Der undurchdringliche Urwald, die endlose Einsamkeit einer Wüste oder besonders das Meer, Symbol des Ewigen, des zeitlosen Unterwegsseins. Conrad ist nahe daran, das große Unbekannte, Unerklärliche, die Dinge "hinter den Dingen" erklären zu können. Aber nur "fast". Zumindest ahnt er die

123

Das Raffles-Hotel

Lösungen der letzten Rätsel und läßt den Leser daran teilhaben. Seine gefundenen Antworten werden als erneute Fragen formuliert. Der Mensch als ringender Sucher. Das gibt seinen Werken eine mystische, große Dimension. Seine wichtigsten Werke sind: "*Lord Jim*" (1896), "*Der Verdammte der Inseln*" (1896), "*Der Neger von der Narzissus*" (1897), "*Typhoon*" (1903), "*Die Rettung*" (1920).

Rudyard Kipling

Joseph Conrad hielt sich mehrere Male zwischen 1884 und 1897 in Singapur auf, wo er regelmäßig das "Raffles" besuchte. Er starb 1924 in seinem Landhaus nahe Canterbury in England.

Leseprobe aus "**Taifun**":
Kapitän Mac Whirr bemühte sich zu sehen, mit anstrengender Wachsamkeit des Seemanns, der dem Sturm ins Auge schaut wie einem persönlichen Gegner, um seine verborgene Absicht zu durchdringen und das Ziel und die Stärke des bevorstehenden Angriffs zu erraten. Aber der Sturm kam ihm aus undurchdringlicher Nacht entgegen. Er fühlte die Unruhe seines Schiffes unter sich und vermochte nicht einmal, einen Schatten von dessen Form zu erkennen. Er wünschte aus tiefster Seele, es möchte anders sein, und konnte doch nur schweigend warten, hilflos wie ein Blinder.

- **Rudyard Kipling**
  (1865- 1936)

Einen Großteil seiner über 40 Werke schrieb Kipling als Reporter und Journalist. In seinen Balladen, Soldatengeschichten, Romanen und Berichten verherrlichte er die Überlegenheit der weißen Rasse über die "Primitivität" der Farbigen. Er verordnete den weißen Herrenmenschen die Rolle des Kulturtragenden und Kultur-Überbringenden.

Das Raffles-Hotel

Der britische Kolonialismus erschien ihm als Träger einer neuen Weltordnung. Kipling recherchierte in Burma, Malaysia, Singapur und Hongkong und schrieb darüber faszinierende, aber zum Teil romantisierende Berichte. Die meisten seiner Werke spielen aber in Britisch-Indien.

Als Journalist mit brilliant geschliffenem Stil, als detailgetreuer Beobachter der Natur waren (und sind) seine Bücher sehr gefragt. Das "*Dschungelbuch*" (1894/95) und "*Kim*" gehörten zu den meistgelesenen Kinderbüchern seiner Zeit und feiern heute wieder ein Comeback. Sehr lesenswert sind auch seine "*Briefe aus Burma*" (1901), die "*Plain Tales from the hill*" (= "Erzählungen aus den Bergen"; 1882) und "*From Sea to Sea*" (1900). Für sein literarisches Schaffen erhielt er 1907 den Nobelpreis.

Rudyard Kipling besuchte mehrere Male Singapur, wohnte aber niemals im "Raffles". Im Gegensatz zu Herman Hesse schätzte er Küche und Keller des Nobelhotels sehr und pflegte bei seinen Aufenthalten auf der Insel nur dort zu speisen.

Leseprobe aus "**Das Dschungelbuch**":
Lauschend spitzte Vater Wolf die Ohren. Da vernahm er unten im Tal, das sich zu einem kleinen Bach hinabsenkt, das ärgerliche, schnarrende, näselnde Gewinsel eines Tigers, der nichts geschlagen hatte und den es nicht kümmerte, daß alles Dschungelvolk sein Mißgeschick erfährt. "Der Narr, der!" knurrte der Wolf. "Die Nachtarbeit mit solchem Lärm zu beginnen! Glaubt er etwa, daß unsere Böcke ebenso dumm sind wie seine fetten Ochsen am Waingungafluß?" "Still!" sagte Mutter Wolf. "Still, Alter. Hörst du denn nicht? Weder Ochse noch Bock hetzt er heute – den Menschen jagt er!".

6.2 Rundgänge in Singapur

6.2.1 Rundgang im Zentrum

Anfahrt
MRT City Hall, fast alle Busse
Lage: Zwischen City Hall und Boat Quay

Route
Raffles City – Stamford Westium – War Memorial – Recreation Club – Connaught Drive – Elizabeth Walk – Anderson Bridge – Boat Quay – South Bridge – Parlament – Landungsplatz und Statue – Empress Place – Victoria-Theatre und Concert Hall – St.Andrew Road – Oberster Gerichtshof – Rathaus – St.Andrew Church – Raffles City

Dieser Rundgang führt durch das Verwaltungszentrum der Inselrepublik. Die heutigen Amtsinhaber nutzen dabei zahlreiche altehrwürdige Bauten aus britischer Kolonialzeit.

Rundgang im Zentrum

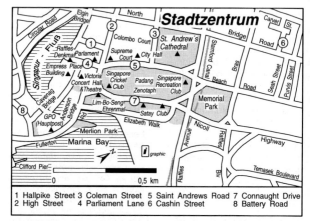

1 Hallpike Street 3 Coleman Street 5 Saint Andrews Road 7 Connaught Drive
2 High Street   4 Parliament Lane 6 Cashin Street   8 Battery Road

Der Name "Raffles-*City*" ist zu Recht vergeben, denn in der Tat handelt es sich um eine komplette Kommerzstadt, ganz aus dünnem Stahl und Glas, entworfen von I.M.Pei:

Silhouette der Raffles-City

das riesige Kaufhaus *Sogo*, zwei Luxushotels, Restaurants, Cafes, das *Tourist Information Centre* (geöffnet Mo-Fr 8.00-17.00 Uhr), Banken, 42 Büroetagen, Singapurs größtes Konferenzzentrum mit 5.200 Plätzen, Taxistände, Metro, Geschäfte in der Untergrundebene. Etwa 20.000 Menschen könnten die Einrichtungen bevölkern, ohne sich zu stören. Bei angenehmer Klimatisierung kann man den ganzen Tag herumstöbern.

Vom Kaufhaus *Sogo* aus kommt man zur *Westin Plaza* und dem *Westin Stamford*, dem mit 226 m (noch) höchsten Hotelbau der Welt (1984/85 erbaut, 73 Stockwerke, über 2.000 Zimmer, Kosten 120 Mio S$). Wenn Sie ganz nach oben wollen, müssen Sie sich anstellen und Ihren Namen registrieren lassen, dann werden Sie freundlich darauf aufmerksam gemacht, daß der Mindestverzehr 15 S$ beträgt. Dazu erhalten Sie aber gratis eine der herrlichsten Aussichten über Stadt und Hafen.

Besonders abends lohnt sich ein Blick über das Lichtermeer.

Rundgang im Zentrum

Im Raffles City ist z.Zt. noch das *Singapore Tourism Promotion Board* (STPB) untergebracht. Bei allen Fragen, über die das Informationszentrum keine Auskunft geben kann, hilft das STPB weiter. Es vermittelt auch Kontakte zu Behörden, Geschäftspartnern und Hotels und weiß über das Neueste im Lande Bescheid.

Information
Singapore Tourism Promotion Board (STPB), City Tower, 37. Stock, Tel.: 65/3396622, Fax: 3399423.

Im kleinen Park gegenüber des *Westin Stamford* steht das **War Memorial**.

Es wurde zum Gedenken an die für Singapurs Freiheit Gefallenen errichtet. Wenn sie in den *Connaught Drive* rechts einbiegen, finden Sie auf dem Gelände des *Padang* (malayisch für: "freier Platz") den *Singapore Recreation Club* und den noblen *Cricket Club*.

Am Nachmittag trainieren hier Collegestudenten und Profis Fußball, Volleyball und Baseball.

Ungefähr in Höhe der Hälfte des Platzes sollten Sie sich noch einmal umdrehen und die gewaltige Hotelsäule des *Westin Stamford* fotografieren. Auf der entgegengesetzten Seite, jenseits des Singapore River können Sie die Skyline von 143 Großbanken bestaunen. Der neueste, 280 m hohe Wolkenkratzer gehört zur *Overseas Bank*, der im April 1993 fertiggestellt wurde. Auf der rechten Seite des Padang sieht man die weiße *St. Andrews Cathedral*, daneben, über die Coleman Street hinweg, das *Rathaus* und wiederum daneben der *Oberste Gerichtshof*, unverkennbar mit der Rotunda-Kuppel.

Saint Andrews Cathedral

Zu ihrer Entstehungszeit, um 1856, war sie eines der höchsten Gebäude in der Stadt. Jetzt wirkt sie, in unmittelbarer Nachbarschaft des Hochhaus-Hotels *Westin Stamford*, dem *Sogo Shopping Centre* und dem *Shopping Plaza Centre* verloren wie ein Baukasten-Kirchlein. Kürzlich mit ihrem usprünglich strahlenden Weiß ausgestattet, umgeben mit einem kleinen Park, Blumenrabatten und Autoparkplätzen (in Singapur alleine ein Grund, eine Kirche zu besuchen!) zeugt sie von bedeutender kolonialer Vergangenheit. Dieser Bau aus Stein ist

Das War Memorial

Rundgang im Zentrum

Saint Andrews Cathedral

der dritte an gleicher Stelle. Sir Stamford Raffles höchstpersönlich hatte den Platz ausgesucht und den Stadtarchitekten Coleman mit dem Bau eines einfachen Gotteshauses aus Holz beauftragt. Nach einem Brand wurde ein Neubau vorgenommen, der sich für die wachsende anglikanische Gemeinde als zu klein erwies.

Das jetzige Gebäude verantwortete Generalleutnant McPherson, ein Hobbyarchitekt, unter Mitwirkung indischer Sträflinge. McPherson ließ sich dabei von der damals in England üblichen Mode der Neogotik inspirieren.

Der Hauptturm an der Westseite, viereckig und wuchtig, reckt seinen Zuckerhut-Turm anstelle eines Helms trutzig in die Höhe. Die Seiten werden von vier kleinen Türmen mit Spitzhelmen flankiert. Auch die Seitenschiffe der kreuzförmigen Basilika werden von jeweils zwei spitz auslaufenden Türmchen begleitet. Sie sind oktogonal und lassen Vergleiche mit Minaretten zu. Die Spitzbogenfenster bilden nicht, wie in der Gotik üblich, eine Maßwerkrose, sondern enden in überkreuzten Verstrebungen.

Der Kircheninnenraum wirkt breit und sehr hoch. Dieser Eindruck wird zusätzlich durch die weit hinaufstrebenden Triumphbögen und die schlanken, bunten Glasfenster verstärkt. Sie wurden zu Ehren von Sir Stamford Raffles von zwei Gouverneuren (Crawford und Butterworth) gestiftet. Die Tafeln des Altares malte C.J. Blomfield um 1860, während die Kanzel etwa 1890 in Ceylon angefertigt wurde. Wie fast alle Gotteshäuser die britischen Inseln ist auch die St. Andrews-Kathedrale zu einem guten Teil Gedächtnisstätte und Museum. Unzählige Gedenktafeln, Epitaphe, Fähnchen und Skulpturen schmücken die Wände und künden von großen Namen der britischen Kolonialzeit.

Rathaus und Oberster Gerichtshof

Beide Gebäude sind im neoklassischen Stil nach europäischen Vorbildern erbaut. Dem Obersten Gerichtshof von 1939 wurde zudem eine hohe neobarocke Kuppel aufgestülpt. Das Rathaus (*City Hall*, erbaut 1929), etwas flacher und sachlicher, zeigt dem Besucher eine imposante Breitseite stolzer Säulen. Die Vorderfront des Obersten Gerichtshofes charakterisiert sich, neben der dominanten Kuppel, durch einen Haupt- und zwei seitliche Säulenvorsätze. Der Kolonialanspruch Londons sollte durch Macht und Würde demonstriert werden.

So am Morgen des 12. September 1945, als Admiral *Lord Mountbatten* hier die Kapitulationsurkunde des japanischen Oberkommandierenden, Vize-Admiral *Shigeru Fukudome*, entgegennahm. Vor dem Rathaus, auf dem **Padang**, finden jährlich am 9. August die feierlichen Zeremonien, Paraden und Wettrennen zum Nationalfeiertag statt.

Verläßt man den Connaught Drive in Richtung Küste und durchquert den kleinen Esplanada-Park, erblickt man zwei **Monumente**:

Bei dem einen, futuristisch glitzernden, denkt man an Raketen. Die Chinesen nennen es *Chopsticks* (= "Eßstäbchen"). Es ist, stellvertretend für viele chinesische Widerstandskämpfer, *Lim Bo Seng* gewidmet, der unter der japanischen Folter starb, ohne jemanden zu verraten.

Der Oberste Gerichtshof

Rundgang im Zentrum

Der zierliche chinesische Springbrunnen ist ein Denkmal für den Philanthropen *Tan Kim Seng*, welcher auf eigene Kosten die ersten Wasserleitungen nach Chinatown legen ließ.

Ganz in der Nähe führt der nach Königin Elizabeth II.benannte *Elizabeth Walk* als hübsche Promenade zum **Merlion Park**.

Hier, auf der vordersten Spitze des künstlich aufgeschütteten Zipfels, direkt an der Mündung des Singapur River, steht das Wahrzeichen der Stadt, der **Merlion** (vgl. Kapitel 1.2). Er ist ein beliebter Treffpunkt der Einheimischen

Man unterquert die *Anderson Bridge*, die den Connaught Drive mit der Fullerton Road verbindet und am 12. März 1910 von Gouverneur *Sir John Anderson* für den Verkehr freigegeben wurde. Die einzige Hängebrücke Singapurs gleich daneben wurde in Schottland hergestellt und anläßlich des Besuches des Duke of Edinburgh 1867 eingeweiht. Es gab ein mehrjähriges Tauziehen um die namentliche Zuordnung. Da der Duke verzichtet hatte, benannte man diese interessante Konstruktion nach Colonel *Sir Orfeur Cavenagh*, dem Gouverneur der Ostindischen Kompanie von 1859-67). Von der **Cavenagh-Brücke** (nur

Die Cavenagh-Brücke

und unerläßliches Fotomotiv aller Touristen. Ganz aus der Nähe wird der Fischlöwe beäugt von einer 1984 aufgestellten ultramodernen Plastik, der man den Titel "*Joyous River*" gab, zur Erinnerung an die vollkommene Regenerierung des Singapore River.

für Fußgänger) hat man einen schönen Blick auf die Restaurierungsvorhaben am *Boat Quay*.

Wenn Ende 1994 die historischen Chinesenhäuschen wieder im Glanz erstrahlen, sollen Boutiquen, Cafes und

Rundgang im Zentrum

Restaurants für gehobene Ansprüche darin Platz finden. MacDonalds hat bereits eröffnet. Vom *Boat Quay* haben Sie die Rückseite des **Empress Museums**, die **Statue** *Sir Raffles'* und einige Freiluftkneipen im Blick. Über die *Colman Bridge* spaziert man vorbei an den Barkassen des Touristenamtes, (die für 5-10 S$ stromaufwärts zu den Neubauvorhaben am *Robertson Quay,* zum *New Otani Hotel* und zurück tuckern) zur beliebtesten Statue Singapurs, dem "weißen"Raffles (der "schwarze"steht vor der Konzerthalle).

Beliebt besonders bei Hochzeitspaaren in Festkleidung, die, umgeben von zahlreichem familiären Anhang, zum Erinnerungsfoto posieren. "*Raffles Landing Pier*" heißt das Plätzchen, das auch Touristen aus aller Welt gezeigt wird. Die beste Zeit Sir Stamford Raffles auf seinem Sockel alleine anzutreffen ist früh am Morgen oder in der Mittagspause.

Die *Parliament Lane* führt an dem von Coleman 1827 entworfenen weißen und würdevollen **Parlamentsgebäude** entlang. An der zur High Street gewendeten Seite, fast verborgen von Gebüsch, steht ein kleiner marmorner Elefant auf einem Sockel im Innenbereich des Regierungsgebäudes. Auf der Tafel ist zu lesen, daß der thailändische König *Chulalongkorn* (Rama IV.) 1874 als erstes ausländisches Staatsoberhaupt Singapur besuchte. Es empfielt sich, nach Erreichen der High Street rechts herum zu gehen. Dort steht – wiederum auf einem Sockel – der "*schwarze*" *Raffles*. 1887 von T. Woolner geschaffen, wurde die ca. 3 m hohe Bronzestatue zuerst an der Esplanade aufgestellt. Während der 100-Jahr-Feierlichkeiten anno 1987 übersiedelte Sir Stamford auf diesen Platz vor die *Victoria Memorial Concert Hall.*

Victoria Memorial Concert Hall

Zur Zeit seiner ersten Blüte, als Mitte des 19. Jahrhunderts Singapur bereits wichtige Handelsstützpunkte wie Penang überflügelt hatte, regierte in England Königin Victoria (gest. 1901). Ihrem Andenken ist der große Kulturtempel, unterteilt in das *Victoria Theatre* und die *Victoria Concert Hall*, gewidmet.

Der linke Flügel, das jetzige Theater, wurde 1855-62 erbaut und fungierte als das erste Rathaus der Stadt. Der rechte Trakt wurde 1905 seiner Nutzung übergeben. Obwohl beide Gebäude durch einen quadratischen, hohen Uhrturm und einen Innenhof miteinander verbunden sind, bilden sie selbständige Einrichtungen. Im Victoria-Theater werden Schauspiele, Shows, Kindertheater und kreative Spiele aufgeführt. Die Concert Hall ist Heimat des *Singapore Symphony Orchestra* unter Leitung seines Begründers und Chefdirigenten *Choo Hoey*. Im großen Kon-

Rundgang im Zentrum

Das Victoria Theatre

zertsaal haben knapp 1.000 Zuhörer Platz. Das Orchester hat ein außerordentlich hohes künstlerisches Niveau und gibt wöchentlich ein bis zwei Konzerte, die regelmäßig ausverkauft sind.

Empress Museum

Nur durch einen kleinen Park vom Victoria-Theater getrennt, befindet sich das *Empress Place Building*. Während der Kolonialzeit diente es als Haus der Gesetzgebenden Versammlung und verschiedenen anderen Regierungsbüros. Vom *Singapore Tourism Promotion Board* mit einem Kostenaufwand von 22,5 Mio S$ umgebaut, beherbergt es seit April 1989 ein Museum für herausragende internationale Kunstausstellungen. Das zweistöckige Gebäude stellt über 8.000 qm Ausstellungsfläche zur Verfügung.

Die ersten großangelegten Ausstellungen "Kunstschätze der Qin-Dynastie" (1989), "Kunstschätze der Han-Dynastie" (1990) und "Kunstschätze der Tang-Zeit" (1991-92) dienten der Darstellung des chinesischen Erbes. Ein Besuch des Empress-Museums (geöffnet 10.00-19.00 Uhr) gehört unbedingt zum Singapur-Aufenthalt, wofür man sich mindestens eine Stunde Zeit lassen sollte.

Vom Empress Museum kann man die High Street überqueren und einen (unerlaubten) Blick in das *Cricket Club House* von 1884 werfen. Auch heute noch gibt es im vornehmen Ambiente Tee und kühle Drinks für Mitglieder. Wenn man auf der *St Andrews Road* zurückbummelt, erscheinen Oberster Gerichtshof und Rathaus aus der Nähe betrachtet noch solider. Links biegt

Rundgang im Zentrum

man in die bereits erwähnte Coleman Street ein und geht ganz um die St Andrew Cathedral herum. Einen Blick wert sind auch das *Adelphi-Centre* und das Einkaufszentrum *Peninsul Plaza*.

Restaurants
In den Arkaden auf der anderen Straßenseite der South Bridge Road (neben dem Capitol) gibt es Speise und Trank in drei Varianten: The Third Man (britisch, teuer, nicht empfehlenswert); Deli France (aufgetaute Tiefkühlbaguette und Kaffee, teuer, aber gut); oder Potato (vegetarisch, schmackhaft und teuer).

Unübersehbar prangt *Sogo* wieder auf der anderen Straßenseite.

6.2.2 Rundgang in Singapore Central

Anfahrt
mit Bus 2, 5, 12, 32, 134 u.a.; nächste MRT: City Hall
Lage: Um Fort Canning Park

Route
Victoria Street – Hill Street – Hill Street Centre (Bond Terrace) – Cox Terrace – Percival Road – Canning Rise – Armenian Street – Stamford Road – National Library – National Museum – YMCA – Cockpit Hotel (Orchard Blvd).

Dieser interessante Bummel beginnt an einer der verkehrsreichsten Kreuzungen und endet im Cockpit Hotel bei einem (guten) Singapore Sling. Die Kreuzung Stamford Road/ Victoria Street/Hill Street ist Schnittpunkt der Verkehrslinien aus allen vier Richtungen der Stadt.

Gehen Sie auf der Hill Street auf die Seite der US-Botschaft, die umgittert und eingeigelt Flagge zeigt. Als krassen Gegensatz empfindet man daneben die auf einer kleinen Wiese etwas zurückliegende *Armenian Church*.

Armenische Kirche

Ihr kompletter Name ist *Armenian Church of St. Gregory the Illuminator* (= "Heiliger Gregorius, der Erleuchter"). Als zu Beginn des 19. Jahrhunderts das Osmanische Reich ihre christlichen armenischen Bürger zu vernichten begann, flohen 12 Familien hierher. Der Stadtarchitekt *George D. Coleman* erbaute 1835 in ihrem Auftrag diese kleine, schmucke Kirche. Damit ist sie das älteste erhalten gebliebene christliche Gotteshaus in Singapur. Zeitweilig zählte die armenische Gemeinde an die 5.000 Seelen. Die meisten von ihnen konvertierten zu anderen religiösen Gemeinschaften. Heute pflegen noch etwa 60 christliche Armenier die Tradition. Seitlich des Kirchleins entdeckt man alte Grabsteine armenischer Christen.

Auf der gegenüberliegenden Straßenseite befindet die **Chinesische Handelskammer**, erwähnenswert wegen der Vermischung klassischer chinesischer Architekturelemente (pagodenförmig geschwungenes Doppeldach, umgebende Mauer mit Mosaikeinsätzen, reichgeschmücktes rotes Hauptportal) mit modernen Bauformen. Wenn Sie die

Rundgang im Singapore Central

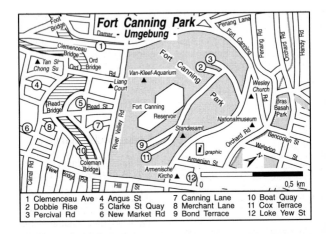

1 Clemenceau Ave
2 Dobbie Rise
3 Percival Rd
4 Angus St
5 Clarke St Quay
6 New Market Rd
7 Canning Lane
8 Merchant Lane
9 Bond Terrace
10 Boat Quay
11 Cox Terrace
12 Loke Yew St

Canning Rise am Fuße des "Verbotenen Hügels" überqueren, stehen Sie vor der großen **Freimaurerloge**. Durch neoklassizistische Säulen und Giebel mit dem maurerischen Winkelmaß eher einem Theater ähnelnd, bildet sie noch heute ein wesentliches geistiges Zentrum Singapurs. Die Mahnung Members only zeigt an, daß der Zutritt nur Geweihten gestattet ist. Um die Ecke, in der Hill Street/Canning Rise, ist das Stationsgebäude der **Städtischen Feuerwehr**. Etwas weiter, am Hill Street Centre, führt rechts ein kleiner Treppenweg auf die Bond Terrace. Sie leitet weiter hinauf zum Forbidden Hill (= "Verbotener Hügel", malayisch: Bukit Larangan).

Verbotener Hügel

Hier muß sich das erste nachweisbare städtische Leben des Temasek-Reiches abgespielt haben. Ausgrabungen förderten glaubwürdige Zeugnisse aus dem 14. Jahrhundert zu Tage, so eine steinerne Gesetzesstele. Aus dieser Zeit stammend wird auch das Grab des letzten malayischen Herrschers, Iskander Shah, als Keramat (= "Heiligtum") von den Muslims verehrt.

Den 52 m hohen Hügel hinaufwandernd (Bond Terrace, dann Cox Terrace), vorbei am Mast der Telecom, gelangt man in einen sehr gepflegten Park mit Bänken zum Verweilen. Setzen Sie sich einen Moment und schauen Sie auf den Singapore River, wo am Robertson Quay Baukräne Altbausubstanz in Geschäfte umwandeln, auf die beiden braunen Hochhäuser des New Otani Hotels ("Suit yourself" für monatlich 4.000-6.000 S$, den River Valley Swimming Complex mit blaugekachelten Becken oder das Van Kleef Aquarium mit über 4.600 Seetieren. Beim Weitergehen gerät man an eine umfangreiche Baustelle: hier finden

Rundgang im Singapore Central

Fort Canning Rise

Ausgrabungs- und Restaurierungsarbeiten vom Fort und Regierungspalast Sir Stamfords statt. Raffles erkannte die strategische Lage des Hügels (es gibt nur diesen in der Stadt, der Mt. Faber liegt außerhalb) und ließ sich 1819 ein Holzhaus bauen. Es mußte 1823 einem würdigeren Palais aus Stein weichen. 1857 kam ein Fort hinzu.

Beim "Abstieg" über *Canning Rise* begegnet man zwei neogotischen Eingangsbögen und dem ältesten **christlichen Friedhof**. Auf imposanten Grabsteinen ist z.B zu lesen: "*Hans Hermann Eschke – Kaiserlicher Deutscher Generalkonsul, gestorben 1904*" oder "*Wladimir Astafiew, Generalleutnant der Kaiserlichen Russischen Flotte, gestorben 1890*".

Vis-a-vis stört das quicklebendige **Drama Center** die Ruhe. Es wurde als experimentelle Bühne mit 150 Zuschauerplätzen, Proberäumen, Bewirtung und Ausstellungsgalerie 1990 errichtet.

Am *Canning Rise* weiter stadteinwärts parken auffallend viele Minibusse. Die Fahrer warten auf die Familien, bis die "Prüfung der Brautleute" – möglichst erfolgreich – beendet ist. Heiratswillige Muslime unterstehen eigenen Familiengesetzen. Sie müssen sich hier im *Registries of Marriage* einer eingehenden Befragung unterziehen.

Ganz so streng geht es in der **Presbyterianischen Grundschule** wohl nicht zu. Sie liegt rechterhand an der *Armenian Street*, gegenüber vom 'Bibelhaus' der *Singapore Bible Society*. Die *Armenian Street* ist benannt nach dem Friedhof und der Georgskirche, an deren Rückseite sie vorbeiführt. Sie hat etwas von "Szene"-Flair, diese kleine Straße.

Das einfache, aber saubere und altehrwürdige Hotel *New Mayfair* (3 Sterne), daneben

Rundgang im Singapore Central

Grabinschrift auf dem christlichen Friedhof

"*Gazers*", eine der meistbesuchten Karaoke-Lounges. Auf der anderen Straßenseite findet man unter Nr.45 das Off-Theater "*The Substation – A Home For The Arts*". Hier gibt es ambitioniertes Jugendtheater, Ausstellungen, ein Cafe zum Klönen und eine kleine Bibliothek (Informationen erhält man in der Tagespresse oder im Wochenblatt "*This Week in Singapore*".

Wenige Meter weiter steht das große, rot-gelbe, über Eck gebaute *MPH-House*. Es beherbergt drei Etagen voller Bücher aller Sachgebiete, CDs, Landkarten sowie ein Tagescafe im 1. Stock: eines der schönsten Buchhäuser auf der Insel! Nach einer kulinarischen Stärkung mit einem frischen Salatteller können Sie die *Stamford Road* weiter Richtung Nationalmuseum

Das MPH-House voller Bücher

wandern. Zuvor aber lohnt es sich jedoch, in die *National Library* hineinzuschauen.

Nationalbibliothek

Die 1964 gegründete Bibliothek erfüllt die Funktion einer Archiv- und Leihbücherei. 1991 wurden 9 Mio. Bände ausgeliehen. Sie unterhält acht Filialen im Vollservice. Eine angeschlossene Bibliothekarsschule bildet Fachkräfte für ganz Südostasien aus. Studenten aus Brunei, Burma, Indonesien, Thailand, Malaysia u.a. fuhren bisher mit Diplomen in ihre Heimatländer zurück.

Der Lesesaal steht jedem, auch Touristen, offen. Ausgerüstet mit modernster Computertchnik sind in Windeseile Auskünfte oder Bücher zu erhalten. Die Benutzung ist kostenlos. Für Reservierungen wird – je nach Umfang – eine minimale Gebühr erhoben. Die Taschen darf man mit in die Lesesäle nehmen. Niemand würde es wagen...! Der Regenschirm aber bleibt beim Portier.

● **Einige Daten**:
Gesamtzahl der Bücher: 2.726.156;
davon in chinesischer Sprache: 679.040;
in malayischer Sprache: 306.290;
in tamilischer Sprache: 75.382;
in englischer Sprache: 1.829.866;
Bücher für Erwachsene: 1.368.374;
Bücher für Jugendliche: 265.000;
Bücher für Kinder: 1.092.776.
Serien: 164.422.

Das Nationalmuseum

Anfahrt
mit MRT Dhoby Ghaut, Busse 7, 13, 14, 16, 124, u.a.

Öffnungszeiten
täglich 10.30-19.00 Uhr

Das blütenweiße neoklassizistische Nationalmuseum von 1886 steht repräsentativ an der Ecke *Stamford/Bencoolen Road*. Die silberglänzende Halbkugel überspannt einen quadratischen Grundbau (der Italiener Palladio stand Pate). Es ergänzt das Ensemble kolonialer Bauten in der Stadt, wie das Victoria-Theater, das Empress Building und die Cavenagh Brücke, die alle während der Regentschaft der britischen Königin Victoria errichtet wurden.

Die naturwissenschaftlichen Sammlungen Sir Stamford Raffles, andere zeitgenössische Zeugnisse sowie ethnologische Exponate, die bis dahin im Rathaus eingezwängt waren, fanden hier eine würdige Heimat und bildeten den Grundstock für die heutigen beeindruckenden Sammlungen.

Das Museum beherbergt drei getrennte Abteilungen:

❶ Museum zur Geschichte Singapurs und des südostasiatischen Raumes
❷ Kunstgalerie mit einer Kinderbildabteilung
❸ Die weltberühmte *Haw Par*-Jade-Kollektion.

Jede dieser drei Abteilungen ist sehenswert.

Rundgang im Singapore Central

Im folgenden eine Auswahl:
- **_Erdgeschoß: Ausstellung zur Geschichte Singapurs_**

Funde von den archäologischen Grabungen auf dem Fort Cannings Hill (Goldwaren, Keramik, Knochen, Holz aus dem 14. Jhd); der inzwischen berühmte Singapur Stein von 1820, gefunden an der Mündung des Singapore Rivers (bei den Schriftzeichen handelt es sich vermutlich um die Sprache des Mahapahit Kawi); die unterzeichneten Verträge von 1819, dem Beginn der britischen Besiedlung; eine Galerie mit Porträts, angefangen von Raffles bis zu den nachfolgenden Gouverneuren; Glocken aus chinesischen und indischen Tempeln oder christlichen Kirchen; Darstellungen zur Geschichte Singapurs von den Anfängen bis zur Unabhängigkeit im Jahre 1965; Möbel, Gewänder, Accessoires und Porzellan der Baba- und Nonya Kultur.

Im hinteren Bereich ist die Südostasien-Galerie untergebracht: Waffen, Musikinstrumente, Wayangfiguren, Marionetten, Kultgegenstände aus Sarawak und Sabah sowie Eine Bronzetrommel aus Südchina (Guangxi; 8. Jhd).

- **_1. Stock: Singapur im 19. Jahrhundert_**

Leben und Wirken der Siedler; Handelsschiffmodelle;

Das Nationalmuseum

Kultgegenstände der Handelsorganisationen; Schmuck aus Südostasien.

- **_Haw Par-Jadesammlung_**
ein Muß für jeden Jade-Freund! Die Gebrüder *Aw Boon Haw* (= "Tiger") und *Aw Boon Par* (= "Leopard") erfanden auf der Basis ätherischer Öle ein Einreibungsmittel, das schon Anfang der 1930er Jahre als "Wundersalbe" gehandelt wurde (und bis heute wird). Das hatte ihnen Millionen eingebracht. Sie begannen, ganze Jadesammlungen aufzukaufen, die das Nationalmuseum durch Schenkung 1979 erhielt. Es gibt (falls

Rundgang im Singapore Central

nicht Teile der Sammlung auf Weltreisen sind) 380 Exemplare zu bestaunen. Darunter sind unwiederbringlich wertvolle Exponate aus Malachit und Lapislazuli (Qing Dynastie), Vasen, Gefäße, Tischplatten und Geschirr.

- **Kunstgalerie**
Diese dritte Abteilung des Nationalmuseums mit ihren 250 Bildern wurde 1976 eröffnet, um neben die historischen auch Schätze der Gegenwart zu stellen. Sie ist als ständige Wechselausstellung angelegt. Ein Unterbereich ist der Kindermalerei gewidmet. Zeichnungen und Aquarelle von besonders begabten Kindern gehören ebenso dazu wie Aktivitäten des *Discovery*-Raumes. Die Besucher können sich künstlerisch betätigen, Kunst"angreifen". Sie dürfen in historischen Gewändern einherspazieren, mit *Wayang*- oder Marionettenfiguren spielen, malen oder Theater spielen.

Nach dem Besuch des Museums ist ein erfrischender Singapore Sling ganz in der Nähe zu empfehlen. Den besten in der Stadt gibt es im *Cockpit Hotel*.

Cockpit Hotel

Das Hotel, das an der Clemenceau/Penang Road liegt, erreicht man vom Museum aus über die *Stamford Road*, vorbei am Stammhaus des *YMCA*, die presbyterianische Kirche von 1878 links liegen lassend und den kleinen Park von *Dhoby Ghaut* (MRT) durchquerend. Als das "Raffles" zwecks Renovierung schloß, engagierte der chinesische Besitzer des Cockpit-Hotels dessen Barkeeper. Seitdem mixt er hier (per Hand) sein erfrischendes Getränk. Unten links in der Bar erhalten Sie die Köstlichkeit nebst Nüssen und einem freundlichen Lächeln für 11 S$.

6.2.3
Rundgang durch das Bugis-Viertel

Anfahrt
mit MRT Bugis (East 1), Bus Nr. 2, 5, 7, 62, 84, 122 u.a. bis Victoria Street
Lage: Nördlich der City Hall, zwischen Bencoolen und Victoria Street

Öffnungszeiten
vom Spätnachmittag bis nach Mitternacht.

Die Bugis ist nur eine winzig kurze Straße, galt jedoch als eine der berüchtigtsten. In früheren Zeiten befand sich hier das "schräge" Viertel, das Rotlichtmilieu, voll riskanter Ecken, Spielhöllen, Hinterhofschlachten, schnellen Kugeln. Aber auch die Brutstätte für Kleinstlebewesen und Krankheitserreger, für Seuchen, Gestank und Armut.

In den 1970er Jahren wurde das ganze Gebiet flurbereinigt. Seit 1988 versuchen die Stadtplaner zusammen mit der Tourismusbehörde eine Kompromißlösung, indem Open-Air-Kneipen mit reichlich Bier und Schnaps, indem Mu-

Rundgang durch das Bugis-Viertel

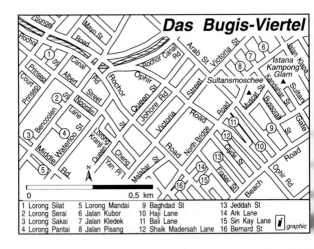

1 Lorong Silat	5 Lorong Mandai	9 Baghdad St
2 Lorong Serai	6 Jalan Kubor	10 Haji Lane
3 Lorong Sakai	7 Jalan Kledek	11 Bali Lane
4 Lorong Pantai	8 Jalan Pisang	12 Shaik Madersah Lane
13 Jeddah St	14 Ark Lane	15 Sin Kay Lane
16 Bernard St		

sik und Gaudi gestattet ist, Rotlicht und Spielhöllen jedoch nicht. Mitte 1990 wurden verschiedene Blocks um die Bugis herum verschönert. Dann zogen neue Mieter ein: Hamburgerfilialen, Computershops, Tee-und Heilkräuterläden, Krimskrams-Buden. Schrittweise und kontrolliert wird Bugis reaktiviert. Schon jetzt ist das eigentliche Zentralsträßchen nebst Winkeln am Abend hübsch beleuchtet, duftet es nach Hawker und Nonyaspeisen. Das Tiger-Bier schäumt in bauchigen Gläsern. Im *Cabaret* und der *Theatrette* gibt es Unterhaltungsprogramme. Bands oder Folkloregruppen lockern die Stimmung auf. Und schon

Turbulentes Leben im Bugis-Viertel

tauchen die ersten besonders kurzberockten und überdezent Geschminkten auf, hört man in chinesischem Englisch "Hi Mister...!".

6.2.4
Rundgang durch Tanjong Pagar

 Anfahrt
MRT Tanjong Pagar
Lage: südlicher Teil von Chinatown

Nur 10 Minuten von der City Hall entfernt liegt Tanjong Pagar. Wenn Sie aus der MRT ans Tageslicht gelangen und die *Wallich Street* am *White House* ein Stückchen zurückgehen, kommen Sie zur *Tanjong Pagar Road*, zu deren beider Seiten ein historischer Teil Chinatowns restauriert wird. Um 1840 befanden sich hier noch Muskatnußfelder. Die chinesischen Händler ließen sich um 1860 nieder, bauten elegante, zwei- bis dreistöckige Häuser mit einem unteren Geschäfts- und oberen Wohnbereich. Stilistisch folgten sie dem Trend der Zeit und vermischten europäische Elemente (Säulen, Pilaster, Fenster mit Jalousien) mit chinesischen Bemalungen, gebogenen Dachfirsten, gewölbten Flächen.

Als das Gebiet übervölkert war, zogen die wohlhabeneren Kaufleute in andere Stadtbezirke um, und das Viertel verkam. Anfang des 20. Jahrhunderts hatte es den Ruf einer Armenhölle. Im Zuge kommerzieller Bauvorhaben wur-

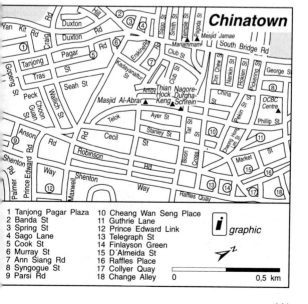

1 Tanjong Pagar Plaza
2 Banda St
3 Spring St
4 Sago Lane
5 Cook St
6 Murray St
7 Ann Siang Rd
8 Syngogue St
9 Parsi Rd
10 Cheang Wan Seng Place
11 Guthrie Lane
12 Prince Edward Link
13 Telegraph St
14 Finlayson Green
15 D'Almeida St
16 Raffles Place
17 Collyer Quay
18 Change Alley

Rundgang durch Tanjong Pagar

Straßenszene in Tanjong Pagar

den bisher viele dieser baufälligen Häuser abgerissen. In Rückbesinnung auf die eigene Tradition (und da man Touristen nicht nur mit Wolkenkratzern locken kann!) wurde 1987 ein großzügiger Restaurationsplan in vier Phasen entworfen. Die erste Phase ist abgeschlossen und hat ein herrliches Viertel(chen) im alten Glanz erstehen lassen.

Langsam belebt sich die Gegend wieder. Über 200 Geschäfte haben bereits geöffnet, in denen vorwiegend modische Artikel verkauft werden: Kleidung, Kosmetika, CDs. Aber auch die Traditionelles ist wieder "in": Akupunktur- und Akupressursalons, Teehäuser, Cafes, Kunsthandwerk, alte Bücher, Landkarten, Kupferstiche. Beschaulichkeit ist gefragt.

Die staatliche Tourismusbehörde, wie in vielen Projekten auch hier finanziell zu einem großen Teil engagiert, wacht streng darüber, daß keine Fast-Food-Ketten oder Supermärkte in diese stilistische Noblesse einbrechen. So wurde aus der schönen **Jinrikisha Station**, erbaut um die Jahrhundertwende von David McLeod Craig als Fuhrpark für die einfachen Leute, ein elegantes chinesisches Fischrestaurant. Die Rikscha-Männer pflegten hier auf Kundschaft zu warten (heute am Bras Basah Park).

Ein Stückchen weiter, um die Ecke an der *Neil Road* Nr. 16, eröffnete ein Jahrhundertwende-Kaufhaus, funktionell geschickt aufgeteilt in Arkadenshops für Laufkundschaft, nobleren Geschäften und Restaurant, Heute heißt es **Fountain Food Court**.

Ganz in der Nähe befinden sich die **Emmersons Tiffin Rooms**. Weil zwei chinesische Witwen tief in die Taschen griffen und 15 Mio S$ in die *Duxton Street* investierten, konnte diese besonders schön wiedererstehen. Acht Geschäfte und eines der schönsten (und teuersten) Hotels der Stadt, **The Duxton** (mit 48 Luxuszimmern und einem französischen Restaurant, das mittlerweile der Geheimtip unter europäischer Diplomaten und Geschäftsleuten geworden ist), gehören zu den neuesten Sehenswürdigkeiten.

Daneben lohnt auch ein Besuch des **Selangor Pewter Seide- und Lackwaren-Mu-

Rundgang durch Tanjong Pagar

seums. In diesem Winkel sind ferner zünftige Pubs (u.a. irische) entstanden. Besonders am Abend strahlt die Gegend viel feuchtfröhliche Atmosphäre aus.

6.2.5
Orchard Road

Anreise
MRT Orchard Road. Busse: 7, 14, 65, 92, 106, u.a
Lage: Zentrum

Die Orchard Road ist eine Stadt in der Stadt. Sie beginnt im Westen in der Verlängerung der *Tanglin/Nassim Road* beim *Orchard Hotel* und endet an der Aufspaltung *Dhoby Ghaut/Selegie* Road und *Stamford* Road. Auf diesen 3 km gibt es mehrere tausend Geschäfte. Und fast täglich kommen neue hinzu.

Ein kurzer Blick in die Geschichte

Im Jahre 1871 notierte ein Reisender namens Frank Vincent: *"Wir fuhren öfter, wenn wir in Singapur waren, in das Innere der Insel durch die Orchard Road und die Flußtalstraße. Schöne Bungelows, wo die Europäer wohnen, Hütten, Farmhäuschen waren neben riesigen schattenspendenden Bäumen und Bambushainen zu sehen."*

Kurze Zeit später mußten die Plantagen weichen und schon 1878 standen die Presbyterianische Kirche, ein chinesischer- und ein Hindutempel am *Dhoby Ghaut*, dem Wäschereiviertel. *Dhobi Ghaut*, das "Ufer der Wäscher", bezieht sich auf die Inder, die am *Stamford Kanal* die schmutzige Wäsche der Europäer und Leute vom *Emerald Hill* wuschen. 1915 eröffnete das erste YMCA-Haus, und ein Jahr später überquerten Züge die Orchard Road auf ihrem Weg vom *Woodland* im Norden zur *Tank Road*.

Nach dem 2. Weltkrieg begann eine rasante Entwicklung: Der Bodenpreis schoß in die Höhe. Das Grün verschwand unter dem Ansturm der Kräne. Banken und Warenhausketten, Hotels, Restaurants, Snackbars, unterkellerte Fußgängerzonen, Metro- und Busstationen machten sich breit. Die Orchard Road avancierte zu **der** Einkaufsstraße Singapurs.

Heute ist es eng geworden. Die Bauten wachsen in die Höhe. Der Autoverkehr wird vierspurig im Einbahnsystem hinunter in Richtung Dhoby Ghaut geleitet und parallel dazu den Orchard Boulevard wieder hinauf. Touristen aus aller Welt bummeln hier Tag und Nacht (im Gegensatz zur weitverbreiteten Meinung ist auch nachts etwas los). Die Sightseeing-Busse (nebst 40 Stadtlinien) gleiten langsam die Allee hinunter. Zur Rush Hour gibt es Staus wie überall in der Welt. Und er ist eine ewige Baustelle, dieser Vorzeige-Boulevard.

Die Preise bei Einkauf, beim Essen und Trinken passen

Orchard Road

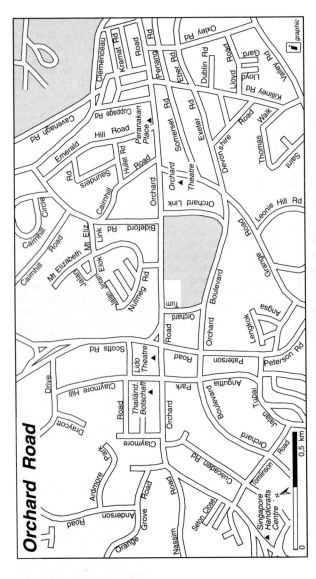

sich denen der Grundstücke an. Billig **kann** man nicht verkaufen. Dafür werden die Waren – ausnahmslos Qualitätsmarken – chic dekoriert und vom besten Fachpersonal angeboten.

Fassadenpracht an der Orchard Road

Auf dem *Emerald Hill* (von der Orchard Road die kleine Gasse hinauf) und der *Cuppage Road* hat sich ein kulinarisches Nachtleben etabliert, und man kann gut und teuer unter freiem Himmel speisen.

Emerald Hill

Wie damals in den 1870ern, als die Innenstadt von Bewohnern und Geschäften aus den Nähten platzte, gewinnt auch heute wieder dieses Hügelchen um die Ecke der Orchard Road als bevorzugte Wohnanlage an Bedeutung.

In den letzten Jahren komplett restauriert, bildet die smarte Häuserzeile einen wohltuenden Kontrast zum Meer von Hochhäusern in nächster Nähe. Die Geschichte dieses

Orchard Road

Fleckchens gleicht einem Abenteurerroman.

Der Postangestellte William Cuppage war der erste, der um 1830 hier Häuser bauen ließ. Er vermietete sie für 45 $ pro Haus im Monat. Heute zahlte man, wären es nicht Eigentumshäuser, pro Wohnung locker 10.000 S$. Cuppage legte rundherum Muskat- und Rambutanplantagen an. Als der Gewinn ausblieb, verpfändete er die Häuser. William Dollan, der nach seinem Tode den Zuschlag erhielt, verkleinerte die Wohnfläche um die Hälfte, erwirtschaftete das Doppelte und installierte ein Pferde- und Wagengeschäft im unteren Bereich. Einen Teil der Bodens konfiszierte die Stadt (gegen Entschädigung) um 1900 für den Bau der Eisenbahnlinie. 1902 wurden die Flächen und Wohnungen noch einmal verkleinert, so daß 38 Parzellen entstanden, die nun an wohlhabende Ärzte, Anwälte und Makler veräußert wurden. In dieser Gestalt erwarben um 1920 verschiedene Teochew-Familien (= katholische Chinesen) die winzigen Häuschen, darunter der Großvater von Lee Kuan Yew. Nach dem 2. Weltkrieg stiegen die Mieten in dieser Gegend ins Astronomische. Viele Häuser wechselten von privat zu Versicherungen, Maklerbüros, einer Nobelschule, Restaurants, Pubs und Bars.

Allabendlich dröhnen den Gästen, die in den teuren Open-Air-Restaurant-Stühlen Platz genommen haben, die Lausprecher und Verstärker der sogenannten Unterhaltungsmusik *live* um die Ohren.

Die Faszination dieser Häuserzeile besteht einmal in ihrer Rarität und zum anderen in der nostalgischen Vermischung von europäischen und chinesichen Baustilen. Die Anlage der Häuser entspricht dem gehobenen chinesischen Bürgerhaus. Zu ebener Erde liegen die Geschäfte oder Restaurants, darüber ein bis zwei Stockwerke zum feudalen Wohnen. Große, bis auf den Boden reichende Fenster, auslaufend in romanischen Bögen mit langen, durchbrochenen Fensterverkleidungen europäischen Zuschnitts. Ein kleines Vordachgesims aus chinesischen Glasur-Ziegeln unterteilt die Häuserfront.

Zwischen den einzelnen Fenstern gekehlte Pilastersäulen, farblich kontrastreich abgesetzt. Diese kantigen Halbsäulen münden in Blattkapitellen, die aus Griechenland entlehnt sind. Die überstehenden Dächer, ebenfalls aus gebrannten Ziegeln, zum Teil durch leichte Wolbung an chinesische Ahnen erinnernd, haben am Innenbereich interessante Musterungen. Farbenfrohe Stoffmarquise bewahren vor Sonneneinstrahlung.

Die Mauern der hübschen Vorgärten sind mit labyrinthisch durchbrochenen Ornamenten geziert. Die Gartentore haben kleine, chinesische Tempeldächer. Jedes Haus ist in einer anderen, kräftigen und geschmackvollen Farbe gestrichen.

In Rot, Gelb, Blau, Weiß zeugen sie von einer farbenfrohen Vergangenheit, die sich glücklicherweise ins Heute hinübergerettet hat.

6.2.6 Arab Street

Anfahrt
MRT Bugis, Ophir Road links bis Rochor Canal, 2. rechts ist Arab Street; Bus 130, 851
Lage: Östlich des Zentrums, südlich von Little India

Route
Rochor Canal-Arab Street, über Victoria Road und North Bridge Road-Sultan Mosque-Muskat Kandelabar Street-Sultans Gate-Bagdad Street-Arab Street-Golden Landmark.

Die zwar nur wenigen, aber dennoch sehr lohnenswerten Reste des ehemaligen islamischen Viertels befinden sich südlich von Little India um die Arab Street, wobei der Straßenname gleichzeitig die Bezeichnung für das ganze Viertel ist.

Die natürliche Begrenzung ist der Rochor Canal. Wenn man an ihm einige hundert Meter ostwärts wandert, kommt man auf einen kleinen alten muslimischen Friedhof. Zurück zur Arab Street stößt man auf der rechten Seite auf die Ankunft- und Abfahrtstation der Fernbusse nach Malaysia (Queen Street). Um den Expressbus nach Jahore Bahru zu nehmen, muß man hierher kommen. Daneben befindet sich auf dem kleinen freien Platz die Sammelstelle der städtischen Taxis. Etwas im Hintergrund erhebt sich die weiße katholische Kathedrale "*Lady of Lourdes*". Überall im arabischen Viertel sind die goldbraunen, bauchigen Kuppeln der *Sultans-Moschee* wie ein Wahrzeichen sichtbar, ebenso wie die Hochhäuser des *Sim Lim Towers* oder des *Golden Landmark* Hotel- und Geschäftszentrums.

Sultans-Moschee

Überquert man die Victoria Street, liegt das größte islamische Gotteshaus zur linken Seite. Am besten kann man es betrachten, wenn man die Muskat Street entlang auf die Bussorah Street zugeht. Die

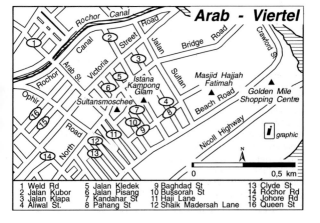

Arab Street

Die Sultans-Moschee

Moschee (*Masjid Sultan*) ist das bedeutendste religiöse Zentrum für die islamische Bevölkerung Singapurs. Der erste Bau wurde 1819 von *Iskandar Shah*, dem letzten Sultan der Stadt, errichtet. Stamford Raffles selber soll 3.000 Dollar aus eigener Tasche dazu beigetragen haben. 1823 gab es Zuschüsse von der *East India Company*. 1925 wurde das baufällige und zu eng gewordene Bauwerk abgerissen und durch das heutige ersetzt.

In die Moschee führen 14 Torwege, die beim heiligsten Freitagsgebet mit roten Teppichen ausgelegt werden. Die Engländer Swan und McLaren lieferten für den jetzigen quadratischen Bau mit ihren Entwürfen eine Mischung aus europäisch-klassizistischen, türkischen, persischen und arabischen Elementen. Zwei riesige, kupferfarbene Zwiebelkuppeln kennzeichnen die Silhouette und überragen den Mittelteil. Vier kleinere Halbkuppeln auf tellerartigen Kapitellen markieren die äußeren Eckpunkte.

In dem zweigeschossigen Gebetshaus ist der obere Bereich den Frauen vorbehalten. Der untere wird unterteilt in Vorhalle, Gebetshauptraum und dreiseitigem Umgang. Die Fenster enden in Kielbögen. Der Innenraum ist reich geschmückt mit arabischen Kalligraphien. Die *Qibla-Wand* (= die heilige Wand mit der Gebetsnische) wird durch Blendarkaden gegliedert. Die schönste und höchste umgibt die Gebetsnische. Koranverse zieren die Wände. Uhren zeigen die Zeit von Mekka und Singapur an. Die Kanzel wird von einem schmiedeeisernen Gitter umfaßt. Grün und Gelb sind die dominierenden Farben.

Gleich neben der Moschee befindet sich der Palast von *Sultan Hussein Mohammed*

Arab Street

Shah. Als er die Insel an die britische Krone abgetreten hatte, erhielt er, neben 5.000 spanischen Dollar, das Gebiet um den *Kampong Glam* zugesprochen. Er ließ Moschee und Regierungssitz bauen. Türkisfarben restauriert, dient das zweigeschossige Gebäude heute der Gemeinde als Zentrum und Bibliothek.

Davor scharen sich Essensstände, die nicht so recht zu den frischverlegten Gehsteigstigen Pracht ist nur der Name geblieben. Die Hütten der ehemaligen Schmieden sind vom Einsturz bedroht.

Auf der *Bagdad Street* mit ihren Korbwaren, wertvollen Lederartikeln, Kappas, Keffyahs und Kopftüchern sieht es wohlhabender aus.

Von der *Beach Road* duftet es nach Gewürzen. Hier haben die Aromahändler ihr Domizil. Rechts um die Ecke ge-

Der ehemalige Sultanspalast

platten und gußeisernen Straßenlaternen passen wollen.

Die *Bussorah Street* glänzt als Stolz des islamischen Viertels, wobei heute nicht mehr (wie zu Beginn des 20. Jahrhunderts) die Kleinhändler für die Miete aufkommen müssen, sondern Im- und Exporteure, Computerfirmen oder Großhandelskontore. Dahinter, in der *Sultans Gate*, haben Steinmetze und Grabsteinhersteller ihren Sitz. Von der einlangt man erneut in die Arab Street. In diesem Bereich (Richtung *Golden Landmark*) wird schicke Kleidung angeboten, zumeist aus Batik. Import aus Indonesien. Geldwechsler in winzigen Läden empfehlen sich durch die günstigsten Kurse der ganzen Stadt. In Nr. 786, dem "Muslim Food Restaurant" oder bei "Zam Zam" kann man köstliche Prata (Pfannkuchen) probieren. Dazu einen erfrischenden Zitronensaft.

Arab Street

Viele der arabischen Händler sind bereits in den großen *Landmark*-Einkaufskomplex hinübergewechselt. Davor werben besonders schöne Kreationen aus hellem Leder (Taschen, Jacken, Koffer, Schuhe) um Kundschaft. Im Innern drei Etagen vollgestopft vorwiegend mit Bekleidungsartikeln. Besonders viele Schuhgeschäfte locken mit Sonderangeboten. Selbst bekannte Marken erhält man hier wesentlich preisgünstiger als im Stadtkern.

Gegenüber vom Golden Landmark Komplex ist die Bugis MRT (1 Station bis City Hall).

6.2.7 Little India

Anfahrt
Bus 64, 65, 92, 106, 111; MRT Bugis
Lage: um die Serangoon Road

Route
Serangoon Road/Zhujiao-Centre-Cambell L.-Perak Road-Dickson Road-Belilos Road (Sri Veerama-Kaliamman tempel)-Srinivasa Perumal-Sri Vadapathira Kaliamman-Tempel der tausend Lichter-Kerbau-Chander-Zhujiao Centre.

Little India ist wirklich sehr klein, so daß man es mühelos in einer Stunde hindurchwandern kann. Läßt man sich etwas mehr Zeit und trinkt zwischendurch z.B. einen Tee, reichen drei Stunden.

Es gibt keine "reinen" Siedlungen der ethnischen Gruppierungen mehr, sondern einen hohen Grad der Durchmischung. Die Bezeichnungen *'Chinatown'*, *'Little India'* oder *'Arab Street'* stammen aus der Gründerzeit des 19. Jahrhunderts. Die chinesischen Häuser dominieren, arabische und indisch-malayische Kaufläden finden sich nebeneinander. Die generellen Bezeichnungen haben dennoch eine gewisse Berechtigung, da schwerpunktmäßig mehr Inder in Little India leben.

Ähnlich wie in Chinatown und Arab Street sind viele der zweistöckigen Häuschen dem Baukran zum Opfer gefallen, andere wurden aber auch von Grund auf restauriert und verpachtet. Die Eigentümer wohnen längst in komfortablen Neubau-Hochhäusern. Sowohl in "Klein Indien" als auch in Chinatown und 'Miniarabien' gibt es ein, zwei Vorzeigestraßen für eilige Touristen. Wir wollen aber auf unseren Rundgängen neben den bekannten Touristengassen auch auf unausgetretenen Pfaden wandern.

Vom Hochhaus des *Zhujiao-Zentrums* überquert man die geschäftige *Serangoon Road* und gelangt geradeaus in die *Cambell Lane*. Gleich auf der linken Seite gibt es einen Laden mit typisch indischer Pop- und "Meditationsmusik", daneben zwei Shops mit Souvenirs (besonders schön: Fächer, bunte Taschen, Batikhemden, schwere indische Duftwässer, Räucherstäbchen). Gegenüber sieht man Blumenläden zur Herstellung von Girlanden. Die zweistöckigen Häuser der *Cambell Lane* gehören zum Vorzeige-

Little India

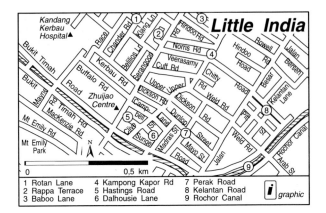

1 Rotan Lane	4 Kampong Kapor Rd	7 Perak Road
2 Rappa Terrace	5 Hastings Road	8 Kelantan Road
3 Baboo Lane	6 Dalhousie Lane	9 Rochor Canal

graphic

programm für Touristen und sind frisch restauriert. Nach Überqueren der *Cleve Street* findet man in der *Madras Street* links das wahre Gesicht des Stadtteils. Viele Häuser befinden sich im Abriß und stehen oft schon ohne Dächer da. Weiter geht es rechts in die *Dunlop Street*. Hier hat man eher den Eindruck, in einem chinesischen Stadtviertel zu sein. In der **Perak Street** sieht man auf der rechten Seite die 1909 von Scheich *Abdul Gafoor* erbaute **Moschee**. Eingeklemmt zwischen Mechanikerwerkstätten und Lebensmittelgeschäften ist sie eine interessante Synthese von Moschee und griechischem Tempel mit indischen, sarazenischen und römischen Elementen. Sie soll

Laden in Little India

Little India

demnächst restauriert werden. Gehen Sie nun zurück zur *Perak Street* und dann rechts hinunter. Es fällt auf, daß hier fast ausschließlich alte Menschen wohnen. Die Jungen sind dem Altstadtmief entflohen und wohnen in klimatisierten Neubausiedlungen. Diese Ecke gehört zu den ärmlichsten des Viertels. Dem Touristen aber gewähren die Hinterhöfe interessante Einblicke und Informationen über das harte und für die Bewohner wohl alles andere als 'romantische' Leben.

Rechterhand passiert man die christliche Kirche *To the Glory of God*. Sollte man schon eine Erfrischung benötigen, gibt es auf der linken Seite, an der Ecke zur *Dickson Road*, eine kleine, offene chinesische Kneipe. Die Einheimischen gehen gern zum Nudelessen, Teetrinken oder Telefonieren hierhin und man kommt schnell ins Gespräch bei *Zhao*.

Die *Dickson Road* links hinunter stolpert man fast unweigerlich über gußeiserne Teile eines **Trödelmarktes**, auf dem man second (oder third) hand technische Artikel, Waschbecken, Rohre, alte Nähmaschinen, Bilderrahmen, Bohrer u.v.m. erstehen kann. Vis-a-vis befindet sich ein kleiner Park, wo die "Alten" kopfschüttelnd das hektische Treiben betrachten.

Der Weg geradeaus führt wieder in ein gepflegteres Stückchen von Little India. Die *Upper Dickson Road* ist nämlich die Straße der vornehmeren Handwerker: Schneider (*"In 24 Stunden fertigen wir Ihnen einen Anzug!"*), Goldschmiede, Friseure oder kleine Druckereien haben sich hier niedergelassen.

Tempel Sri Verama Kaliamman

An der Ecke **Serangoon Road**/*Belilios Lane* lohnt dann der Hindutempel Sri Verama Kaliamman einen Besuch. Er wurde 1842 erbaut und ist der Göttin Kali geweiht.

Im unteren Bereich des fünfstöckigen Turmes residiert sie auf einem Löwen reitend, umgeben von einem illustren Kreis der (zumeist weiblichen) Gottheiten. Den ganzen Tag über sieht man Gläubige, die das heilige Feuer der Kali anbeten. Verborgen hinter einem roten Schleier wird es in Form einer kleinen, brennenden Fackel auf Wunsch vom Tempeldiener hervorgebracht. Ab 18 Uhr, zu den *Pujas* (= Gebetsstunden), werden die zahlreichen Gläubigen von Pauken und Bläsermusik begleitet.

Folgt man der *Serangoon Road* weiter aufwärts nach Osten, kann man zwei weitere, sehr sehenswerte indische Tempel kennenlernen: *Sri Srinivisa Perumal* und *Sri Vadapathira Kaliamman*.

Little India

Figurenschmuck am Tempel Sri Verama Kaliamman

Tempel Sri Srinivasa Perumal

Der Sri Srinivasa Perumal-Tempel wurde 1885 durch die Spende des tamilischen Textilhändlers *Narasinghan* erbaut. Der 20 m hohe Gopuram-Turm von 1979 ist, wie bei allen Hindutempeln, reich bestückt mit Götterfiguren. Dabei taucht immer wieder *Vishnu Perumal*, der Verwandler des Kosmos, dem der Tempel geweiht ist, in vielen seiner Inkarnationen und Erscheinungsformen auf. Vielfach sieht man ihn mit der Tiara, dem Brustjuwel, Girlanden und den Insignien seiner Wirksamkeit: Keule, Lotos, Muschelhorn und Wurfrad. Daneben wird seine Gemahlin und Göttin des Glücks und der Fruchtbarkeit dargestellt, *Lakshmi*.

Andere Skulpturen zeigen *Vishnu* als Löwen oder *Garuda*, auch hier mit seinen weiblichen Aspekten *Lakshmi* und *Bhumidevi* (Göttin der Erde). Am Thaipusan-Fest, dem Fest der Buße im Januar, beginnen hier die Prozessionen.

Tempel Sri Vadapathira Kaliamman

Noch übertroffen an Figurenschmuck und Farbigkeit wird der Sri Srinivasa Perumal-Tempel durch den Sri Vadapathira Kaliamman-Tempel. Auch er ist das Ergebnis einer Spende, nachdem ein ursprünglicher Tempel von 1867 zerstört wurde. Das heutige Gebäude stammt aus dem Jahre 1920 und wurde 1981 aufwendig restauriert. Die Muttergöttin (Süd-)Indiens ist in vielgestaltigen Wandlungsformen des Ewig-Weiblichen dargestellt: einmal als lebensgebende Mutter, dann wieder

Little India

als Todesbringerin, als weise Frau und als grausames Weib, allmächtig, gütig, boshaft und giftig. Ihre göttlichen Merkmale (Dreispitz, Gazelle, Totenkopfstab, Sanduhrtrommel) dokumentieren ihre jeweiligen Absichten. Daneben ist ein besonders kostbarer Schrein dem Gott Rama gewidmet, der siebten Inkarnation Vishnus.

Falls Sie nun müde geworden sind und ins Zentrum zurück fahren möchtren, nehmen Sie die MRT Station *Dhoby Ghaut* oder Bus 111, 147, 106, 66, 67. Ansonsten setzen Sie den Spaziergangs durch Little India fort, indem Sie zunächst zur Ecke *Serangoon Road/ Beliluos Road* zurückkehren.

In Little India gibt es viele Wahrsager. Für die Einheimischen ist es üblich, wenigstens einmal in der Woche einen Blick in die Zukunft zu wagen. Man erkennt diese "*fortune teller*", wie sie offiziell heißen, an ihren Kanarienvögeln. Diese hocken auf einem Klapptisch neben verschiedenen ausgelegten Karten. Der Neugierige nimmt Platz, bezahlt je nach Schwierigkeitsgrad der Frage 1-3 S$ (bei Fragen, die das Jenseits betreffen, erhöht sich das Honorar), der Vogel pickt eine Karte heraus und der Meister interpretiert sie. An der Wand neben ihm hängen Schreiben von Klienten, die seine Glaubwürdigkeit unterstreichen.

Die meisten Häuser in der *Veerasami Road* sind in frischgemalter Pracht wiedererstanden (besonders Nr 28 und 30). An der Ecke zur *Kampong/Kapor Road* steht eine große Methodistenkirche mit Internat.

Es geht weiter nach links zur *Norris Road* und einem kleinen Park, wo Rentner Zeitung lesen und Karten spielend auf einen Baumstumpf klopfen. Auf der *Norris Road* sieht man rechterhand das ockerfarbene, große *Asian Womans World Association Centre*. Hier erfahren Frauen kostenlose Beratungen in Ehe- und Familienproblemen, und Vorträge oder Seminare beschäftigen sich mit der Rolle der Frau. Eine Bibliothek mit Teestube steht jedermann offen.

Nach Überqueren der *Serangoon* Road gelangt man über eine noch unbebaute (aber bereits verplante) Grünfläche zur *Rotan Lane*. Von hier ist der Blick über die Gesamtanlage des *Sri Veerama Kaliamman-Tempel* besonders beeindruckend. Die kurze *Rotan Lane* führt zur *Race Course Road*, der indischen Restaurantstraße. Auf der rechten Seite sind die Wohnhäuser am **Farrer Park** beachtenswert, die 1950 in einer Art sozialem Wohnungsbau errichtet wurden und eine wohltuende, zweigeschossige Alternative zum Wolkenkratzermilieu darstellen.

Der eigentliche *Farrer Park* liegt einen Block weiter nördlich der *Northumberland* Road und beherbergt ein Tennis- und Squash-Zentrum, eine Rennbahn sowie Schwimmbäder. Daneben der *Kampong Java Stadtpark* mit dem Ge-

Little India

bäude der Anti-Moskito-Abteilung. Wenn man auf der *Race Course Road* bleibt (die besonders abends quirlig und farbenprächtig wirkt) und rechts hinunter wandert, gelangt man zum größten buddhistischen Tempel Singapurs, dem *Tempel of the 1.000 lights*.

Tempel der tausend Lichter

Neben seinem offiziellen Namen (*Sakya Muni Buddha Gaya-Tempel*) hat sich die volkstümliche Bezeichnung 'Tempel der tausend Lichter' eingebürgert, die von den vielen Lichtern stammt, die nach Einbruch der Dunkelheit die Anlage erhellen. Ein buddhistischer Mönch namens *Vutthisarasa* kam Ende des 19. Jahrhunderts aus Siam hierher, um auch im neuentstehenden Wirtschaftswunder Singapur dem Erleuchteten ein Denkmal zu setzen, was er mit seinen eigenen Händen bewerkstelligen wollte.

Viele Jahrzehnte baute er am Satteldach der einfachen Halle und an der 15 m hohen und 300 Tonnen schweren Gipsfigur des sitzenden Buddha, zuerst alleine, dann unter Mithilfe von anderen Mönchen. Um den Sockel der riesigen, buntbemalten Figur modellierte er 26 Stationen aus dem Leben des *Shakyamuni*. Die Reliquie, ein Stückchen Rinde von jenem Baum, unter dem Buddha die Erleuchtung erlangte, wurde in einem Schrein zur Verehrung freigegeben. Ein Fußabdruck, mit Perlmutt belegt und verschiedene Symbole der Lehre darstellend (Ehrenschirm, Lotosblüte, Flamme, Wunschjuwel, in der Mitte das Rad der Lehre), befindet sich ebenfalls in der Halle.

Als *Vutthisarasa* Mitte der 1970er Jahre starb, war ein dem siamesischen 'Wat'

Im 'Tempel der tausend Lichter'

Little India

nachempfundener, kompletter Tempel entstanden, der heute von buddhistischen Gläubigen sehr verehrt wird.

Geht man die *Race Cource Road* bis zur Ecke *Kerbau Road* zurück, gerät man in eine schicke kurze Straße mit Schönheitssalons, teuren Schneidern, Musikgeschäften, Textil- und Antiquitätengeschäften.

An der Ecke *Kerbau/Chander Road* lockt eine der attraktivsten Kneipen für den Abend: das Restaurant *Chakre* mit seinem Biergarten, wo es "*Tiger*" vom Faß gibt, knuspriges Brot, Curry-Speisen, Krebstiere, Unterhaltungsmusik und buntes Getümmel. Auch tagsüber zu empfehlen ist gleich daneben *Rajas Corner*, ein einfaches, überdachtes, luftiges Plätzchen zum Essen und Trinken, ideal für den Zwischenstop. Das grüngelb restaurierte chinesische Wohnhaus vis-a-vis ist übrigens unbedingt einen Schnappschuß wert.

Die *Belilios Road* überquerend gelangt man wieder zum Ausgangspunkt, dem *Zhujiao*-Geschäftszentrum. Diese moderne Mehrzweckhalle, die größte in Little India, wird überwiegend von chinesischen Händlern betreut. Die schmucken Goldläden zur *Serangoon Road* sind einen Besuch wert. Immer gut besucht, verlocken sie durch ihre Vielfalt und phantasievollen Kreationen. Händler und Käufer müssen an ihnen vorbei, um zu den Garküchen des 1. Stockwerkes zu gelangen. Eine fast unübersehbare Fülle an Speisen und Getränken aus allen asiatischen Gegenden zwingt geradezu zum Bleiben. Mittags hasten hier Verkäuferinnen der umliegenden Geschäfte und Bankangestellte von nebenan ihre Nahrung herunter. Man kann auch gleich für den Kühlschrank zu Hause einkaufen, denn dahinter tut sich ein kulinarisches Schlaraffenland auf: Obst und Gemüse, Fisch, Geflügel, Brot, Gewürze, Blumen – alles frisch und appetitlich ausgebreitet. Handeln ist üblich. Über die Einhaltung der Hygienevorschriften wacht das Personal im 2. Stock.

Von hier, dem Eldorado für Möbel, Berufskleidung, Geschirr oder Leder, kann die ganze Halle überblickt werden (gutes Fotomotiv!); man darf jedoch keine allzu empfindsame Nase haben. Deshalb wohl verirren sich selten Touristen hierher. Wer als unvoreingenommener Besucher wirkliches Markthallendasein sucht – hier kann er es finden.

6.2.8 Chinatown

Anfahrt
die meisten Busse, bes. 33, 62,81,134,190
Lage: östlich und südlich des Singapore Rivers

Route 1
South Bridge Road – South River Boat Quay – North Canal Road – Nanking Street – China Street – Cross Road – Amoy Street – Boontat Street – Telok Ayer Road – Amoy Street – Cross Road

Chinatown

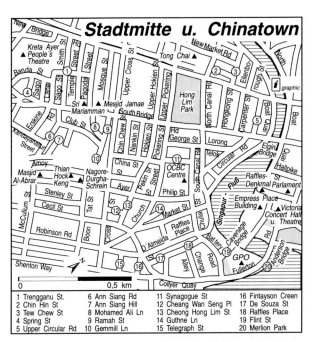

1 Trengganu St.	6 Ann Siang Rd
2 Chin Hin St	7 Ann Siang Hill
3 Tew Chew St	8 Mohamed Ali Ln
4 Spring St	9 Ramah St
5 Upper Circular Rd	10 Gemmill Ln
11 Synagogue St	16 Fintayson Creen
12 Cheang Wan Seng Pl	17 De Souza St
13 Cheong Hong Lim St	18 Raffles Place
14 Guthne Ln	19 Flint St
15 Telegraph St	20 Merlion Park

Der Bummel beginnt auf der **Coleman Bridge** (*South Bridge Road*), die den *Singapore River* überspannt. Die Kontraste können nicht größer sein. Im Hintergrund das Bankenviertel um den Raffles Place. Über 60 Wolkenkratzer überbieten sich an Höhe und mangelnder Schönheit. Das neueste, 280 m hohe, kantige Gebäude aus Glas und Marmor gehört der *Overseas Bank*. Im Vordergrund links die Rückseite des schneeweißen Parlaments und Sir Stammford, auf einem Sockel plaziert, ebenfalls blütenweiß in der Sonne leuchtend.

Rechts am Boat Quay die Spielzeughäuschen Alt-Chinatowns. Sie standen zuerst hier. Mehr als baufällig wurden sie abgerissen und originalgetreu, jedoch mit modernen Sanitäreinrichtungen versehen, wieder aufgebaut. Wohnen kann hier bei den Mieten niemand. Attraktive Geschäfte, Cafes und Restaurants freuen sich auf zahlungskräftige Touristen.

Die *South Bridge Road* ist bereits neu erstanden: Bankfilialen (z.B. Keppel), Textilgeschäfte (Seide aus China, Thailand, Indien, Batik aus Java). Auffallend viele Optikerläden. Das Geschäft mit den Augenkorrekturen gehört in Singapur zu den besonders profitablen. 38% der Einwohner tragen eine Brille. Ein einfacheres Modell bekommt

Chinatown

man schon für 150 S$. Will man etwas mit Gold, Nickel oder Chrom vorzeigen, werden stolze 300-550 S$ verlangt. Auf der linken Seite, in Höhe *Carpentier Road*, das kleine Haus Nr. 37 mit einem Ahnenschrein. Es gehört, wie die schnörkelige Inschrift verkündet, *Chop Khoon Guan*. Rechts Ecke *Hongkong Street* eine noble chinesische Privatklinik.

Wir verlassen die *South Bridge Road* über eine mit Bougainvilleen bewachsene Fußgängerbrücke, um unter den baufälligen Arkaden Alt-Chinas zu bummeln. Als wollten sich manche Händler gegen den Abriß zur Wehr setzen, bieten sie in blitzsauberen Läden Heilkräuter, Porzellan, Perlen und Schuhe an. Hier sollte man ruhig einen Moment verweilen. Wer die Ka-

Die beeindruckende Skyline von Chinatown

An der *North Canal Road* gelangt man zum *Hong Lim Park*, einer kleinen grünen Oase im Hochhauswald. Nach Überqueren der *Upper Pickering Street* auf der linken Seite für den Abriß vorgesehene alte chinesische Handelshäuser. An den Giebeln die Jahreszahlen der Errichtung: 1900, 1908, 1923. Viele der ehemaligen Eigentümer legten ihre Mittel zusammen und errichteten den *Hong Lim Shopping Complex*, der nicht zu den vom Tourismus Office empfohlenen Einkaufszentren gehört.

mera nicht als "Schußwaffe" herumträgt, darf auch den familiären Teil des Ladens ablichten.

In der *Nanking Street* spürt man noch viel vom bescheidenen Leben der ersten chinesischen Siedler. Unter dem Dach des winzigen Haus Nr. 8 ein Altar für die Geister der Ahnen: Räucherstäbchen und rote Lampions. Daneben ein altchinesisches Spitzweggemälde: grüne Fensterläden, ein Vogelkäfig, ein zerbrechlicher Granatapfelbaum. Viele der Häuschen müssen mit rie-

Chinatown

sigen Bolzen vor dem Einsturz bewahrt werden. Am Ende der *Nanking Street* geht es rechts in die *China Street*, die ebenfalls viel von echter Krämer-Atmosphäre und kaum Touristen aufweist. Die leicht schmuddeligen Zweietagenhäuser beherbergen Verkaufsstände für Porzellan, Lebensmittel, Alkoholika, Glücksbringer oder Höllen- bzw. Himmelsartikel aus Pappe zum Verbrennen für die Ahnen (Rolls Royce, Villa, Fernseher). Im letzten Haus auf der rechten Seite sieht man einen arabischen Bäcker bei der Arbeit. Man kann ihm zuschauen, wie er mit einfachsten Mitteln Fladenbrote zaubert.

Die *Cross Road* ist zu beiden Seiten von Grünflächen gesäumt. Links einbiegend, trifft man nach ca. 100 m auf eine der typischsten und schönsten Gassen des Viertels, die Amoy Street, in der man sich u.a. rituelle Traditionen bewahrt hat. Beispielsweise im Haus Nr. 20 auf der linken Seite, wo es im obersten Stock einen Altar zur Besänftigung böser Geister gibt. Die ganze rechte Seite der Straße ist bereits im alten Stil wiedererstanden – mit knallig bunten Fenstern und Türen, noch nach Lackfarbe riechend. Gutzahlende Gesellschaften ziehen demnächst hier ein: die Fluggesellschaft *Sabena* etwa, die *Batey-Promotion Board*, Druckereien oder die Leihbücherei des Fremdenverkehrsamtes.

An der Ecke *Amoy Street/ Boontat Street* bietet ein "Barbiersalon" typisches Lokalkolorit: ausgestreckt auf einem uralten Schaukelstuhl harren stopplige Kundengesichter des Messers.

Für eine Rasur mit Einseifen zahlt man 2 S$. Danach kann man im gegenüberliegenden idyllischen und gepflegten **Telok Ayer Park**, bewacht von einem chinesischem Tempel und einer Moschee, Zeitung lesen oder über das Leben

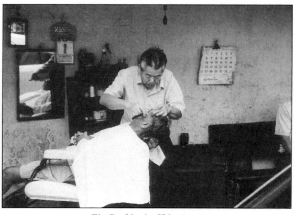

Ein Barbier in Chinatown

philosophieren. Bleiben Sie ruhig ein paar Minuten in dem schattigen Park und informieren Sie sich bei den stets auskunftbereiten Rentnern über das Leben in Chinatown, wie es früher einmal war.

Wo die Gasse *Boon Tat* auf die *Telok Ayer Road* trifft, stehen rechts an der Ecke viele Schuhe auf dem Bürgersteig. Sie gehören den Gläubigen der **Moulana Mohammed Aly Moschee** (auch *Nagore Durgha Shrine* genannt), die 1828 von aus Südindien eingewanderten tamilischen Muslimen errichtet wurde. Die Moschee ist wie mit dem Lineal gezogen stilistisch unterteilt in einen oberen, indisch-islamischen Teil (durchbrochene Fassade, Querleisten, filigrane Musterung) und einen unteren, wuchtigeren europäischen Bereich mit Pilastern, korinthischen Kapitellen und romanischen Bögen. Die rechteckigen Minarette, mehrfach unterteilt durch Simse und kleine Fensterchen, begrenzen die vier Ecken. Mangels eines ausreichenden Vorraumes stehen die Schuhe auf der Straße.

Tempel der himmlischen Glückseligkeit

Wenige Meter entfernt erhebt sich eine kunsthistorische Kostbarkeit: der chinesische Tempel *Thian Hok Keng* oder 'Tempel der himmlischen Glückseligkeit'.

Es handelt sich dabei um den ältesten *Hokkien*-Tempel der Stadt, der freilich erst vor 24 Jahren sein erhabenes Aussehen erhielt. Nachdem 1822 Tausende von Emigranten aus China zur 'Löwenstadt' gesegelt waren, sammelten sie Spenden als Dank für ihre glückliche Überfahrt und Ankunft. Damit begannen sie zu Ehren von *Ma Zu Po*, der Mutter der himmlischen Weisen und Beschützerin der Seefah-

Der 'Tempel der himmlischen Glückseligkeit'

rer, den Bau dieses Tempels. 1840 wurde die jetzige, aus China stammende Tempelstatue in einer festlicher Prozession zum Tempel geleitet. Auch die Baumaterialien kamen aus dem Reich der Mitte. Zusätzliche Spenden reicher Kaufleute ermöglichten die erlesene Ausstattung.

Der quadratische Grundriß soll die vier Enden der Erde symbolisieren, wobei der Tempel traditionell in einer Nord-Süd-Achse angelegt ist. Überdachte Galerien verbinden die einzelnen Hallen miteinander. Seitlich wurden einfache Quartiere für Pilger und Mönche errichtet. Die Dächer sind leicht geschwungen und mit Drachenfiguren bedeckt. In der Mitte prangt das sog. Wunschjuwel. Unterhalb der Dachkanten wird durch rosafarbene und blaue Porzellansplitter ein Band gebildet. Die ganze Anlage ist von einer Mauer umgeben, außerhalb derer sich zwei Pagoden mit Flaschenspitzen zur Abwehr bösartiger Geistwesen befinden.

Das Innere des Tempels ist in den rituellen Farben Rot (Symbolfarbe für Glück) und Gold (Wohlstand) ausgemalt. Die Säulen sind mit schwarzem Lack und Reliefskulpturen geschmückt. Die Pfeiler unterteilen die Haupthalle in fünf Schiffe. Das Gebälk des offenen Dachstuhls zeigt kostbarste Schnitzarbeiten, u.a mit Blattgold überzogene mythologische Götter- und Drachengestalten sowie Blütenmotive und Blattwerke. Respekt gebietende Wächterfiguren – auf die Eingangstüren gemalt – ermahnen zur inneren Einkehr. Im Hauptteil befindet sich die Statue der *Ma Zu Po*. Ihr Gewand ist gelb, mit Perlen bestickt, der Kopfputz aus Jadeplättchen, Blumen und Bändern. Assistiert wird sie von *Guan Di*, dem Gott des Krieges, und *Bao Sheng Da Si*, dem Beschützer des Lebens. Weitere Altäre sind den Weisen *Tien Ho*, *Shakyamuni* und *Konfuzius* gewidmet.

Im Hof dahinter erhebt sich der 'Tempel des Erfolges' mit der Kultfigur des *Fa Zhu Gong*, dem Gott der Gerechtigkeit.

Interessant ist es, still zu beobachten, wie auch heute noch Seeleute, Dockarbeiter und arme Fischer Opfergaben bringen und sich im Tempel aufhalten. Oder wie sich ein wohlhabener Händler aus dem Mercedes schält, ein paar Stäbchen opfert und zusammengefaltete Geldscheine in den Opferkasten stopft. Für Malereistudenten der Kunstakademie gehört der Tempel *Tian Hok Keng* zum Pflichtprogramm.

Das dritte bemerkenswerte Gotteshaus in der *Telok Ayer Street* ist wieder eine islamische Gebetsstätte: die 1850-55 erbaute **Masjid Al-Abrar**. Auffallend an der Moschee ist die schmale Hauptfront, die eingekeilt wird von zwei Minaretten, unten wuchtig und achteckig, nach oben eleganter und konisch werdend.

Nur wenige Meter hinter der *Masjid Al-Abrar* erhebt sich

links in der *Telok Ayer Street* ein Großladen der Drogeriekette *Watsons*. Und vis-a-vis befindet sich der große Einkaufskomplex von *Telok Ayer*.

Schräg gegenüber von *Watsons* biegen wir rechts in die *Amoy Street* ein. Bevor man auf einen schönen, rotbemalten, kleinen chinesischen Tempel trifft, sollte man rechts einen Blick in die fast hundert Jahre alten Hinterhöfe werfen. Ganz vorn, zur *Amoy Street* hin, steht noch ein alter, achteckiger Heizofen, mit Glasurkacheln bedeckt und buntbemalt, so wie er bis in die 1950er Jahre hinein zum Kochen verwendet wurde.

Im nahen Tempel *Ko Pae Kong* stiften besonders um die Mittagszeit Angestellte der Warenhäuser Räucherkerzen. Wenn man die *Amoy Street* rechts hinuntergeht, vorbei an den neuen Büros der *Franco-Singapur-Ship-Company*, gelangt man wieder auf die *Cross Street*, von wo aus man den *City-Trolley*-Bus nehmen kann.

Will man gut und preiswert Seafood essen, gehe man die *Cross Street* rechts hinunter zum *Telok Ayer Food Center*-Pavillon. Zur anderen Seite hin erreicht man die *Cross Street* entlang wieder die *South Bridge Road*, von wo aus viele Buslinien (5, 12, 62, 145, 190) den Besucher zum Zentrum zurückbringen.

 Route 2
South Bridge Road – Sri Mariamman Tempel – Temple Street – Trengganu Street – Sago Lane – Tea Ceremony – Erskin Road – Ann Siang Hill – Club Street – Cross Street – South Bridge Road

Dieser Spaziergang in Chinatown führt durch den Teil des alten Viertels, der bereits überwiegend restauriert wurde. Nicht nur Häuser und Höfe samt Kanalisation, Kabel-TV oder Telefonanschlüssen sind neu, auch die inhaltlichen Konzepte wurden abgeändert.

Neben den Läden, wo verkauft und gehandelt wird, findet man wiederbelebte Traditionen: Teehäuser, Zentren für Akupunktur, Akupressur oder Entspannungsmassage, Buchgeschäfte zum Schmökern und Teetrinken, Galerien. Man merkt: das alte China hatte viel an Kultur zu bieten.

Der Distrikt zwischen *New Bridge Road* und *South Bridge Road* gehört zum Pflichtprogramm für Stop-Over-Schnellreisende.

Vom **Hong Lim Shopping Centre** folgen Sie ein Stückchen dem Autoverkehr auf der breiten *South Bridge Road*. Weithin ist hier bereits der Hindutempel *Sri Mariamman* sichtbar, vor dem rechts die winzige **Jamae-Moschee** erscheint. Ähnlich dem *Nagore Durgha Shrine* in der *Telok Ayer Street* (vgl.o., Route 1) gebaut, wirkt die Vorderfront noch eingezwängter zwischen den beiden Minaretten. Auf dem Dach der Moschee grünen wilde Pflanzen.

Chinatown

Hindutempel Sri Mariamman

Dieser bei den Gläubigen beliebte Tempel ist der älteste seiner Art in Singapur und ein kunsthistorisches 'Muß' für alle Touristen. Der indische Kaufmann Narayana, der 1819 mit Sir Raffles nach Singapur gekommen war, veranlaßte 1827 den Bau des Gotteshaus.

An den unzähligen Götter- und Tiersymbolen des Tempels arbeiteten über 30 Jahre lang aus Indien herbeigeorderte Kunsthandwerker, assistiert von indischen Strafgefangenen. Man widmete das Heiligtum der weiblichen, lebensbestimmenden Kraft *Shiva Shaktis* und ihren vielgestaltigen Erscheinungsformen, hier konkret der Regen- und Pockengöttin *Sri Mariamman*.

Die zur *South Bridge Road* gelegene Vorderfront wird durch den imposanten, fünfgeschossigen Gopuram-Aufbau charakterisiert. Auf jeder Etage sieht man *Kali-Parvati* in anderer Erscheinung: einmal als alles verschlingende Göttin der Zeit, einmal als gütige, mütterliche Frau, einmal als Gemahlin Shivas, ein anderes Mal als Kriegerin *Durga*. Sie wird begleitet von göttlichen Tiersymbolen: dem Shiva-Stier *Nandi*, dem Löwen, um den mütterlichen Aspekt zu betonen, oder von einer Gazelle.

Am schönsten aber wird *Parvati* als reich geschmückte Schönheit dargestellt. Links und rechts des Turmes assistieren ihr die Götter Shiva (rot) und Vishnu (blau).

Im Inneren der dreischiffigen Kulthalle ist die Decke überaus reich mit szenischen Bildern, Götterdarstellungen und Lotosblüten gestaltet. Vor dem Allerheiligsten zeigen bunte Deckengemälde alle Göttinen, die den Kreis der (7) Mütter bilden. Sie sind mit den Symboltieren des jeweiligen männlichen Begleiters gekennzeichnet. Es sind dies: *Sri Samundi* (Eule / Shiva), *Sri Mahendiri* (Elefant / Indra), *Sri Vainavi* (Garuda / Vishnu), *Sri Gowmari* (Pfau / Subramanyan), *Sri Maheswari* (Stier / Shiva) und *Sri Brahmi* (Gans / Brahma).

An der Stirnwand zeigt eine Plastik Shiva mit Stabzither, hier in der Bedeutung als Schutzpatron der Dichter, Musiker und Tänzer. Gegenüber wird Durga als Besiegerin des Büffeldämons Mahisha dargestellt.

Außer in der Hauptkulthalle gibt es zahlreiche weitere Schreine. Das Heiligtum links außen ist Rama, der siebten Inkarnation Vishnus, und seiner Gemahlin Sita gewidmet. Rechts davon gibt es zwei Minitempel. Der erste ist Shivas *Sri Subramaniar Vallitalvana* und dem Kriegsgott *Subramanyan* zugeeignet. Der hintere auf der rechten Seite gehört der Muttergottheit *Sri Dropadai Ahman*. Im hinteren Hofteil – selten von Touristen besucht! – befinden sich schließlich zwei

Chinatown

weitere Heiligtümer. Im linken ist Ganesha mit seinem Begleittier, der Ratte, zu sehen, während im rechten Sri Aravan mit seinem buntbemalten Kopf angebetet wird.

Den ganzen Tag über herrscht ein reges Kommen und Gehen. Um 18 Uhr erschallt eine rituelle Tempelmusik mit Posaunen und Trommeln. Besonders eindrucksvoll wird es Ende Oktober / Anfang November, wenn hier das *Thimithi*-Buß- und Dankfest stattfindet. Dabei durchlaufen in Trance befindliche Gläubige barfuß glühende Kohlebecken, um durch diese Qual Vergebung für ihre Verfehlungen zu erlangen. Weit weniger traditionell ist das *"Compuscope"*, welches man vor dem Sri Mariamman-Tempel für 5 S$ erstehen kann. Dazu legt man die Hand auf eine Glasplatte und nach wenigen Minuten erfährt man seine private und berufliche Zukunft per Computerausdruck. Auf Wunsch auch in deutscher Sprache!

Im weiteren Verlauf der *South Bridge Road* finden sich zahlreiche und durchaus preiswerte Geschäfte, die hauptsächlich Schuhe, Lederwaren, Pharmazieprodukte und Goldschmuck anbieten.

Temple Street

Wenn man rechts in die *Temple Street* einbiegt, wird der Blick sofort durch die riesigen Hochhauskomplexe im Hintergrund abgeblockt. Romantische Illusionen, die das schmucke chinesische Viertel aufkommen ließ, werden dadurch zerstört, obwohl viele Häuser in diesem Bereich wunderschön hergerichtet sind. Unten befinden sich zumeist saubere Läden, in den oberen zwei Stockwerken Lager und Wohnbereich. Andere Gebäude sind eingerüstet und erfahren gerade das notwendige Restaurierungsprogramm.

In der *Temple Street* ist alles auf den weltweiten Tourismus abgestimmt: die überhöhten Preise, das aggressive Verkaufsgebaren, das unechte *"Cheese"*-Lächeln. Angeboten werden saubere Läden, Schuhe und Leder, Porzellan, Lebensmittel, Souvenirs, Getränke und Tiger Balm. Obwohl diese Kräutersalbe nur 3 S$ kostet, bringt sie den Händlern riesige Profite, weil jeder Tourist von irgendeinem rheumageplagten Verwandten Aufträge zu erfüllen hat. An der Ecke *Temple / Trengganu Street* gibt es auf der rechten Seite in einem frisch restaurierten Haus eine besonders große Auswahl chinesischer Heilkräuter, getrocknet und hygienisch verpackt, darunter natürlich auch Tiger-Salbe.

Im 2. Stock des eher griechisch anmutenden Hauses Nr. 14 ist das **Chinaman Scholar Gallery Museum** untergebracht, in dem es Zeichnungen, Grafiken, Scherenschnitte und Wayang-Puppen zu betrachten gibt.

Wir folgen der **Trengganu Street** links entlang, die sofort einen unübersehbaren

Chinatown

Kontrast bereithält: auf der einen Seite das *Chinatown Shopping Centre* nebst riesigen Eigentumwohnsilos, in denen allein hier über 3.000 Menschen leben und ihre Wäschestangen zum Fenster hinausstecken. Das Einkaufszentrum ist alles andere als nobel, deshalb sind die Preise für Lederwaren, Textilien, Porzellan, Möbel, Lebensmittel oder Papiertiger auch an der unteren Grenze. Touristen kaufen eher 500 Meter weiter men. Sie sind sauber und lassen den Geldbeutel überleben.

Am Ende der *Smith Street* stößt man wieder auf die *South Bridge Road* und folgt ihr, vorbei an indischen Batik- und Seidenläden bis zur **Sago Street.**

Diese im 19. Jahrhundert dem Gewürzkleinhandel vorbehaltene Gasse ist sehenswert. Mehrere Teehäuser bieten

Die Sago Street nach den Restaurierungsarbeiten

an der *New Bridge Road* im *Peoples Park*- Komplex ein.

Auf der anderen Seite des *Chinatown Shopping Centres* locken die winzigen Häuschen der *Smith Street* die Touristen mit mehr oder weniger attraktiven Waren: Goldschmiede-Arbeiten, Drachenschlangen, Souvenirs, viel Kitsch, Apotheken. Von frischem Hummer bis zum Beef-Burger kann man in den zahlreichen kleinen Restaurants alles bekommen.

Entspannung bei einer **Tee-zeremonie**. Das beste von ihnen ist **Cha Xiang**, das die traditionelle Methode des Teegenusses aus der Zeit der Tang Dynastie (6.-9. Jhd) lehrt und praktiziert (8 A Sago Street, Tel. 22 17 852).

Von der *Sago Street* überquert man die *South Bridge Road* und gelangt in die **Erskin Road**. Sie führt auf den kleinen **Ann Siang Hill** und wird auch "Straße der roten

Chinatown

INFO

Informationen zur Teezeremonie

Die Schuhe läßt man unten, bevor man über eine kleine Treppe den Gastraum betritt. Ausstellungsvitrinen mit Teegeschirr, Regale voller Bücher über Tee und seine Zubereitung, einige braune Tische und Bänke, abgeteilt durch Bastmatten, Kugellampions und Kerzen, leise Musik auf Originalinstrumenten – all das schafft eine anheimelnde Atmosphäre. Hat man aus dem Schrank eine Teesorte ausgewählt (nicht- oder halbfermentiert), bringt die Inhaberin, Frau Lee Kim Eng (die schon die Ehre hatte, der englischen Queen bei ihrem Besuch zu servieren), die Utensilien auf einem kleinen Tablett. Diese sind:
- eine Glaskanne mit fast kochendem Wasser (ca. 80°C) auf einem Rechaud
- zwei kleine Täßchen, ein längliches zum Riechen, ein rundes zum Kosten
- ein Bambusbehälter mit spitzen Bambusstäbchen und einem kleinen Bambuslöffel
- ein winziges Teekännchen (ca. 50 ml)
- ein Behälter zum Auffangen des Wassers und der verbrauchten Teeblätter
- Teeblätter.

Frau Lee Kim Eng nimmt am Tisch Platz und die Zeremonie kann beginnen: "Zunächst entspannen Sie sich und setzen sich bequem hin. Versuchen Sie, den Streß des Alltags draußen zu lassen. Hören Sie auf die Musik, die innere Einstellung ist wichtig" erläutert sie. "Beim guten Tee müssen Farbe, Aroma, Temperatur und der Geschmack auf der Zunge stimmen."

Die eigentliche Zeremonie geht in folgenden 5 Schritten vonstatten:

❶ Zunächst wird das Wasser fast zum Kochen gebracht (kochendes Wasser verwendet man nur für schwarzen Tee). An den Blasen erkennt man die Temperatur: bei große Blasen ist das Wasser ca. 85°C heiß – ideal für grünen Tee; bei kleinen Blasen beträgt die Wassertemperatur 90-95°C, gerade richtig für halbfermentierten Tee. Die Teeblätter werden nun überbrüht; anschließend 1 Minute ziehen lassen.

❷ Etwas Tee in das längliche Tässchen geben, dieses unter der Nase hin- und herbewegen (Kopf stillhalten!). Die Nase nimmt das Aroma auf, eine Entspannung im Kopfbereich wird erlebbar. Danach den Tee wegschütten.

❸ Erneut Tee in das Riechgefäß gießen und den Vorgang wiederholen. Dann diesen Tee in das runde Tässchen umgießen.

Chinatown

❹ *Mit den Fingerspitzen vorsichtig das Tässchen fassen. Die Finger dürfen nicht durch Überhitzung "erschreckt" werden, was die entspannende Wirkung verhindern würde.*
Den Tee in "drei Runden" mit winzigen Schlucken trinken:
Erster Schluck – *zunächst im Mund behalten, bis ein Teil vom Speichel aufgenommen ist, dann erst hinunterschlucken. Den Nachgeschmack testen. Nur daran ist die Teesorte und Qualität zu erkennen (nie **mit** Tee im Mund!)*
Zweiter Schluck – *der Hauptschluck, der das volle Aroma entfaltet. Zunge darin "baden".*
Dritter Schluck – *der "Nachspülschluck". Die Tasse wird geleert.*
Das Trinktäßchen bleibt die ganze Zeit zwischen den Fingerspitzen. Das Teetrinken soll von positiven und heiteren Gedanken begleitet sein.
❺ *Die Teeblätter mit dem spitzen Bambusstäbchen entfernen.*

Der ganze Vorgang sollte dreimal wiederholt werden. Obwohl gute Teeblätter ohne weites 2-3 mal aufgebrüht werden können, tut der Kenner das nicht, weil der Tee zu bitter wird. Für eine Teezeremonie sind mindestens 30 Minuten einzuplanen; sie kostet pro Person ca. 7 S$.

Laternen" genannt. Anders als in Europa künden diese Lampions hier von wiedererstandenen chinesischen Zünften. Am *'Trail of the Red Laterns'* hat man quasi in einem Stück Restaurants, Kunsthandwerksgeschäfte und ein Hotel im alten Stil mit Arkaden, Innenhöfen und Gärten rekonstruiert. Die Türpfosten sind rot, die Fensterläden pastellfarben, Blumentöpfe und Zierpflanzen neben Tischen und Stühlen laden zum Verweilen ein.

Das Hotel **"Inn of the Sixth Happiness"** (48 Zimmer mit AC und Heritage Suiten, Cafe, Restaurant) versuchte, bis auf's kleinste Dekorteilchen im *Old Chinese Singapore* zu bleiben. Selbst Möbel und Lampen, Teppiche und Toiletten imitieren das 19. Jahrhundert.

Weiter kann man auf dem *Ann Siang Hill* Meistern bei der Herstellung von Masken, Löwen oder Drachen für das Neujahrsfest zuschauen. Da auch sonst immer Feste gefeiert werden, haben sie das ganze Jahr über Hochkonjunktur. An der *Club Street* kommt man links an einem kleinen Park und Böttcherwerkstätten vorbei, ehe die *Cross Road* mit lärmendem Verkehr die Beschaulichkeit zerstört. Hier sieht man bereits das *Hong Lim Shopping Centre*, den Ausgangspunkt des Spaziergangs.

6.3 Weitere Sehenswürdigkeiten

6.3.1 Singapore Science Centre

Anfahrt
MRT Jurong-East
Lage: Jurong-East

Eintritt
S$ 2 (Kinder S$ 0,50), Planetarium S$ 6 (Kinder S$ 3)

Dieses praktikable Museum, das sich den Wissenschaftszweigen Chemie, Physik, Raumfahrt und Computertechnologie widmet, ist einmalig in Asien. Die eher theoriebehafteten Disziplinen sollen hier für jedermann populär gemacht und Lust zum Anfassen, Experimentieren und Basteln geweckt werden.

Über 600 einzelne Ausstellungselemente demonstrieren in sieben Galerien wissenschaftliche Grundprinzipien auf unterhaltsame Weise. Es gibt Laborübungen, Vorträge, Multimedia-Shows, Gesprächsrunden oder Filmvorführungen. Ein eigener Bereich befaßt sich mit Mutationen und Kuriositäten. Neu ist der Ökogarten mit biodynamischem Landanbau, Mini-Gummiplantage, Medizingarten, Tierfarm u.a.

Der absolute Höhepunkt aber ist das 18 Mio S$ teure *OMI-Theatre*. Auf 6.000 m^2 (mit 276 Sitzplätzen) simuliert es dreidimensional den Weltraum. Der Zuschauer fühlt sich ins All versetzt, wo er unser Planetensystem und andere Galaxien, die Mondumlaufbahn und verschiedene Himmelsphänomene erlebt. 1992-93 haben über 100.000 Studenten und mehr als eine halbe Million Besucher diesen

Im Singapore Science Centre

Guiness World of Records/Ming Village

Spaß erlebt. An deren kleinste wendet sich eine besondere Abteilung mit didaktischen Methoden, welche die kindliche Phantasie anspornen, aber nicht überfordern.

6.3.2 Guiness World of Records

Anfahrt
Bus 197 / 125 / 100 / 145 / 166
Lage: 2. Stock des World Trade Center

Öffnungszeiten
täglich 10.00-19.00 Uhr
Eintritt: S$ 4 (Kinder S$ 3)

In einer Kneipe nahe dem irischen Cork begann ein Wirt Geschichten über angebliche oder tatsächliche Superlative aufzuschreiben, während das dunkelbraune Gerstengebräu der Firma '*Guiness*' sich absetzen mußte.

Daraus wurde die weltweit beliebte Sammlung von Ungewöhnlichkeiten – das "Guiness Buch der Rekorde".

In Singapur unternahm man den Versuch, das Aufgeschriebene zu gestalten. In verschiedenen Ausstellungsräumen kann der Besucher nun den längsten Mann, die kürzeste Frau, die längste Wurst und die kürzeste Schnur – nach Originalangaben modelliert – bestaunen.

Die Sammlung von Merkwürdigkeiten und Kuriositäten wird in sechs verschiedenen Abteilungen gezeigt: Menschen / Tiere / Unterhaltung / Raum / Sport / Strukturelles. Zwei spezielle Schaukästen dokumentieren die Beiträge Singapurs und Asiens.

Eine Computeranlage ermöglicht es, die neuesten in Dublin eingegangenen Rekorde zu erfragen.

6.3.3 Ming Village

Anfahrt
MRT bis Clementi, dann Bus 78 bis Pandan Road
Lage: 32 Pandan Road, Tel. 26 57 711
(an der Westküste im Stadtteil Clementi)

Öffnungszeit
täglich 9.00-17.30 h

"Die Wunder des alten China wiederentdeckt" – verspricht die Werbung und meint die Kunst der Porzellanherstellung, die in einem schönen, der Zeit der chinesischen Ming-Dynastie (1368-1444 n.Chr.) nachempfundenen Dorf gezeigt wird. Nach Jahren intensiven Studierens und unzähliger Experimente sind die Handwerker und Künstler heute in der Lage, die hauchdünnen Ming-Kreationen nachzubilden.

Die besondere, intensive Farbgebung, die geschwungene, schlanke Drachenmusterung oder zart verästelte Blätterornamentik verleihen diesen Arbeiten einen hohen ästhetischen Wert. Von der Tonformung über das Schneiden, Polieren, Glasieren und Bemalen bis hin zum Brennen kann der Zuschauer den

Ming Village/Tiger Balm Garden

Werdegang dieser Qualitätswaren kennenlernen und natürlich kaufen. Vorträge oder Seminare zum Thema ergänzen die Tätigkeit der Handwerkskünstler. Hergestellt werden Artikel auf Bestellungen. Ming-Village-Produkte werden innerhalb Singapurs nur hier in der *Padan Road* verkauft, allerdings auch in viele Länder der Erde exportiert, u.a. in die USA, nach Taiwan, England, Schweden und Südafrika.

6.3.4 Tiger Balm Garden (*Haw Par Villa*)

Anfahrt
MRT Ghim Moh Buona Vista, Bus Nr. 10, 30, 143, 176
Lage: Pasir Panjang Road, ca. 8 km westlich des Zentrums

Öffnungszeiten
täglich 9.00-18.00 h
Eintritt: 5 S$

Auf diesem 9,5 ha großen Gelände, auch 'Drachenwelt' genannt, ist immer etwas los! Am Wochenende drängen sich Tausende einheimischer Familien und Touristen durch die vier Eingangstempelchen.

Die Brüder *Aw Boon Haw* (= "Tiger") und *Aw Boon Par* (= "Leopard") wurden reich durch den Handel mit Gewürzen, Opium und Tiger Balm, einem Hausmittel aus ätherischen Ölen nach uralten chinesischen Rezepturen. Sie spendeten großzügig Waisen- und Armenhäuser, Särge und Friedhöfe für die Ärmsten, unterstützten Künstler und Diplomaten, sponsorten Schulen und Lehrbetriebe, vermachten ihre kostbare Jadesammlung dem Nationalmuseum (vgl. Kapitel 6.2.2) und legten diesen Gaudi-Park à la Disneyland an.

Nach einer Phase der Restaurierung und Erweiterung kamen allein seit seiner Wiedereröffnung am 2.10.1990 mehr als 1 Million Besucher aus aller Welt.

Der Grund für die allgemeine Begeisterung ist der dargebotene kindlich-naive mythologische Anschauungsunterricht. Sein Geheimnis liegt in der Mischung aus Gruselkabinett, Geistersitz (*Wrath Of The Watergods*), Volkstheater (*Four Seasons*), Heldenverehrung (*Legends & Heroes Theatre*), Schulweisheiten, Spielen, Bootsfahrten und höchstprofessioneller Artistenshow – also in dem Spaß, der Körper, Seele und Geist geboten wird.

Geduldig reihen sich beispielsweise die Menschen eine Stunde an, um einmal mit dem kleinen Boot durch den Bauch des Drachens zu fahren (*Tales Of China*). Mit höchstem Entzücken nehmen sie im *Four Seasons Theatre* Platz und lassen sich von Spielmeistern mit der uralten Geschichte vom trotteligen Ehemann begeistern, der den feurigen Liebhaber seiner attraktiven Frau ersticht.

Ganz im Sinne konfuzianischer Ethik gibt es viel Be-

Tiger Balm Garden/World Trade Centre

Im Tiger Balm Garden

lehrendes. So etwa die "Zehn Höfe der Buddhistischen Hölle". Oder die poetisch-dramatische Geschichte "Die Reise in den Westen" (veröffentlicht 1570): Ein Kaiser der Tang-Dynastie schickt einen Priester auf die Suche nach heiligen Schriften.

Auf engstem Raum herrscht Überfülle quer durch Zeiten und Kulturen: Brücken über einen See mit Ungeheuern, die amerikanische Freiheitsstatue, Buddha auf dem Lotos, zur Ehrung Malaysias eine Lederschildkröte (Symbol des Landes), Kängurus, Koalas, ein Flamenco-Tanzpaar, ein griechisch-römischer Diskuswerfer.

Natürlich mangelt es nicht an Einkaufsmöglichkeiten für Souvenirs oder Kunsthandwerk. Für das leibliche Wohl sorgen das "*Artisan eating House*", das "*Watergardens Restaurant*" und an verschiedenen Ecken Picknickgärten. Die S$ 80 Millionen für die Restaurierung werden schnell wieder zurückgeflossen sein.

 Tip
Meiden Sie bei Ihrem Besuch die Wochenenden. Wenn Sie werktags kurz vor 9.00 Uhr da sind, haben Sie die Chance, den Parcour ohne blaue Flecke zu überstehen.

6.3.5 World Trade Centre

 Anfahrt
u.a. Bus 10, 30, 65, 84, 93, 100, 125
Lage: Telok Blangah Road, am Keppel Harbour

Das lohnenswerte Ziel des *World Trade Centre* wird seit 1978 von der Singapurer Hafenbehörde geleitet. Es ist das größte Ausstellungsgelände auf der Insel und eines der bedeutendsten in ganz Asien.

World Trade Centre

Alle Einrichtungen sind nach neuesten logistischen Gesichtspunkten angelegt und mit modernster Technik ausgestattet. In den sieben Ausstellungshallen, von denen die größte (Nr. 3) 8.578 m² und die kleinste (Nr. 5) 1.245 m² mißt sowie auf der 6.300 m² großen Freifläche finden jährlich etwa 73 große und 7 kleinere Messen statt. Die Breite der Themen reicht von "Licht und Arbeitsplatz" über Bootsausrüstungen, Möbel, Bauindustrie oder Verpackung und Umwelt bis hin zu länderspezifischen Expositionen.

Im Januar 1993 gab es die *Interclean*, die sich mit Sauberkeit in der Arbeitswelt befaßte. Im März die *Travel* oder *Viet-Expo*, gewidmet dem Handel Vietnams. Im Mai die *Asia Telecom*, eine der interessantesten in diesem Jahr. Im August die *Comtec* (Computer Systeme). Zum Jahresende 1993 gab es die große Automobilshow (*Asian Automobil Assembly*). Auffallend bei Themen und Ausgestaltung ist die selbstverständliche Einbeziehung von Begriffen wie Umweltverträglichkeit, Umweltbelastung u.ä., die ein hohes Maß an Verantwortungsbewußtsein dokumentieren.

Wenn Sie nicht nur schauen, sondern auch essen und trinken wollen – kein Problem. In den 16 Restaurants gibt es alles, worauf Sie gerade Appetit haben, von der tudo-chinesischen Küche über die japanische oder norditalienische bis hin zu Fast-Food-Ketten wie *McDonalds*.

Um Gästen und Gastgebern reichhaltige Kulturveranstaltungen anbieten zu können, wurde der *Harbour Pavillon* angefügt. In einer riesigen hexagonalen Mehrzweckhalle

Das World Trade Centre am Abend

World Trade Centre

Das World Trade Centre auf einen Blick	
Eigentümer:	Hafenverwaltung Singapur
Gründungsjahr:	1978
Anzahl jährlicher Messen:	80
- davon internationale:	13
- aus dem asiatischen Bereich:	16
- lokale:	51
Ausstellungsfläche:	41.000 qm
Zahl der Ausstellungshallen:	7 (die größte mit 8.578 qm)
Weitere Gebäude:	Welt-Konferenz-Zentrum, Harbour Pavillon mit 5000 Sitzplätzen für Konzerte, Theater, Kongresse, Bankette
Weitere Einrichtungen:	16 Restaurants, Post, Banken, Klinik, Shopping-Arkaden
Öffnungszeiten:	verschieden, zumeist 10.00-20.00 Uhr
Kontaktadresse:	World Trade Centre Singapore; 1 Maritime Square, Tel.: 3212783, Fax: 2740721

mit einer versenkbaren und in jede Größe verschiebbaren Bühne, ausgestattet mit dem Optimum an Elektronik, Licht- und Spezial-Effekten, sowie einem optisch idealen Auditorium können bis zu 5.000 Besucher Sinfoniekonzerte, Ballett- und Opernaufführungen, Rockspektakel oder politische Veranstaltungen erleben. Am Abend sind die Gebäude des WTC übrigens reizvoll beleuchtet.

Man muß nicht an einer Messe teilnehmen, sondern kann ganz einfach zum Bummeln oder auf dem Rückweg von Sentosa ins World Trade Centre fahren. 55 Geschäfte halten ein gehobenes und reichhaltiges Angebot bereit.

Die Verlockungen umfassen teure Parfüm- und Edelsteinläden, Kunstgewerbe, Antiquitäten, Bücher, Souvenirs, Mode, Möbel und HiFi.

Im Normalfall stehen 2.000 Pkw-Parkplätze zur Verfügung, in Ausnahmefällen 3.500.

Tip
Gehen Sie bitte beim Rückweg in die Stadt immer über die Fußgängerüberführung und nicht über die Fahrbahn. Die Polizei hat diese Stelle fest im Griff (Strafe S$ 200!).

Hinweis
Vom World Trade Centre starten auch zahlreiche **Ausflugsfahrten** (Info-Tel. 27 84 67), z.B.:
● "Island Jade" – zweistündige Dinnercruise, Abfahrt 18.30 Uhr, Preis S$ 85 (Kinder S$ 55)

World Trade Centre/Botanischer Garten

- "Tropical Night" – eineinhalbstündige Minikreuzfahrt mit Drinks, Abfahrt 21.00 Uhr, Preis S$ 40 (Kinder S$ 20)
- "The Tioman Connection" – Ganztagesausflug zur Insel Tioman (Ostmalaysia), Abfahrt 7.50 Uhr, Rückkehr 18.30 Uhr, Fahrzeit jeweils 4 Stunden, Preis S$ 150.

6.3.6 Botanischer Garten

Anfahrt
Buslinien 7, 14, 75, 105, 106, 174; MRT-Station Orchard und Bus 7, 14, 106, 174
Lage: Cluny Road / Holland Road, im Stadtteil Queenstown

Öffnungszeiten
5.00-23.00 Uhr
Eintritt: frei, Strafe für Verschmutzung der Anlagen oder Abbrechen von Pflanzen: 1.000 S$ ohne Diskussion
Besuchsdauer: Zu einer oberflächlichen Besichtigung sollte man drei Stunden einplanen.

Der Besuch des Botanischen Gartens von Singapur sollte auf gar keinen Fall versäumt werden. Er ist nicht nur einer der ältesten Asiens (gegründet 1857), sondern auch einer der schönsten, vielseitigsten und interessantesten Tropengärten der Welt. Ein Pavillon im damals zeitgenössischen viktorianischen Stil beherbergt Asiens größtes Herbarium.

Auf dem 54 ha großen Gelände werden über 1 Million tropischer Pflanzen gepflegt, deren Vermehrung und Zucht zu den Hauptanliegen des Parks gehört. Mehr als 600.000 Arten sind zu besichtigen, darunter allein 160 veschiedene **Palmenarten**. Ein Restbestand des ursprünglichen **Dschungels** mit mächtigen Urwaldbäumen, Lianen, Farnen und Blumen wird gehütet und dient der Forschung zum Thema Regenwald und Umwelt. Zahlreiche Teiche und ein besonders schöner See gehören ebenso zur Anlage. Zwischen Lilien, Wasserhyazinthen und Lotosblüten gleiten schwarze Schwä-

Oase der Ruhe: der Botanische Garten

Botanischer Garten/Zoologischer Garten

ne. Der berechtigte Stolz der Stadtväter ist der Bereich des **Orchideen**-Gartens, in dem mehr als 20.000 Prachtexemplare zur Schau gestellt sind, die einzeln, in Gruppen oder als Schmarotzer an Bäumen wachsen. Natürlich spielt die "*Vanda Miss Joaquim*", die Nationalblume, eine ganz besondere Rolle. In einem Gewächshaus können Sie die verschiedenen Wachstumsphasen kennenlernen, vom Samenkorn bis zur blühenden Pflanze.

Eine ganz eigene Geschichte hat die Zucht von **Gummibäumen**, die eng mit dem Botaniker *Henry N. Ridley* verknüpft ist, der im Jahre 1888 die Nachfolge des Gartenbau-Superintendenten *James Murton* übernommen hatte. Er ließ aus Südamerika 22 Gummibaum-Setzlinge kommen, von denen er die Hälfte im Botanischen Garten von Singapur anpflanzte, die andere Hälfte unter dem Gelächter der Einheimischen an die Plantagenbesitzer nach Malaya schickte. Einige von diesen wagten jedoch den Versuch der Kultivierung, und bereits 1922 produzierte Malaya aus den entstandenen Plantagen die Hälfte des Weltrohgummis.

Auch sonst hat sich Ridley in vielfältiger Weise um den Botanischen Garten verdient gemacht. So siedelte er nicht nur die Orchideenzucht hier an und förderte die Kreuzungen der "*Vanda Miss Joaquim*", er kümmerte sich auch um die Vogelwelt des Gartens. Ihm ist es zu verdanken, daß man dort so seltene Arten wie z.B. die Gesprenkelte Waldeule oder den Halskrausen-Schneidervogel antreffen kann.

Der Botanische Garten ist eine der wichtigsten "grünen Lungen" der Stadt. In seiner unmittelbaren Nähe befinden sich Botschaften, deren Personal man am frühen Morgen durch das Grün joggen sehen kann. Und Schulkinder sind den ganzen Tag über anzutreffen.

Tip
Wer an hübschem Schmuck interessiert ist, kann diesen preiswert und effektvoll aus Blütenblättern in goldener Einfassung arrangiert, in einer eigenen Verkaufsecke erstehen.

6.3.7 Zoologischer Garten

Anreise
Direktbus 171 ab Queen Street; MRT bis Yishun (North), dann Bus 171; oder mit dem Taxi (ca. 1 Stunde Fahrzeit = etwa 20 S$)
Lage: Mandai Road / im Seletar Reservoir

Im nördlichen Bereich des *Seletar Reservoir* befindet sich der Zoologische Garten von Singapur. Er ist – da sind sich Besucher und Experten einig – einer der schönsten der Welt. Das Gebiet ist so beschaffen, daß der Eindruck entsteht, es handle sich um ein Safari-Gelände mit (fast unmerklich) eingebauten Abtrennungen. Seit 1973 existiert dieser riesige Park und zieht jährlich über eine Million Besucher an. Anfangs gab es 270 Tiere; gegenwärtig wer-

Zoologischer Garten

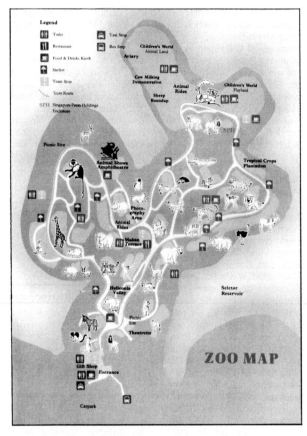

den über 2.000 Exemplare aus 240 Arten in 70 verschiedenen Bereichen gezeigt. Neben Pflege, Aufzucht und Präsentation erfreut dieser Zoo durch eine Fülle von Aktivitäten, gegliedert in Bereiche wie Kinder-Welt, Tiershow, Tierfütterung, Reiten und Streichelzoo oder Tierfotografie.

Kinder müssen nicht unbedingt das Interesse der Erwachsenen teilen und können deshalb, unter fachkundiger Aufsicht, bestimmte Tiere hautnah erleben, anfassen, können schmusen, auf einigen reiten oder beim Füttern helfen. Täglich gibt es Dressurvorführungen von Affen, Elefanten, Seelöwen und neuerdings auch Polarbären. Dafür wurde eigens ein 2.000 Plätze fassendes Amphitheater gebaut.

Tierfütterungen, denen Besucher beiwohnen können, fin-

Zoologischer Garten

Am Orang Utan-Gehege

den den ganzen Tag über statt, und zwar zeitlich versetzt: um 9.30 Uhr bekommen Seelöwen und Pinguine als erste ihr Futter; die letzten sind um 17.30 Uhr die Elefanten.

Eine der neuesten Aktivitäten bedient sich der zeitgemäßen Lust am Fotografieren und Fotografiert-Werden. Ein professioneller Fotograf steht zur Verfügung, der mit seiner eigenen Ausrüstung oder den Kameras der Besucher lustige Arrangements von Mensch und Tier aufnimmt. Für ein Qualitätsfoto muß man 4,50 S$ hinlegen, die in die Zookasse fließen. Auf diese Weise kamen 1992 über 280.000 S$ zusammen. Am Wochenende bilden sich Warteschlangen bis zu einer Stunde.

Auf Elefanten, Pferden oder Kamelen können Erwachsene und Kinder für 3 bzw.1 S$ einen Ritt durch das Parkgelände unternehmen.

Ein merkwürdiges, aber beliebtes Vergnügen, für das man sich lange vorher anmelden muß, ist das "Frühstücken mit dem Orang Utan" (Tel.: 3608509, Preis nach Vereinbarung, Mo-Fr 9.00-15.30).

Zu den besonders sehenswerten Abteilungen gehört das **Orang Utan-Gehege**.

Fotozeiten	Orang Utans	Elefanten	Ponys	Kamele
täglich	11.00-11.30	13.00-13.30	11.00-12.00	14.00-15.00
		16.00-16.30	16.00-16.30	
Wo.-Ende	13.00-14.30	13.00-14.30	13.00-14.00	
				16.00-17.00

Zoologischer Garten

Mit 25 Exemplaren (16 davon sind hier geboren) ist dies die größte in einem Zoo lebende Kolonie. Spezielle, gemeinsam mit der Universität erstellte Forschungsprogramme, sollen Antwort auf noch offene Fragen des Zusammenhangs zwischen Mensch und Tier geben (Wahrscheinlich gehört das Frühstück mit dem Orang Utan dazu!).

Dr. *Ong Swee Law*, der Direktor des Zoos, kam 1987 auf die Idee, eine Tierausleihe zwischen den bedeutenden Zoos der Welt zu organisieren. Auf diese Weise sahen mehr als 3 Millionen begeisterte Besucher die seltenen Goldaffen und den Riesenpanda aus China, einen weißen Tiger aus Amerika, einen russischen Braunbären und Koalas aus Australien.

Eisbären in Äquatornähe!

Größter Beliebtheit erfreut sich das 465.000 S$ teure **Unterwasserhaus**, nicht zuletzt wegen der in äquatorialen Breiten Aufsehen erregenden **Polarbären**, von denen der Besucher nur durch eine dünne Panoramascheibe getrennt ist.

Ebenfalls im Unterwasserhaus sind die **Seelöwen** und **Pinguine** untergebracht, während die **Krokodile** in der sog. **Unterwassergalerie** zu finden sind.

Besondere Sorgfalt gilt dem Schutz bedrohter Tierarten. Mit einem speziellen Adoptionsprogramm können einzelne Bürger, Betriebe oder auch Schulen die Patenschaft über eines dieser seltenen Exemplare übernehmen. Das kostet je nach Tier und Umstand zwischen 50 und 200 S$ monatlich. So erhielten u.a. die braunen Lemuren, der Sumatra-Tiger, das Weiße Rhinozeros und das siamesische Krokodil eine Überlebenschance.

Der Zoologische Garten auf einen Blick

Größe	90 ha
Tierbestand	ca 2.000 Exemplare aus 240 Arten
Öffnungszeit	ganzjährig 8.30-18.30 Uhr
Eintritt	S$ 7 (Kinder S$ 3)
jährliche Besucherzahl	1,4 Mio, davon 60% Einheimische, 40% Touristen
Zeiten der Tiershows	Primaten und Reptilien: 10.30 und 14.30 Uhr, Elefanten und Seelöwen: 11.30 und 16.30 Uhr, Polarbären: 10.00, 13.00 und 16.45 Uhr

In Vorbereitung ist eine sog. *Night-Safari*. Auf einem 40 ha großen Gelände werden Möglichkeiten geschaffen, unter Verwendung spezieller Lichteffekte 1.200 Nachttiere in natürlicher Umgebung zu beobachten. Dieses 60 Mio S$ teure Vorhaben ist einmalig in der Welt und startet Anfang 1994.

6.3.8 Krokodil-Farm

Anreise
Busse 13, 81, 111, 147
Lage: Upper Serangoon Road

Öffnungszeiten
8.30 -17.00 Uhr

Auf dieser Farm werden Krokodile, Alligatoren, Echsen und Schlangen für die lederverarbeitende Industrie gezüchtet. Obwohl in vielen europäischen Ländern unerwünscht, boomt der Export nach Japan, Taiwan, China und den USA: die Farm verbucht jährlich enorme finanzielle Gewinne. Ein Teil der Häute wird gleich vor Ort zu Taschen, Gürteln, Schnallen und Schuhen umgeformt, der weitaus größte Teil jedoch in lederverarbeitende Fabriken geliefert. Die Qualität der in Singapur hergestellten Produkte aus Schlangen- oder Krokodilleder wird weltweit als erstklassig bezeichnet. Beim Vorgang des Hautabziehens darf der Tourist nicht anwesend sein. Dagegen sind die Fütterungen öffentlich und erfreuen sich großer Beliebtheit auch bei den Einheimischen. Zu einem Besuch gehört das obligate Foto mit (zahnloser) Schlange.

6.3.9 Besuch der Chinesischen Oper

Wann: wird in der Presse, den Übersichtsplänen der Tourismusbehörde bekanntgegeben, liegen in jedem Hotel aus
Wo: In verschiedenen kleinen Theatern der Stadt, Schulen, auf der Straße

Sie darf bei keinem chinesischen Fest fehlen: die farbenprächtige chinesische Oper. Nach spürbarem Desinteres-

Chinesische Oper

se in den 1970er Jahren, bedingt durch verstärkte Urbanisierung und die "Ablenkung" Fernsehen, ist das Interesse an dieser uralten Kunst erneut gewachsen.

In Singapur fanden die ersten Opernvorstellungen um 1840 auf der Straße statt. Irgendwo fand sich ein freier Platz, eine Bühne aus Bambusstangen wurde grob zurechtgezimmert, mit einem Schilfdach versehen. Die Menschen standen davor und agierten begeistert mit. Mit Zunahme der chinesichen Besiedlung der Insel wuchs das Bedürfnis nach Unterhaltung. 1880 wurde in der *Smith Road* (Nr. 36) das erste Operntheater fest etabliert. Etwa um diese Zeit fand auch der Namenswechsel statt. Aus "Chinesische Oper" wurde "Wayang-Spiel" ('Wayang' heißt im Malayischen soviel wie Bühnenvorstellung). Der Sinn dieses akrobatischen, lustigen und kurzweiligen Spiels lag in der Übermittlung von moralischen Werten an die Zuschauer. Gerechtigkeit, der Sieg des Guten über das Böse, die kindliche Ehrfurcht den Erwachsenen gegenüber, die treue Liebe und Patriotismus waren die zu vermittelnden Haupttugenden.

Der Inhalt der Stücke ist uralt und jedem Teilnehmer bereits bekannt. Auch die Charaktere wie der 'junge Mann', das 'treue Weib', die 'kämpfende Frau', der 'heldische Krieger', der 'Alte', der 'Priester', der 'Spaßmacher' usw. stehen seit Jahrhunderten fest. Die kostbaren Gewänder, die prächtigen Kostüme, das üppige und grelle Make up sind eine Augenweide. Es dauert etwa eine Stunde, um aus einem normalen Mädchen eine Prinzessin zu formen.

Charakterkopf der chinesischen Oper

Die Farben sind, wie die Gesten, genau festgelegt und haben symbolische Bedeutung. Rot oder Gold beispielsweise meint Loyalität, Anstand, Großmut. Blau dagegen versinnbildlicht Schlauheit und List. Grün meint Unanständigkeit und Schwarz Freundlichkeit und Mut. Die Akteure haben eine langjährige Ausbildung, die im Kindesalter beginnt, hinter sich und müssen ein vielseitiges Können vorweisen. Dazu gehört Singen, mitunter in allerhöchsten Tonlagen, Tanzen, Akrobatik, Gestik, Mimik und alle möglichen Körperverrenkungen. Die künstlerischen Fertigkeiten der Sängerschauspieler entscheiden über die Qualität des Abends.

Anfangs wurde das ganze Jahr über gespielt, besonders aber im August zum Fest der hungrigen Geister. Heute gibt es verhältnismäßig wenige Abende (wenn man von den für Touristen aufgemachten Shows absieht) Früher gaben reiche Kaufleute oder die Tempelverwaltungen die Gelder zur Realisierung. Besonders grandios müssen die Vorstellungen der Teochew-Chinesen und der Kantonesen gewesen sein.

Fragt man junge Leute im Alter von etwa 15-17 Jahren, so finden die meisten das Wayang-Spiel "blöd" und "langweilig". Diese Einstellung wandelt sich mit wachsendem Alter: schon mit 25 Jahren besucht man ab und zu ganz gerne die Chinesische Oper, mit 35 schließlich versäumt man keine Vorstellung.

6.3.10 Besuch beim Singvogel-Wettbewerb – Wer singt schöner?

 Anreise
MRT-Station Tiong Bahru, dann zu Fuß weiter, immmer dem Gezwitscher entgegen

Jeden Sonntag kann man früh gegen 9 Uhr im Cafe *Seng Poh* in der *Tiong Bahru Road* viele hundert farbenprächtige, gefiederte Sänger hören. Sie hocken in ihren Bambuskäfigen und zeigen, was sie in der Kehle haben. Die Eigentümer stehen davor und schielen neidisch auf die Nachbarn. Welcher singt wohl am schönsten? Um das herauszufinden, werden regelmäßig Wettbewerbe veranstaltet.

Das Vergnügen fing zufällig an. Einige Männer wollten

Vogelkäfige im Cafe Seng Poh

Singvogel-Wettbewerb

frühmorgens am Sonntag einen Tee trinken oder auch ein Schnäpschen. Sie brachten ihre Vögel in den Käfigen mit.

Aus der zufälligen Begegnung mit Freunden wurde eine Regelmäßigkeit, die sich auf der Insel herumsprach. So kamen die ersten Neugierigen, denen bald schon Touristen folgten. Vis-a-vis zum lauten Gezwitscher hat sich ein Vogelbauer-Meister niedergelassen. Alles, was Liebhaber für ihre kleinen Freunde benötigen, kann man dort bestellen oder fertig kaufen: Wasserschäl-

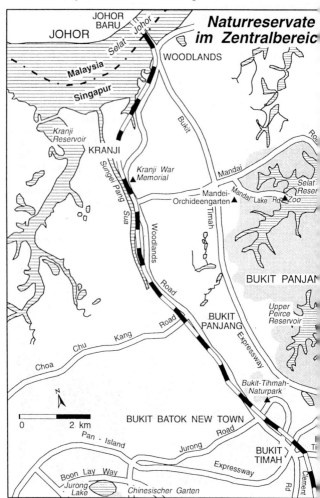

chen, diverses Futter, Putzmittelchen und natürlich jede Art von Käfigen. Von den einfachsten Bambusgehäusen für etwa 50 S$ bis zu skurril verzierten phantasievollen Kreationen (ca. 200-500 S$).

6.3.11
Die Naturreservate im Zentralbereich

Fast genau in der geographischen Mitte der Insel haben

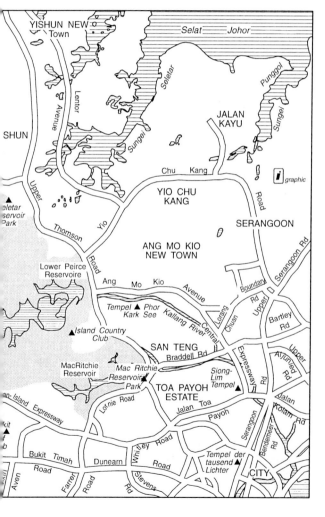

Naturreservate

Natur und staatliche Vorsorge umfangreiche Landschaftsschutzgebiete geschaffen. Von *Toa Payoh New Town* in Mittel-Singapur bis *Woodlands New Town* am Damm nach Jahore erstreckt sich ein 2.000 ha großes Gebiet mit Hügeln, tropischen Regenwäldern und Seen.

Dazu gehören das *Bukit Timah Reservat*, das *Mac Ritschie*, *Lower-* und *Upper Pierce* und *Seletar Reservoir*. Diese Wald- und Seenlandschaft ist für Fußgänger erschlossen, so daß auf gut markierten Pfaden Wanderungen unterschiedlicher Länge (von einer Stunde bis zum Ganztagesausflug) möglich sind. Zur Orientierung dienen Übersichtskarten, die man für 60 Cents am Parkeingang bekommt.

Besonders beliebt bei Insidern (selten verirrt sich ein Tourist dorthin) ist das

Bukit Timah Reservat

Anfahrt
Buslinien 171 / 173 / 182
Lage: Bukit Timah Road, 12 km außerhalb des Stadtzentrums

Nur 12 km vom nächsten Shoppingkomplex der Innenstadt entfernt, bietet es auf 75 ha eine wirklich unberührte Tropenlandschaft. Nach dem Vorbild der amerikanischen Naturparks muß man das Auto stehen lassen, um zu Fuß – mit Führer oder auf eigene Faust – hautnah an Bäume, Pflanzen oder Tiere heran zu kommen. In diesem 'Urwald zum Anfassen' sind größere Bestände verschiedener Palmen, über 80 Lianenarten, Riesenfarne und Laubbäume versammelt.

Von der höchsten Erhebung der Insel, dem *Bukit Hill* (162,5 m) eröffnet sich ein faszinierender Ausblick. Dann geht es weiter in den inneren Bereich, wo man seltenen Tieren begegnet: dem scheuen

Im Bukit Timah Reservat

Naturreservate

Langschwanz-Macaquen oder dem raren Fliegenden Lemur aus grauer Vorzeit. Mehr als 100 Vogelarten, vom Specht bis zum blaugestreiften Bienenfresser und an den Seen die rotschnäbeligen Königsfischer sind vertreten. Tiger wird man keine finden, dafür zahlreiche und mitunter lästige Affenherden.

Mac Ritchie Reservoir

Anfahrt
Buslinien 93 / 157 / 165 oder MRT-Station Toa Payon Estate (N 7)
Lage: Nähe Lornie Road- Bukit Timah Autobahn

Dieses Landschaftsschutzgebiet ist seit 1868 bekannt und wird, besonders am Wochenende, gern wegen seiner Joggingpfade besucht. Ansonsten ist es ähnlich beschaffen wie *Bukit Timah*. Eine Besonderheit sind hier allerdings die Tausende von Rhododendren, die das ganze Jahr über violett bis rot blühen. Das Mac Ritchie Reservoir, benannt nach seinem schottischen Entdecker, wurde Heimat für bedrohte Tierarten, wie dem Kleinen Maus-Hirsch oder dem Schuppentier.

6.4 Jurong Town

Ganz im Westen der Insel liegt Jurong. Ursprünglich ein Sumpfgebiet, beherbergt es heute einen der modernsten Industriekomplexe Asiens. 1968 wurde die *Jurong Town Company* (*JTC*) gegründet, um den unwirtlichen Mangrovensumpf zu einer 5.436 ha großen Nutzfläche umzuwandeln. Heute sind hier 4.383 Firmen mit insgesamt 275.000 Arbeitern und Angestellten (das sind 70% der in Singapurs Industrie Beschäftigten) angesiedelt. Die Hälfte des Areals von *Jurong Town* gehört dem Industriehafen mit Neubau- und Reparaturwerften, der zweitgrößten Erdölraffinerie der Welt, einem Landgewinnungskonzern, Verarbeitungsfabriken, Transportunternehmen, Zulieferungsbetrieben usw. Bisher haben sich die investierten 40 Milliarden S$ bereits vielfach ausbezahlt. Die *JTC* erstellt Logistik- und Entwicklungsprogramme für Großunternehmen in ganz Asien. Das reicht von der Industrie-Landgewinnung in Singapur für Unternehmen, die sich niederlassen möchten, über den Bau von einzelnen Fabriken bis hin zur Erstellung und Finanzierung ganzer Fabrikketten. Weitere Aktivitäten sind eigene Trainingsstätten für Fachpersonal, die Zusammenarbeit mit technischen Fakultäten der Universitäten, die Einrichtung von Technologieparks mit Ausstellungen oder der Aufbau des *Singapore Science Park* nahe der Nationaluniversität. Alle diese Bereiche sind für Touristen nur sehr schwer zugänglich.

Der Jurong Bezirk im Westen

1 Jurong Hill
2 Jurong-Vogelpark
3 Jurong Bus Interchange
4 Jurong Park
5 CN - West
6 Singapore Science Centre
7 Jurong Town Hall
8 Sungei Jurong

Tang-Dynastie-Stadt

Daneben gibt es aber noch das andere Jurong der Naturparks, in denen der Vogelpark (vgl. 6.4.3), das Krokodilarium, der Japanische und Chinesische Garten (vgl. 6.4.4), der CN West-Freizeitpark, Tang City (vgl. 6.4.2) oder das Pandan-Reservoir liegen.

6.4.1 Tang-Dynastie-Stadt

Anfahrt
Buslinien 30, 154, 178, 192, 240 u.a.
Lage: Jalan Ahmed Ibrahim

Öffnungszeiten
täglich 10.00-22.00 Uhr
Eintritt: 25 S$

Die wohl interessanteste und auch gigantischste Attraktion, die Singapur derzeit zu bieten hat, ist das Unternehmen *Tang-Dynastie*.

Mit einem Kostenaufwand von 70 Mio S$ erbaut und seit 1992 geöffnet, unternimmt die Betreibergesellschaft auf 12 ha den Versuch, die glanzvolle Zeit der Tang-Dynastie (618-906 n.Chr.) wieder auferstehen zu lassen, mit "Original"schauplätzen, detailgenau bis zum Türgriff rekonstruiert, mit lebendig agierenden Menschen in historischen Kostümen und historisch getreuen Utensilien.

Dieser Park ist 25mal größer als z.B. der wohlmeinende ähnliche Versuch in Hongkong.
Das Ganze ist so beeindruckend, daß man sich sich zeitweilig 1.300 Jahre zurückversetzt glaubt, wären da nicht die Touristen.

INFO

Information zur Tang-Dynastie

Die Tang Dynastie war wohl die schillerndste Zeit aller chinesischen Kaiserreiche. Ihre ökonomische Grundlage war die Einrichtung der Seidenstraße und die Vermarktung der Seide. Der Handel stand in voller Blühte und brachte als Nebeneffekt die Berührung mit anderen Kulturen, Ideen, Religionen. Ein internationaler, kultureller Austausch fand statt, durch den man voneinander lernte und der wiederum für gewaltige Fortschritte in der Architektur oder beim ökonomischem Wettstreit sorgte. Und es war eine Zeit relativen Friedens, in der die Künste blühten: aus erdgebrannten Gefäßen wurden Tonschöpfungen, zum ersten Mal in weißer Farbe, kreiert. Mode, Schmuckkunst, Tänze, das Theater, die Musik entfalteten sich. In der Hauptstadt Chang'An verdichtete sich die Epoche zu einer weltoffenen, toleranten und freigiebigen Metropole, in der Künstler von allen Enden der damals bekannten Welt ein- und ausgingen.
Niemals sonst in den 5.000 Jahren chinesischer Geschichte hat es eine so lebensbejahende, kunstvolle Epoche gegeben.

Tang-Dynastie-Stadt/Bird Park

Man betritt die Stadt durch ein imposantes Tor, umgeben von der 10 m hohen großen Mauer. Die Illusion der Zeitreise wird durch entsprechende Zeichen, Töne, Lärm und Geräusche verstärkt.

Von all dem vermittelt die Museumsstadt eine Fülle. Man steht auf der gewaltigen *Zhaozhou-Spannbrücke* und schaut in die quirlige Stadt hinein. Wenige 100 m entfernt erstreckt sich eine friedliche Landschaft, sanft hügelig, mit Flüssen, Gärten und – als Mittelpunkt – der siebenstöckigen, 65 m hohen *Pagode des Affengottes*.

Und wieder einen Steinwurf weiter, unter der Erde: eine naturgetreue Nachbildung der berühmten Ton-Armee *Qin Qui Huangdis*, deren Pferde, Wagen und Krieger zu Hunderten lebensecht in Ghuangzhou (China) modelliert wurden. Der *Danning Palast* war das königliche Verwaltungszentrum und die *Han Yuan Halle* Zeuge riesiger Feste und Bankette. Deren Rekonstruktion in Singapur kann – genau wie das Original – 2.500 Gäste bewirten.

Nach dem Verlassen des grandiosen *Daming-Palastes* gelangt man am *Huaching Pool* in eine ländliche Idylle mit kleinen Häuschen für Bauern und etwas größeren für die Händler auf der Seidenstraße. Sogar an die Gilde störender Banditen ist gedacht, die ihr Können den Besuchern zeigen. Die Tang-Zeit aus dem Chinas Mittelalter könnte nicht lebendiger sein.

Das historische Angebot wird durch drei Restaurants und drei ultramoderne Filmstudios ergänzt.

6.4.2 Bird Park

Anfahrt
MRT-West bis Boon Lay, dann Buslinie 251 / 253 / 155 (Fahrzeit ca. ½ h; oder mit dem Taxi (ca. S$ 8)
Lage: Jalan Ahmad Ibrahim, Jurong West, Ortsteil Boon Lay

Die Idee zu diesem größten Vogelpark der Welt hatte 1968 ausgerechnet der Verteidigungsminister Dr. *Goh Keng Swee*. Mr. *Toovey*, Zooarchitekt aus London, wurde eingeladen, ein geeignetes Gelände auszuwählen.

Der Vogelpark öffnete seine Tore am 3. Januar 1971. Die Baukosten beliefen sich (ohne Baugrund) auf 3,5 Mio S$. Inzwischen wird permanent erweitert, angebaut, erneuert und vergrößert. Über 6.000 Vögel von 500 Arten aus aller Welt machen diese Anlage von mehr als 20 ha zu einem Erlebnis.

Die beabsichtigten Ziele der Behörden sind:
● Pflege und Sicherstellung von Brutplätzen, spezielle Nachzuchtprogramme für bedrohte Arten
● Forschung: Leben und Lebensbedingungen – ein Beitrag für die Ornithologen in aller Welt
● Erziehung: Erwachsene und besonders Kinder zu einem größeren Verständnis für Vogelwelt und Natur führen

Bird Park

Der Bird Park auf einen Blick

Eröffnung:	03.01.1971
Größe:	20,2 ha
Anzahl der Vögel:	6.280 von 500 Arten aus aller Welt
Öffnungszeiten:	werktags 9.00-18.00, an Sonn- und Feiertagen 8.00-18.00 Uhr
Eintritt:	S$ 7 Erwachsene (Kinder bis 12 S$ 2,50)
Panoramabahn:	S$ 2 Erwachsene (Kinder S$ 1)
Besucher 1992:	1,5 Millionen

Show-Zeiten

Uhrzeit	Was geschieht?	Wo?
9.00-11.00	Frühstück mit Vögeln	Songbird Terrasse
9.30, 13.30	Pelikan Fütterung	Pelikan-See
10.00	Falken-Show	Fuji Hawk Centre
10.30, 15.30	Pinguin Fütterung	Penguin Parade
11.00, 15.00	Bird-Show	Pools Amphitheatre
16.00	Könige der Lüfte-Show	Fuji Hawk Centre

Darüber hinaus gibt es Sonderveranstaltungen, deren Termine dem Infoblatt "This Week" entnommen werden können.

● Erholung: im großzügigen Gelände, Freude an Tierbeobachtung

Man kann das Gelände rund um den Jurong-Hügel zu Fuß, besser aber mit der Panoramabahn *(Panorail)* kennenlernen. Die *Panorail* fährt 3-5 m über dem Erdboden in einer Runde durch den Park und ermöglicht einen umfassenden Überblick. Beliebiges Aussteigen und Weiterfahren mit dem gelösten Ticket ist möglich.

Empfehlenswert ist u.a. die Besichtigung einer Vogeldressur im *Pools Amphitheatre* (2.000 Sitzplätz). Erstaunliches leisten auch die Falkner, die zweimal täglich ihre Schützlinge vorführen. Unbedingt gesehen haben muß man das große Tropen-Vogelhaus *(Birds Aviary)*. Es simuliert die Bedingungen des tropischen Regenwaldes und ermöglicht durch spezielle Glasabdichtungen und Infrarotlicht quasi eine "Durchleuchtung" des Waldes und seiner Vogelwelt, die man normalerweise nicht bemerken würde.

Der Artenreichtum Südostasiens wird auf ca. 1.000 geschätzt, davon sind allein 280, z.T. vom Aussterben bedrohte Arten, hier zu sehen (eine englischsprachige 15-Minuten-Führung findet um 11.45 und 15.45 Uhr statt.)

Bird Park

Papageien im Bird Park

Im *World of Darkness House*, dem ersten dieser Art in Asien, leben Nachtvögel des Regenwaldes. Auch sie bleiben in freier Natur dem Betrachter verborgen. Durch ein kompliziertes indirektes Licht werden sie nicht gestört und der Besucher kann so Kiwis oder den "Froschmaulvogel" brüten und umherfliegen sehen.

Weiterhin haben Flamingo-Familien, Pinguine, Kraniche und Papageien ohne Zahl haben ihre eigenen Teiche oder Bäume.

An zwei Abenden in der Woche und am Wochenende (Sa und So) gibt es die *"Flight of Fantasy"* – eine Art Vogelmeditation mit gedämpftem Licht und sanfter Musik. Sie soll die uralten Menschenträume beim Anbick majestätisch schwingender Adler, stolz gleitender Schwäne und anderer anmutiger Vögel ein wenig näherbringen und Ruhe sowie innere Harmonie erzeugen. Neben den vielen Attraktionen des Parks ist dies "*a really romantic occasion*" (Buchungen unbedingt erforderlich unter Tel.: 2650022)

6.4.3 Chinesischer und Japanischer Garten

 Anfahrt
MRT W10 bis Chinese Garden, dann ca. 100 m zu Fuß
Lage: Jurong

 Öffnungszeiten
Mo-Fr 9.00-19.00, Sa-So 8.30-19.00 Uhr

Beide Gärten, die in unmittelbarer Nachbarschaft liegen und auf künstlichen Inseln im Jurong-See errichtet wurden, spiegeln in ihrer Gegensätzlichkeit das religiöse Empfinden beider Völker wider. In ihnen verbinden sich Wasser, Erde, Stein und Holz mit Arrangements von Bäumen, Blumen, Wegen und Hügeln, Teichen, Brücken sowie Teehäusern. Und doch sind beide grundsätzlich verschieden. Der japanische *Seiwan* ist dezenter, die Bauten treten in den Hintergrund, die Gestaltung des Gartens entspricht der meditativen Dreiheit: Eintritt-Sammlung im Sinne des Zen-Buddhismus-Erleben, Ankommen.

Der chinesische *You Hwa Yuan* dagegen ist kräftiger in seinen Farben. Auch die (zumeist rote) Bemalung der Bauten, die hier wesentlicher und dominanter sind, ist intensiv. Die Anlage dient nicht nur der Versenkung, sondern auch weltlicher Lustbarkeit.

Der Japanische Garten Seiwan

Dieser 1968-73 errichtete, bezaubernde Garten (Fläche: 13 ha) wurde von *Kinsaku Nakane*, einem Landschaftsarchitekten aus der Gartenstadt Kyoto gestaltet. Seine Vorbilder waren zen-buddhistische Anlagen des 14.-19. Jahrhunderts seines Heimatlandes.

Bescheidenheit der Architektur gegenüber der Natur ist das Prinzip eines jeden japanischen Gartens, in dem Beschaulichkeit, ästhetischer Genuß und Kontemplation angestrebt werden. Dabei ist nichts dem Zufall überlassen. Wo sich der Laie dem Zauber vollkommener Harmonie hingeben kann, erschließt sich dem Kundigen in jedem Detail tiefe Symbolkraft, worauf bereits die mythologisch-bildhaften Bezeichnungen der einzelnen Punkte hinweisen.

Wie der Eingangsbereich eines Tempels ist dem Oval der Anlage ein Trockengarten (*Keiseien*) vorgelagert und verlangt ein Innehalten. Das pflanzliche Element ist hier weitgehend zugunsten abstrakter Steinformationen verdrängt, deren kühle Klarheit Sinnbild ist für durch nichts abgelenkte geistige Konzentration. Der Berg *Shiunfrei* weckt Assoziationen zum heiligen Fujiyama. Ein Wasserfall ergießt sich von ihm in den kleineren von zwei Seen, die durch ein Flüßchen miteinander verbunden sind. Auf den "Inseln der Seligen" (*Shinsen-jima*) wohnen Gottheiten.

Die Art und Anordnung der Steine, von denen ein Großteil aus Japan importiert wurde, stehen für Götterwesen und kosmische Kräfte. Die Himmelsrichtungen mit dem Weltenberg *Meru* werden in der Fünfergruppe, die drei Zeitenbuddhas der Vergangenheit (*Amithaba*), Gegenwart (*Shakyamuni*) und Zukunft (*Maytrea*) im Dreierarrangement erkannt.

Fast 25.000 Bäume und Sträucher haben ihren sinntragenden Platz, verschiedene Steinlaternen säumen den Weg. Ein erstes Ehefoto auf einer der sieben unterschiedlichen schlichten Brücken verspricht den Brautpaaren von heute Glück.

Der Chinesische Garten You Hwa Yua

Auch für den 1975 eröffneten chinesischen Garten (Fläche: 13 ha) gilt das Prinzip, daß die Elemente der Natur – Steine, Wasser, Pflanzen- in ihren göttlichen Assoziationen sichtbar gemacht werden, wobei die Regie des Gartenmeisters alle ungezügelte Wachstumskraft zugunsten wohldurchdachter Plazierung in die Form zwingt. In diesem Sinne steht der Garten in der Tradition entsprechender Anlagen aus der Zeit der Song Dynastie (960-1279).

Aber auch spätere Entwicklungstendenzen, wie sie z.B. im Neuen Sommerpalast bei Peking ihren Ausdruck finden, sind hier integriert. Zunehmend wurden die Gärten im kaiserlichen China des 17.-19. Jahrhunderts für üppige Feste des Adels genutzt, was die Errichtung zahlreicher repräsentativer Gebäude, Skulpturen usw. mit sich brachte. Sie sind allerdings stets so angeordnet und konstruiert, daß der Garten an sich in oft überraschenden Teilausschnitten oder Überblicken erlebbar wird.

Ein steinernes Löwenpaar hütet den Eingang des Gartens. Es heißt, wer die Kugel im Maul des männlichen Löwen zu entfernen vermag, wird unsterblich. Die Regenbogenbrücke, ein imposanter Torbau und Treppen führen zunächst in einen mauerumfaßten Teil. Er birgt kleine Gärten veschiedenen Charakters und fordert sie zur Balance von *Yin* und *Yang*: still und sanft der eine, kräftig und intensiv der andere.

Das Herz der Anlage ist der See. Wie beim Menschen als Zentrum des Lebens betrachtet, wird er in seiner Form dem Schriftzeichen für Herz nachgestaltet. An seinen Ufern auf das Wasser hinausgebaut steht ein Teehaus und das "Schiff aus Stein". Verschiedene Anpflanzungen beziehen sich auf die uralten Signaturenlehren. So erinnert die Gestalt des Bambus an die menschliche Wirbelsäule. Festigkeit und Elastizität verbunden mit bescheidenen Ansprüchen und ausdauernder Kraft weisen auch im übertragenen Sinne auf das "Rückgrat", die innere Haltung, die den Menschen ziert.

Ein besonders schöner Ausblick ergibt sich von der siebenstöckigen Pagode, die man über eine Wendeltreppe ersteigen kann.

6.4.4 Der Hafen von Singapur

Eigentlich müßte man nicht von *dem* Singapurer Hafen, sondern von sieben Häfen sprechen. Denn die Anlagen reichen vom *Cliffor Pier*, dem ältesten Anlagekai, bis ganz hinüber in den westlichen Inselteil nach Jurong. Nur der relativ kleine Hafen von *Pasir Brani* befindet sich im Nordosten. Die sieben, unter Aufsicht der *Port of Singapore Authority* (PSA) operierenden

Hafen

Der Keppel Superhafen für Container

Terminals sind: *Tanjong Pagar, Keppel, Marina, Pasir Panjang, Sembawang, Jurong Brani*. Die Häfen unterstehen dem Ministerium für Kommunikation und haben den höchsten Warenumschlag der Welt. Gleichzeitig können 700 Schiffe abgefertigt werden. 1992 legten insgesamt 63.000 Großschiffe an, die insgesamt mehr als 528 Mio Bruttoregistertonnen be- und entluden. Von Singapur aus werden derzeit 712 Häfen in der ganzen Welt angesteuert.

Tanjong Pagar: Containerverladehafen; gleichzeitige Abfertigung von 6 Schiffen; Lagerplatz für 51.800 Container; 24 Kai-Kräne, 89 bewegliche Verladekräne

Keppel: Containerverladehafen; Kapazität: 41.400 Container; 20 feste, 68 bewegliche Kräne

Marina: Hafen für Güter aus Malaysia und Indonesien; 55.000 qm Stapelfläche; Umschlag 8 Mio Tonnen

Sembawang: Hafen für Stahl- und Holzwaren sowie Autos; 4 Abfertigungsplätze; Umschlag 2,4 Mio Tonnen

Jurong: Ölverladehafen (90 Mio Tonnen) und allgemeine Waren (8,7 Mio Tonnen)

Pasir Panjang: allgemeine Waren außer Containern; 545.000 qm Stapelfläche; Umschlag 9 Mio Tonnen

Brani: der jüngste Hafen, Verladung von Computern und HighTech; 5 Anlegeplätze; Umschlag 3,8 Mio Tonnen (Brani ist noch im Bau, nach Fertigstellung ist der Hafen mit dem Festland durch vier Dämme verbunden).

Die Serviceleistungen umfassen Umschlag, Lagerung, Verteilung, Ersatzteillieferung, Reparatur, Neubau, Energie- und Wasserbeschaffung.

Die Tabelle gibt einen Überblick über Art und Kapazität der Leistungen.

Hafen

Es gibt, abgesehen von den Hafenrundfahrten, bislang nur eine Möglichkeit, als Tourist die Häfen zu besichtigen, nämlich als Teilnehmer einer der 'Discovery Tours', die vom *World Trade Centre* starten und die durch *Keppel* und *Tanjong Pagar* führen (Abfahrten Mo, Mi, Fr um 9.30 Uhr, Preis S$ 20).

Clifford Pier und Hafenrundfahrt

Als der Stadtplaner Coleman 1822 seine Skizzen für den Bau einer britischen Handelsstadt vorlegte, berücksichtigte er auch eine Schiffsanlegestelle: den heutigen Clifford Pier (benannt nach Charles Clifford; Gouverneur von 1927-30).

Da Singapurs wirtschaftliche Existenz vom Meer und geschützten Anlegeplätzen abhing, florierte das Handelsleben hier bald so sehr, daß die genannten Erweiterungen nach Westen vorgenommen werden mußten.

Auch heute noch blüht das Geschäft am Clifford Pier. Allerdings ist der Platz nun den Dschunken und Passagierschiffen vorbehalten und der einzige Ort auf der Insel, wo Gäste so richtig geneppt werden.

Schon bevor man die Anlegestellen überhaupt erreicht hat, muß man unzählige Kleinhändler passieren, deren Geschäftsgebaren recht aggressiv ist. Nebenbei: die hier verkauften Waren gehören nicht zum besten, was Singapur zu bieten hat, und bei der Preisgestaltung geht man offenbar von unerfahrenen Touristen aus. Die Geldwechsler schlagen vor ihren Buden keine Kurse an und um die Anlegestelle lungern – ein in Singapur völlig ungewohntes Bild! – Schlepper, die jedes Angebot in den Himmel loben.

Dschunkenboot für Hafenkreuzfahrten

Verkehrsdrehscheibe Changi Airport

Touristisch interessant ist der Clifford Pier vor allem wegen der Hafenrundfahrten, die von hier aus starten.. Ungefähr 40 Unternehmen bieten dabei ihr jeweiliges Programm an. Das reicht von einem einstündigen kurzen Trip (S$ 15) über informative, zweieinhalbstündige (S$ 20) bis zu vierstündigen, ausführlichen Fahrten (S$ 40).

Interessant ist die *Oriental Experience Tour*, die neben Sentosa auch Kusu Island berührt (Dauer: 2½ Stunden; S$ 20 ohne Essen). Trotz der mitunter fragwürdigen Praktiken von Schleppern und Händlern gehört eine Hafenrundfahrt unbedingt zu einem Kurzaufenthalt in Singapur. Das Panorama ist einzigartig!

Am Abend bieten Dschunkenboote eine zweistündige romantische *Sunset Dinner Cruise* für ca. S$ 60 an. Die Romantik vergeht bei der Qualität des Essens, aber die beleuchtete Skyline lohnt trotzdem die Runde. Sehr gut dagegen ist der Ausflug auf der "*Cheng Ho*" (Reservierungen unter Tel.: 5339811).

6.4.5 Changi International Airport

 Anfahrt
mit dem Taxi (S$ 16) oder dem Flughafenbus ab Ihrem Hotel, Fahrzeit ca. 30 Minuten
Lage: Im Osten
Fluginformation:Tel.: 5424422

Seit acht Jahren wählen Passagiere, Reiseveranstalter und Geographiemagazine den Changi-Flughafen zum schönsten und beliebtesten der Welt. 1981 wurde ein Komplex in Betrieb genommen, der neben einer effektiven Transport- und Abfertigungsmodalität künstlerisch gekonnt konstruiert ist. Durch die Verwendung von viel Glas, die Einbeziehung von Springbrun-

Changi International Airport

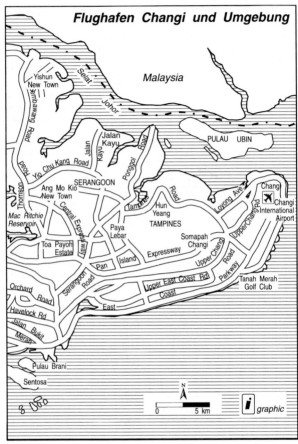

nen, Wasserfällen, Grünflächen, Blumenrabatten oder Kinderspielplätzen relativiert sich die auf Flughäfen sonst übliche technisch-nüchterne Funktionalität. Dazu gibt es helle, großzügig angelegte Ladenstraßen, 20 Restaurants, 75 Tagesaufenthaltsräume, 2 Geschäfts- und 2 Fitnesszentren sowie 2 Friseursalons. Der Duty-free-Einkauf gehört zu den preiswertesten in der Welt. 1990 wurde der Bereich II in Betrieb genommen. Die Verbindung von Terminal I zu II ermöglicht die *Skytram* in wenigen Minuten Fahrzeit.

Einige Daten (Stand 1991)
Anzahl der Passagiere:
16.285 Mio
gegenüber Vorjahr: + 4,3%
Luftfracht: 643.209 t
gegenüber Vorjahr: + 3,1%
Höchstkapazität: 24 Mio Passagiere

Changi International Airport/East Coast Park

Fluggesellschaften: 56 weltweit
Anzahl Flüge/Woche: 2.212
Flugziele: 110 Städte in 54 Ländern

6.4.6
East Coast Park

Anfahrt
am besten mit dem Taxi, oder Buslinie 401 (nur am Wochenende und an Feiertagen) bis East Coast Park, oder Buslinien 10, 12, 14, 32, 40 bis East Coast Road , dann 10 Minuten zu Fuß
Lage: Osten der Insel, südlich des East Coast Park Way

Der Osten des Inselstaates besitzt einen schmalen, (noch) nicht bebauten Grünstreifen entlang der Küste. Er beginnt hinter der *Benjamin Shears Bridge* (benannt nach Dr. B. Sheares, dem zweiten Präsidenten der Republik von 1971 an), erstreckt sich am *Singapore Crocodilarium* und dem großen Tenniscenter vorbei und reicht über den dem Freizeitpark hinaus bis zur *Tanah Merah* Kreuzung kurz vor dem Flughafen *Changi*.

Dieses Gebiet wird im Norden begrenzt durch Wohnsiedlungen, die zu den bevorzugten der Insel gehören: *Katong*, *Siglap* und *Bedok*. Hier muß der Käufer für eine 110 m²-Eigentumswohnung statt der üblichen 120.000 S$ bei staatlichen Wohnungen stolze 600.000 S$ hinblättern. Der Landstrich mit den herrlichen Grünanlagen dient den Bewohnern als Jogging-Gelände, zum Spazierengehen oder für ihre Tennis-, Squash- und Badminton-Spiele. Mehrere Surfschulen bieten Kurse und/oder Ausrüstungen an. Am Wochenende können die 11 kleinen Hütten, schick eingerichtet und idyllisch nahe am Meer gelegen, für Parties oder Familienfeste gemietet werden.

Das *Seafood Centre* und der Freizeitpark um den Lagoon-See sind Mini-Stadtteile mit Geschäftsstraßen, Unterhaltungseinrichtungen und vor allem Restaurants. In dieser Gartenatmosphäre ißt man hervorragend zubereiteten frischen Fisch, Krabben, Garnelen unf Lobster. Auf der Promenade kann man bummeln oder im nur 25 m entfernten Meer baden.

Da in Singapur offensichtlich kein Grünstreifen unbebaut bleiben darf, wird entlang der *Xilin Avenue/East Cost Parkway* auf 126 ha ein neuer 18-Loch-Golfplatz sowie ein Country Club Hotel mit Pool und Hütten, Restaurants und Geschäften entstehen.

East Coast Park/Pulau Ubin

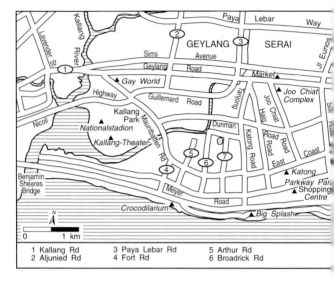

1 Kallang Rd	3 Paya Lebar Rd	5 Arthur Rd
2 Aljunied Rd	4 Fort Rd	6 Broadrick Rd

6.4.7 Ausflug zur Insel Pulau Ubin

 Anfahrt
Buslinie Nr. 7 ab Orchard Road bis Bedok Town, umsteigen in Buslinie Nr. 2 bis Changi Point (Fahrzeit ca. 1 Stunde); oder mit MRT bis Tanah Merah (E9).
Lage: nordöstlich der Hauptinsel, 10 Bootsminuten von Changi Village entfernt

Pulau Ubin ist eine der zahlreichen Inseln Singapurs, die trotz ihrer Nähe zum Zentrum – nur 10 Bootsminuten von der Hauptinsel entfernt! – einen völlig entgegengesetzten Charakter aufweisen: verschont vom Bauboom, naturbelassen, grün und idyllisch.

Im folgenden wird ein Ausflug ab/bis Zentrum beschrieben, wie er am besten an einem normalen Werktag durchgeführt werden sollte; an Wochenenden ist das Eiland überfüllter. Für die Exkursion kann man, wenn man es eilig hat, mit einem halben Tag auskommen, aber auch ein ganztägiger Ausflug wäre absolut nicht langweilig.

Von der *Orchard Road* nimmt man den Bus Nr. 7, der genau wie die Linie Nr. 2 im Zickzack-Kurs durch interessante Teile der Stadt fährt, die man sonst niemals sehen würde. Im oberen Stockwerk, ganz vorn sitzend, gibt es die beste Übersicht und die schönsten Fotomotive. Da die Fenster zu öffnen sind, fächelt der Fahrtwind zudem angenehme Frische. Die *Orchard Road*, Hauptgeschäftsstraße Singapurs (vgl. Kapitel 6.2.5) führt als Einbahnstraße breitspurig in vier Bahnen an den großen Einkaufszentren und ewigen Bauplätzen vorbei. Am *Dhoby Ghaut Park* (MRT)

East Coast Park/Pulau Ubin

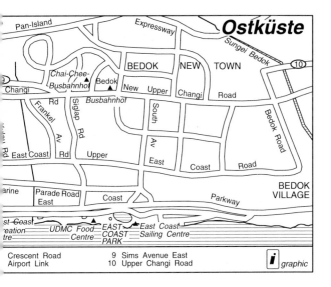

Crescent Road
Airport Link

9 Sims Avenue East
10 Upper Changi Road

i graphic

biegt sie leicht nach links ab, vorbei am Präsidentenpalast, einem Kino (*Picture House*) und dem Hochhaus der *Cathay-Hongkong-Airlines*. In der *Bras Basah Road* überquert der Bus die *Waterloo-* und *Queen Street*. Linkerhand erscheint die halbkreisförmige Bauruine des ehemaligen *St. Josephs Konvent*, die zur Kunstgalerie umgerüstet wird.

Anschließend biegt man nach links in die breite *Victoria Street* ein, die eigentlich ein Boulevard ist und passiert das *Allsons*-Hotel samt Geschäftskomplex, rechts dann das noblere *Carlton*, für viele Geschäftsreisende **die** Geheimadresse ("*Where business is a pleasure*"). Weiter geht es rechts an der *Bugis Street* vorbei, am Tage ein grauer, leerer Fleck, dann am *Golden Landmark Hotel*, bis die *Arab Street* überquert wird. Rechterhand ergibt sich ein schöner Blick auf die bauchigen Kuppeln der *Sultansmoschee*. Die *Victoria Street* mündet in die *Kallang Avenue*, wo man das große Gelände des *Singapore Creativ Centre* für Freizeitaktivitäten passiert.

Kurz vor Erreichen der *Geylang Avenue* erscheint links die *Janlang Moschee*, geradeaus das *Tai Peh Buddhist Centre*. Das Geylang-Gebiet besteht aus kleinen neu-chinesischen Siedlungen, Häuschen mit Gärten, ab und an Schulen, Kindergärten, Spielplätze. An der Kreuzung *Jalon Eunos/Sims Avenue* passiert man links die *Darul Aman Moschee* (in diesem Stadtbezirk gibt es 21 kleinere Moscheen) und gegenüber einen buddhistischen Tempel. Der Bus fährt jetzt parallel zur MRT, vorbei an der christlicher *Bethesda Kirche*, dem

Pulau Ubin

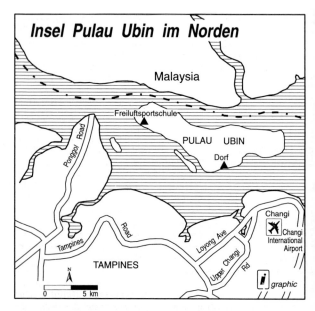

neuen Gemeindezentrum. Die Häuser hier ähneln Villen, nicht höher als zwei Stockwerke, und sind von Gärten umgeben.

Auffallend ist die Vielfalt der Gotteshäuser aller Konfessionen: Moscheen und christliche Kirchen, buddhistische und hinduistische Tempel.

An der *Shy-Upper Changi Road* mit dem großen *Varta*-Industriebetrieb (Batterien) und dem *Singapore Computer Centre* kommt das architektonisch sehr interessante neue Wohnbaugebiet von *Chai Chee* ins Blickfeld. Die Hochhäuser links stehen auf Stelzen und sind knallig bunt in roten, grünen, gelben und braunen Farben; die Spitzen der Dächer fallen blumenförmig auseinander.

In *Bedok Town Centrum* (Einkaufsläden, Sporthallen, Schwimmkomplex, Kino, Leihbücherei) hat man die Endstation der Buslinie 7 erreicht und muß nun in den Bus Nr. 2 nach *Changi Point* umsteigen. In dieser Gegend sind Touristen eine Seltenheit.

Nun geht die Fahrt durch das riesige Neubaugebiet der *Bedok New Town* mit ihren Schulen, Kindergärten, Kirchen und Gesundheitszentren, vorbei an den überall aufgestellten verschiedenfarbigen Containern für Glas, Papier und Metall. In der *Bedok Road-Upper-Changi Road* passiert man ein richtiges Villendorf mit Reihenhäusern und handtuchbreiten Gärten davor.

In der Ferne erblickt man zur Rechten den *Changi Airport*,

Pulau Ubin

zur Linken am Horizont den Kranwald von *Pasir Ris* (Endstation der MRT East) am **Serangoon Harbour**, einem ehemaligen Sumpfland.

Schließlich erreicht man die waldreiche, dörfliche Idylle des *East View Gardens Village* mit seinen wenigen Häusern. Am Beginn der *Upper Changi Road North* wird zunächst das schlichte Gebäude der Heilsarmee passiert, rechts dann die Gefängnisstadt von Singapur, streng und mehrfach abgesichert sowie unterteilt in Frauen- und Männerhäuser, Rehabilitationszentren und Workshops. Daneben befindet sich das Trainingszentrum der Singapurer Armee.

Nachdem der Bus rechts in die *Loyang Avenue* eingebogen ist, fährt man an Villen und Gärten von 1923 vorbei, Überbleibsel der britischen Kolonialzeit. Von den Engländern übernommen und später ausgebaut wurde auch der Luftwaffenstützpunkt, wo sich das Übungsgelände der Fallschirmspringer befindet.

Die *Republic Singapore Air Force* (RSAF) verfügt über modernste Einrichtungen. Dazu gehören 4 Frühwarn-systeme vom Typ *E2C Hawkeyes* (gebaut in den USA), etwa 150 Kampfflugzeuge der Typen *F-16 Fighting Falcon* und *A 4 Su Skyhawks*, ca. 60 Heliokopter der Bauart *Bell Uh-1H* und *Super Pumas* sowie schwere Transportmaschinen. Das Trainingscamp das *Changi Air Base* gibt es seit 1969.

Die Endstation des Buslinie 2 hat man im Dorf **Changi Village** erreicht, einem Neubauort. Hier geht man in Fahrtrichtung, am *Country Club* vorbei, etwa 100 m weiter, bis man linkerhand zur Bootsanlegestelle kommt. Die Szenerie ist hier schlagartig ländlich: viele einfache Motorkähne liegen nebeneinander vertäut, bärtige, bäuerlich aussehende Männer warten auf Fahrgäste. Wenn fünf oder mehr versammelt sind, geht es los, hinaus auf den sich verbreiternden Kanal. Rechts erblickt man den weiße Palmenstrand von Changi, links den Yachtclub nebst Regierungsvillen.

Nach etwa 10 Minuten schwankender Fahrt ist die Singapur-typische Skyline mit ihren Wolkenkratzern den kleinen Pfahlbauten und Wellblechhütten von **Pulau Ubin** gewichen. An der Anlegestelle betritt man eine Welt ländlicher Idylle und Stille, mit Palmen und Fischernetzen. Nachdem man den Obulus von einem Dollar bezahlt hat, kann man sich daranmachen, das Hauptdorf der 'Steininsel' mit seinen Kneipen und Obstständen (Rambutan, Durian) zu erkunden.

Restaurant
Für eine Erfrischung oder ein gutes Seafood-Essen empfiehlt sich: Kampong House Restaurant , Tel.: 5432489; kühle Getränke, frische Garnelen oder Krebse, Wasserspinat (Menü S$ 25)

Die idyllische Insel selbst kann zu Fuß, per Fahrrad (Leihgebühr S$ 5 pro Tag) oder mit einem Taxi durch-

Pulau Ubin

Freundliches Insel-Restaurant

streift werden. Bei begrenzter Zeit und an einem heißen Tag empfiehlt sich das Taxi (S$ 20 pro Stunde); der Halteplatz befindet sich direkt gegenüber der Bootsanlegestelle. Die Taxen sind zwar vorsintflutlich klapprig und scheinen nur durch Stifte, Draht und viel Liebe zusammengehalten zu werden. Aber man kann auf Pulau Ubin ohnehin nicht schneller als 20-30 km/h fahren.

Die Insel ist zu 90% von Urwald bedeckt, unterbrochen durch herrlichen Orchideenfarmen (die ihre Zuchtergebnisse bis nach Japan liefern), Gummibaumplantagen und Gärten voller Rambutanbäumen und Jackfrüchten. Über dem goldbraunen Urwaldboden, in dessen Dickicht Autos verrotten, singen die Vögel wie im ewigen Frühling. Inmitten der Natur sieht man die improvisierten Hütten der indonesischen, malayischen oder chinesischen Bewohner mit Gas- und Wasserbehältern, die im Selfmadeverfahren hergestellt wurden und noch nie von einem 'TÜV' untersucht worden sind. Hunde liegen träge im Schatten, Hühner stolzieren auf den Wegen.

Im Innern der Insel stößt man auf kleine Seen und Bäche, die Fischzucht ermöglichen. Anstelle von Brückenübergängen geht die Fahrt über primitive Holzkloben.

Auf der Nordseite dann – nach einer halben Stunde auf teilweise asphaltierter Straße, teilweise abenteuerlichen Pfaden, die den klappernden Zustand des Gefährts vollauf erklären – erreicht man die riesigen, bis zu 120 m steil in die Tiefe abfallenden Granitsteinbrüche. Die Förderanlagen, die großteils heute im Busch verrotten, speisten bis vor 10 Jahren noch die Großbauvorhaben der nahen Metropole.

Der Südostbereich der Insel ist dann wieder mehr bewal-

Pulau Ubin/Mount Faber Park

Pulau Ubin: im Inselinneren

det, aber auch von kleinen Siedlungen, Gärten und Tempeln durchsetzt. *"Warten Sie einmal zehn Jahre"*, sagt der Taxifahrer, als er nach 2 Stunden Mensch und Wagen heil zum Bootskai zurückgebracht hat, *"dann haben wir es hier wie bei denen da drüben in Singapur"*...

Wer auf der Rückfahrt die Fahrtzeit um eine halbe Stunde verkürzen möchte, sollte nach dem Bootstransfer zunächst mit dem Bus Nr. 2 bis *Tanah Merah – E9-MRT* fahren und für die letzte Strecke bis zum Zentrum dann die MRT nehmen.

6.4.8 Mount Faber Park

 Anfahrt
mit dem Taxi (S$ 8 ab Zentrum), der Cable-Car vom World Trade Centre aus oder mit Bus 5, 16, 64, 65, 92 oder 124 bis Lower Delta Road, dann 15 Minuten zu Fuß bzw. Teilnahme an den Sightseeing Tours (??).
Lage: Auf dem gleichnamigen Berg, Stadt Telok Blangah

Die Bezeichnung "Mount" ist eigentlich zu hoch gegriffen, doch sind angesichts der ansonsten relativ ebenen Insel 120 Meter schon bemerkenswert. Bis 1845 nannte man den Hügel nach der weiter un-

Blick vom Mount Faber

Mount Faber Park

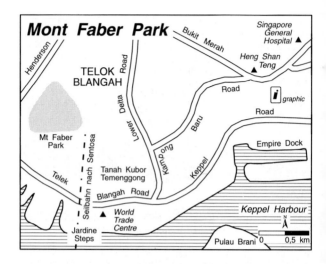

ter vorbeiführenden Straße *Telok Blangah*. Auf der Suche nach einer Signalstation ließ ein gewisser Captain Faber eine Straße auf den Hügel bauen, nach 1970 wurde ein kleiner Park angelegt.
Als 1974 die Cable Car ihren Betrieb aufnahm und es üblich wurde, per Gondel "hinunter" über die Meeresenge, Hafen und Werften nach Sentosa zu schweben, belebte sich der Berg, der inzwischen von über 14 Millionen Besuchern "erklommen" wurde, von den meisten übrigens per Ausflugsbus. Trotz der gerin-

Hinweisschilder auf dem Mount Faber

Mount Faber Park

gen Höhe hat man einen faszinierenden Ausblick über die Stadt, den Hafen, die Neubaugebiete und das Bankenzentrum. Ein kurioser Wegweiser informiert einen über die Entfernung von hier bis nach Rom, San Francisco oder Tokyo.

Daten zur Gondelbahn

Inbetriebnahme: *14.02.1974*
Erbauer: *Habernager, Schweiz*
Geschwindigkeit: *3 Meter pro Sekunde*
Länge: *1,8 km von Mount Faber bis Sentosa*
Fahrgäste bis 1992: *14,2 Mio*
Verkehrszeit: *täglich von 9.00-21.00 Uhr*
Fahrpreis: *Erwachsene S$ 6,50, Kinder S$ 3,00*

Per Gondelbahn nach Sentosa

6.5 Sentosa

Anfahrt
- Per **Gondelbahn** : vom Mount Faber, vorbei am WTC, die Meerenge überschwebend bis zum höchsten Punkt der Insel (sehr romantisch), Preis S$ 5.00 (Kinder S$ 2,5)
- Zu Fuß über die 710 m lange Verbindungsbrücke zum "Festland" (eröffnet 16.12.92) Zuvor mit den Buslinien 65 und 143 ab Orchard Road, bzw. 84, 61, 143 ab Chinatown, Preis S$ 4,00 bzw. 2,50.
- Mit dem **Sentosa Bus-Service** ab Tiong Bahru MRT tägl. 8.00-19.00, alle 10-15 Minuten, Preis S$ 5,00.
- Mit dem Boot ab WTC alle 4 Minuten von 7.30-23.00 Uhr, Preis S$ 1,20 (hin/zurück)

Lage: ca. 500 m südlich der Hauptinsel

Außer Hotelgästen müssen alle Besucher über Nacht die 'Insel der Freuden' verlassen. Taxis ist die Zufahrt als Zubringer für Hotelgäste erlaubt.

6.5.1 Allgemeines

Eigentlich heißt die 380 ha große Insel (Länge: 4,2 km; Breite: 1 km) *Pulau Blakang Mati* (= 'Insel des lauernden Todes'). Im Mittelalter ein gefürchteter Piratenschlupfwinkel, bauten die Engländer sie zur Militärbasis aus, bevor sie 1967 der Regierung von Singapur übergeben wurde. Schon 1968 tauchten erste Pläne für einen Freizeitpark auf der Insel auf, der man nun auch den neuen Name "Sentosa" nach dem malayischen Begriff für 'Frieden' und 'Ruhe' gab. In den zurückliegenden 30 Jahren ist Sentosa zu einem Zentrum voller Attraktionen umgestaltet worden, das seinesgleichen hinsichtlich Lage, Vielfalt und Preis-/Leistungsverhältnis in Asien sucht. Während man sich werktags relativ beschaulich den zahlreichen Sehenswürdigkeiten widmen kann, ist die Insel am Wochenende gestopft voll mit Familien, Gruppen oder Pärchen. Das von der *Sentosa Development Corporation* organisierte Freizeitvergnügen ist jedoch nicht unumstritten. Während den einen die künstlich errichteten Freuden der Inbegriff höchsten Vergnügens sind, erscheint die Insel anderen, die wirkliche Erholung von der alltäglichen Disziplin, der Ordnung, Organisation und dem Leistungsstreß suchen, als 'Vorhof der Hölle'.

6.5.2 Touristische Hinweise

Busverbindungen
Busse A: 7.15-22.00 von Tiong Bahru MRT nur zum Beaufort Hotel und Central Beach. Busse B: 8.20-19.30 Uhr, nur Sa-So und in den Schulferien. Busse C: 7.20-23.30 Uhr zum Asian Village, Orchid., Stone Museum, Fountain Garden, Musical Fountain, Riverboat
Nr.1: 9.00-19.00 Uhr Coralarium, Maritime Museum
Nr.2: 9.00-22.00 Uhr alles außer Coralar., Central Beach, Beaufort Hotel
Offener Doppeldecker, rund um die Insel, auf Anfrage (S$ 80 pro Stunde, Buchung unter Tel.: 2750505). Ein Extrafaltblatt über die Buslinien gibt es beim Kauf der Eintrittskarte.

Sentosa

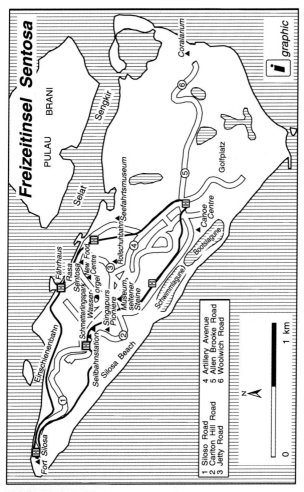

Sportliche Aktivitäten
Auf **Fahrrädern** (zu mieten von 9.00-19.00 Uhr, 2-5 S$ pro Stunde) und gut ausgebauten Straßen und Wegen kann die Insel umfahren werden, wobei der Blick auf die Skyline von Singapur die Mühe des Strampelns allemal lohnt. **Badefreuden** erlebt, wer nicht gerade am Wochenende die 3 km langen, herrlichen Strände (kostenlos) aufsucht.

Sport
Ausgewiesene Areale laden zum **Fußballspielen** oder zu **Skateboard**-Fahrten ein. **Golfspielen** kann im öffentlichen Tanjong Course erlernt oder von Könnern praktiziert werden. Der 18-Loch-Platz wurde 1974 für 4,5 Mio S$ erbaut und ist sehr populär; wegen der großen Nachfrage empfiehlt sich die Vorausbuchung (Tel.: 2750022). Serapong Course, der andere Golfplatz, der von Stararchitekten Ronald Fream

Sentosa

Paradiesisch: die Strände auf Sentosa

geplant wurde und 16 Mio S$ kostete, erfüllt die Ansprüche der Weltspitze und ist nur für Mitglieder des Sentosa Clubs zugänglich.

Essen und Trinken
Es gibt mannigfaltige Möglichkeiten auf Sentosa, den Durst zu löschen oder den Magen zu füllen. An den Stränden bieten Kioske einfache Sandwiches oder Kekse an. Einen Snack bekommt man auch an der Cable-Car-Station bei der Blumenterrasse. Im Food-Centre (hübsche, überdachte Plätze) gibt es zur Selbstbedienung Obst, Getränke und Buffetspeisen wie Garenelen, Hühnchen, Ente, Seafood oder Hokkien Mel und Peranakan.

● Sentosa Riverboat

Das Sentosa Riverboat, der 6 Mio S$ teure Nachbau eines Missisippi-Raddampfers, liegt 50 m vor der Küste ne-

Das Sentosa Riverboat

ben dem Anlegekai. Abends bietet das Schiff Speisen und Getränke für gehobenere Ansprüche, so daß der Blick auf die nächtlichen, hell erleuchteten Konturen der Hochhäuser und die vorbeiziehenden Boote nicht gerade billig ist. Auf dem Hauptdeck wird Western-Küche serviert, während sich auf dem Upper-Deck ein feines chinesisches Restaurant befindet. Ein spezieller Raum für 50-60 Personen ist Hochzeiten oder Geschäftsparties vorbehalten.

Unterkunft
Die Palette der Übernachtungsmöglichkeiten auf Sentosa reicht von "ganz einfach" bis "sehr teuer". Für die erstgenannte Kategorie steht die **Jugendherberge**, in der bis zu 80 Personen Platz finden (8 S$ pro Nacht im Mehrbettzimmer). Auch **Zelten** darf man auf einer Wiese (12 S$ für das 4-Personen-Zelt).
● Shangri La's Rasa Resort.
Dieses Hotel entstand 1993 (für Baukosten in Höhe von 138 Mio S$) in traumhaft schöner Lage: an einer weichen Sandlagune des Siloso Beach mit Blick auf die Südchinesische See, in der jedoch häufig Öltanker zu sehen sind. Es stehen 459 Zimmer mit Balkon und 7 verschiedene Restaurants zu Verfügung. Shangri La's Rasa Resort erreicht man mit der Monorail Station 7, Bus 2 und A sowie mit dem Taxi. Der Übernachtungspreis beträgt 271 S$, die Wochenend-Pauschale (3 Tage/2 Nächte) 542 S$.
● Beaufort Singapore
Diese Nobelherberge kann als das Nonplus-ultra in und um Singapur bezeichnet werden. Das seit Dezember 1991 bestehende und vom Meer nur durch einen schmalen weißen Sandstreifen getrennte Beaufort Singapore liegt am Ostzipfel der Insel und ist von einem 3 km langen Privatstrand umgeben. Es verfügt über einen eigenen Golfplatz, Wald und Parkanlagen. Die Unterkünfte – architektonisch eine Mischung aus englischem Land- und thailändischem Gartenhaus – sind in einem Trakt mit 214 Zimmern und Suiten sowie 4 Gartenvillen mit eigenem Pool untergebracht. Das jeden erdenklichen Luxus bietende Hotel ist sowohl für Individualreisende mit höchsten Ansprüchen geeignet als auch für Konferenzteilnehmer und Geschäftspartner, die unter sich sein möchten (Übernachtungspreise: 350 - 2.500 S$; Vorausbuchung ist dringend angeraten; Tel.: 2750331, Fax: 27 50 228).

6.5.3 Was gibt es zu besichtigen und zu erleben?

Der organisierte Spaß ist in folgende "Welten" unterteilt, die jeweils durch eine Farbe gekennzeichnet sind:

● **Blau:** *History World*
Pioniere Singapurs, Raum der Kapitulation, Promenade der vergangenen Kulturen, Schiffahrtsmuseum
● **Grün:** *Nature World*
Naturpfad, Unterwasserwelt, Garten der Fontänen, Coralarium, Schmetterlingspark, Drachenpfad, Orchideen-Phantasie, Blumenterrasse, Museum für seltene Steine
● **Gelb:** *Sun World*
Sonnenbaden, Strände, Golf, Radfahren
● **Rot:** *Fun World*
Monorail, Sentosa Riverboat, Shangri-La's Rasa Resort Hotel, The Beaufort Hotel, Asian Village
● **Violett:** *Night World*
Musical-Fontänen, Shows, Tembuso-Hain

Die einzelnen Abteilungen sind zu erreichen durch die Elektrobahn *Monorail*, die im 10-Minuten-Takt den inneren Zirkel umfährt. Deren Vorteil: da sich die Bahn in 3-6 m Höhe über dem Boden bewegt, ergibt sich eine gute Übersicht. Der Nachteil sind die (allerdings nie sehr lan-

Sentosa

gen) Fußwege, die man von den Haltestellen zu den äußeren Punkten (z.B. Golfplatz, Tanjong Beach) zurückzulegen hat.

Angaben zur *Monorail*:
Hersteller: *Habegger, Schweiz*
Kosten: *16 Mio S$*
Fuhrpark: *13 Züge à 15 Kabinen, bis zu 90 Personen pro Zug*
Fahrstrecke: *6,1 km*

Die wichtigsten Sehenswürdigkeiten von Sentosa im einzelnen

● **Fort Siloso**

Das historische Fort wurde um 1880 zum Schutz der Kohlebunker und des Hafens vor feindlichen Kriegsschiffen erbaut. Dazu war es mit drei 7-Zoll-Kanonen, zwei "64-Pfündern" und fünf 10-Inch-Kanonen ausgestattet. Gleichzeitig diente es als Stützpunkt der *British Royal Artillery* sowie der Freiwilligentruppe (*Singapore Volunteer Artillery Corps*). Später wurden Spähund Verteidigungstürme hinzugefügt.

Die Besatzung des Forts fügte den Japanern 1942 enormen Schaden zu und versenkte mehrere Schiffe, mußte sich schließlich aber doch der Übermacht beugen.

Nach der Übergabe durch die Japaner 1945 verwendeten die Briten das Fort erneut zu Verteidigungszwecken, bis es 1968 von Singapur übernommen wurde. Als anschauliches Dokument der Geschichte wurde es im Februar 1975 für Besuchern freigegeben.

Zu sehen sind das Kanonen-Museum (Geschütze aus den Jahren 1880-1940), die ständige Ausstellung "*Geschichte des Fort Siloso*" (Flaggen, Uniformen, Gasmasken, Helme) sowie die Abteilung "*Be-

Geschütze des Fort Siloso

Sentosa

hind Bars", die das Leben der Kriegsgefangenen während des Zweiten Weltkrieges zeigt (u.a. mit zwei originalgetreu rekonstruierten Zellen samt Interieur; ein 5-Minuten-Video erklärt die Hintergründe). Eine spezielle Ecke ist dem britischen Maler *Stanley Warren* und seinen Wandmalereien in der Lukaskapelle des Gefängnisses gewidmet.

Darüber hinaus wird im Untergrundtunnel A die Show "*Sounds of Siloso*" gezeigt, die mit modernsten audiovisuellen Effekten die dramatischen Kriegsereignisse um das Fort lebendig macht (Eintritt: 1 / 0,50 S$).

● **Singapore Wax Museum**

Die Ausstellung der *Pioneers of Singapore and Surrender Chambers* (Eintritt : 3 /1 S$) hat eine "bewegte" Vergangenheit. Sie begann 1974 mit einem einzigen Tableau, das im Tourismusbüro gezeigt wurde. Im Laufe der Zeit kamen jedoch immer mehr Exponate hinzu, bis die Regierung beschloß, das Wachs-Museum nach Sentosa zu verlegen, wo mit einem Kostenaufwand von 8,4 Mio S$ die attraktive Ausstellung errichtet wurde.

Mit ihren originalgetreuen Nachbildungen von lokalen Gegebenheiten, Personen, Möbeln, Utensilien und Ereignissen stellt sie einen hervorragenden Anschauungsunterricht dar. Gezeigt wird beispielsweise die Unterzeichnung der Kapitulationsurkunde der Briten bei der Übergabe an die Japaner (15.02.42) und die Rückübergabe der Japaner an die Briten (12.09.45). Dazu laufen audiovisuelle Erläuterungen, Einblendungen von Original-Filmspots beider Seiten, Berichte über Ausbruch und Verlauf des Krieges und Archivfilme.

Das zweite interessante *Waxorama* zeigt in lebensgroßen Szenen Rekonstruktionen des Lebens vom 14.-20. Jahrhundert, bei denen die ethnischen Gruppen, ihr Leben und ihre Rolle beim Aufbau der Nation bis ins kleinste Detail nachgestaltet sind. Jedes Tableau wird durch Tonbanderläuterungen kommentiert. Im Vorraum der Halle ist eine Bildergalerie den frühen Händlern Singapurs gewidmet, anschließend wird die Entwicklung vom ersten Gewürzhandel zur Gummi-, Öl- und Großhandelsmacht dargestellt. Der Titel der Ausstellung lautet "*Early Traders of Singapore*".

● **Unterwasser-Welt**

Hierbei handelt es sich in der Tat um eine einzigartige, tropische Welt unter Wasser. Die von Australiern, Deutschen und Singapurern für 23,5 Mio S$ erbaute und 1991 in Betrieb genommene Attraktion ist Asiens neuestes, größtes, schönstes – und teuerstes! – Vergnügen. Über eine Brükke, zu deren beiden Seiten Schildkrötenteiche angelegt sind, gelangt man in einen Vorraum mit Wandaquarien, und zu einem *Touch-Pool*, wo

Sentosa

Im Tunnel durch die Unterwasserwelt

man Steine, Korallen oder Pflanzen berühren kann. Eine zylindrische Glassäule verbindet die insgesamt drei Stockwerke und zeigt tropisches Meeresleben. Im kleinen Filmtheater laufen 10-Minuten-Spots zur Einführung. Die hinabführende Treppe wird von großen Aquarien zu einzelnen Themenbereichen wie 'besonders gefährliche Meerestiere' und 'Korallenriffe' flankiert. Auch *"Jamie"*, eine 50 kg schwere und 1,2 m lange Moräne, der Liebling aller Kinder, ist zu bestaunen. Ein Riesenbassin ist der Gattung der Haie gewidmet – über 70 der weltweit bekannten 350 Spezies schwimmen dort umher.

Die Hauptattraktion aber ist ein 85 m langer Acryl-Tunnel, durch den bis zu 250 Besucher auf einem Fließband langsam mitten durch das riesige Aquarium gefahren werden. Ein einmaliges Erlebnis, wenn die Haie bis auf wenige Zentimeter auf den Besucher zugeschossen kommen (Eintritt: 10 /5 S$)!

Einige Daten zur Unterwasserwelt
Anzahl der Meerestiere: 5.000
Wassermenge im Aquarium: 4,5 Mio Liter (permanent gefiltert)
Durchschnittliche Wassertemperatur: 29°C
Tägliche Futtermenge: 90 kg Frischfisch und ebensoviele Zusätze
Jährliche Besucherzahl: 1,4 Mio

Weitere Sehenswürdigkeiten

Außer den genannten Attraktionen lohnen folgende Sehenswürdigkeiten den Besuch:

● Das **Maritime Museum**, in dem es Ausstellungen zur Geschichte des Schiffbaus und Fischereiwesens gibt.
● Das **Corolarium,** in dem Freunde der Unterwasserwelt

Sentosa

u.a. eine der weltgrößten Muschelsammlungen finden.
- Die sog. **Orchid Fantasie**, in der Orchideen aus aller Welt phantasievoll arrangiert sind.
- Das **Rare Stone Museum**, in dem die Natur als Künstlerin bei der Steinbildung bestaunt werden kann.
- Der **Butterfly Park**, in dem 2.500 lebende Schmetterlinge die Blüten umschwärmen und zu dem auch ein Insektarium gehört.
- Das **Asian Village**, das neben dem eigentlichen Dörfchen ein Amphietheater für asiatische Folklore-Shows und ein Familien-Unterhaltungzentrum (*Adventure Asia*) hat.

Zu den **eintrittsfreien Anlagen** gelangt man auf Spazierwegen: da gibt es einen **Naturpfad** und einen sog. **Drachenweg**, die **Promenade der vergangenen Kulturen** und eine **Ruinenstadt** sowie den **Fountain Garden** im Stil der europäischen Barockgärten.

Besonders am Abend ist ein Besuch der **Musical Fountains** zu empfehlen: ein Wasserfontänen-Ballett mit Licht, Laser, Farben und Musik. In mehreren hintereinander oder seitlich versetzten Reihen steigen die Fontänen bis zu 20 m in die Höhe, senkrecht, in Wellen und Linien, springend oder Bögen schlagend. Das Ganze wird computergesteuert auf ein musikalisches Potpourri von Händel über Tschaikowskys Klavierkonzert in B-Moll bis zu Kenny G. abgestimmt.

Die 5.000 Zuschauer fassende Anlage wird auch für Lifekonzerte oder Folklore-Shows genutzt. Vorstellungen finden täglich ohne Licht um 10.00, 10.30, 16.00, 16.30, 17.00 und 17.30 Uhr statt, mit Licht um 19.30, 20.00, 20.30, 21.00 Uhr und samstags zusätzlich um 21.30 Uhr statt.

Licht- und Wasserspiele

Für die nahe Zukunft gibt es weitere ehrgeizige Projekte. So wird die naheliegende 85,5 ha große Insel *Buran Darat* durch einen Damm mit Sentosa verbunden und dem Freizeitangebot nutzbar gemacht. Nach dem Vorbild des Sunset Boulevard in Hollywood entsteht ein *Star Walk*, eine Pflasterstraße mit Autogrammen und Fußabdrücken beliebter Popstars. Wenn Sie "life" miterleben wollen, wie ein Vulkan ausbricht oder ein Riß im Ozeangraben entsteht, wie Atlantis untergegangen ist und ähnliche Abenteuer mehr, dürfen Sie den **Water Theme Park** nicht verpassen, der Ende 1993 seine Schleusen geöffnet hat. In einer Ozeankapsel untergebracht, erleben Sie dank Robotern, Filmtricks und Simulatoren den prickelnden Hauch der Romantik des "Ganz tief unten".

Sentosa im statistischen Überblick	
Besucher 1989-92:	10.000.000
Besucher 1992:	3.320.000 (darunter 1.600.000 Ausländer)
Reingewinn 1992:	57 Mio S$
Meistfrequentierte Attraktionen:	Unterwasserwelt (1,4 Mio), Badelagune (1,3 Mio), Wachskabinett (1 Mio)

6.6 Andere küstennahe Erholungsinseln

Zum Inselstaat gehörend und ins Freizeitangebot einbezogen sind reizvolle kleine Inseln wie **St. John's, Kusu, Sisters, Hantu** oder **Lazarus**. Weitab vom Lärm der Metropole sind sie – zumindest in der Woche – Oasen der Ruhe und Entspannung. In der langfristigen Planung bis zum Jahre 2010 ist vorgesehen, insgesamt 10 weitere der 59 verstreuten Inseln für Erholungsgebiete zu erschließen.

St. John's

Dieses Eiland ist noch weitestgehend naturbelassen und besitzt herrliche Badebuchten, Golfplätze, Wiesen- und Blumenflächen. In einem ehemaligen Kolonialclub kann man auch übernachten.

Anfahrt
mit dem Schnellboot ab dem World Trade Centre werktags 10.30 und 13.30 Uhr, am Wochenende alle zwei Stunden ab 9.30 Uhr, Preis: 12 S$

Kusu Island

Kusu Island ist 7 km von Singapur entfernt und war – so weiß es die Sage – einstmals eine Schildkröte, die sich in eine Insel verwandelte, um schiffbrüchige Malayen und Chinesen zu retten. Diese bauten aus Dankbarkeit einen muslimischen Schrein, gewidmet dem Adligen *Haji Syed Abdul Rahman*, der hier unter ungeklärten Umständen verschollen ist, sowie einen taoistischen Tempel *Tua Pek Kong* für den Gott des Reichtums. Am neunten Tag des neunten Mondmonats finden Pilgerfahrten hierher statt. Dann ankern Hunderte von buntgeschmückten Sampans wie farbige Wasservögel vor der Insel.

Anfahrt
mit dem Schnellboot ab dem World Trade Centre Mo-Sa 10.00 und 13.30, So und feiertags 9.00, 10.00, 11.20, 13.40, 14.40, 16.00, 17.00 und 19.20 Uhr, dazwischen die jeweilige Rückfahrt.

6.7 Besuch auf dem Dorf – ein Ausflug nach Lim Chu Kang

Anfahrt
ab Clementi (MRT W8) mit Bus 99, 105 oder 154 bis Jalan Boon Lay; dort umsteigen in Bus 206 bis zur Straße von Jahore.
Lage: Nordwesten der Insel, an der Grenze zu Malaysia (Straße von Jahore)

Startpunkt dieses Ausfluges ist **Clementi**, eine der Satellitenstädte im Westen der Metropole. Vorwiegend von Arbeitern und Angestellten der Jurong-Industriekomplexe bewohnt, hat sie einen besonders hohen Anteil an muslimischer Bevölkerung. Außer Hochhäusern sieht man aber auch viele Grünanlagen, Terrassen, Springbrunnen und Blumengärten. In den Einkaufszentren von Clementi, die alles von der neueste Mode über Kosmetika, Lederwaren und Schuhe bis hin zu HiFi-Geräten im Angebot haben, sind die Waren etwa 20% preiswerter als im Zentrum. Die Restaurants der Satelittenstadt bieten, von *McDonalds* einmal abgesehen, eher chinesische, malayische und indonesische Küche an.

Im **Busbahnhof** von Clementi nehmen Sie den 99er Doppeldecker in Richtung *Boon Lay*. Versuchen Sie möglichst, einen Platz oben oder ganz vorne zu bekommen, wo Sie gute Fotomöglichkeiten haben. Zunächst geht es über die *Commonwealth Avenue*, in der als der 'Allee der Schulen' Grund-, Mittel- und Hochschulen samt Sportplätzen, Turnhallen, Schwimmbecken und Appellplätzen aneinandergereiht sind. Hinter Clementi hört die Besiedelung plötzlich auf und weicht Wiesen, Sumpf und dunkelrotem Boden. Aber schon wühlen die Bagger neues Bauland für weitere Hochhäuser auf, die in Kürze *Jurong East New Town* mit *Clementi* verbinden werden. An der *Jurong Town Hall* biegt der Bus von der *Commenwealth Avenue* ab auf die *Jurong East Avenue*. Man passiert Neubauhäuser in hellen Farben, die Einkaufszentren des *Jurong Place*, einen neuen Tempel, Kinos, Garküchen, Blumenläden und die zentrale katholische Kirche, die Franz von Assisi geweiht ist. In *Jalan Boon Lay* (Haltestelle *Jalan Bahar*) steigt man um und fährt mit der Buslinie 206 weiter (Abfahrten alle 3 Minuten).

Hinter der Stadtgrenze reicht der Urwald bis an die Straße heran und vermittelt ein Bild, wie es in früheren Zeiten für die gesamte Region typisch gewesen sein muß.

Nanyang Technological University

Ein auffälliger Gebäudekomplex auf der linken Seite führt einen wieder in die Gegenwart

Lim Chu Kang

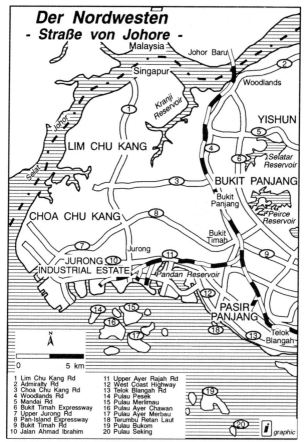

Der Nordwesten
- Straße von Johore -

1 Lim Chu Kang Rd
2 Admiralty Rd
3 Choa Chu Kang Rd
4 Woodlands Rd
5 Mandai Rd
6 Bukit Timah Expressway
7 Upper Jurong Rd
8 Pan-Island Expressway
9 Bukit Timah Rd
10 Jalan Ahmad Ibrahim
11 Upper Ayer Rajah Rd
12 West Coast Highway
13 Telok Blangah Rd
14 Pulau Pesek
15 Pulau Merlimau
16 Pulau Ayer Chawan
17 Pulau Ayer Merbau
18 Terumbu Retan Laut
19 Pulau Bukom
20 Pulau Seking

zurück. Gemeint ist die *Nanyang Technological University*, die aus dem gleichnamigen Institut hervorging und am 1. Juli 1991 in den Rang einer vollakademischen Ausbildungsstätte erhoben wurde. Gegenwärtig existieren 5 Fakultäten: Rechnungsführung, angewandte Technik, Bautechnologie, Elektrik und Elektronik sowie Maschinen- und Anlagenbau. Jede Fakultät hat eine eigene Leitung und bindet in den Fachbereichsrat Industrieverbände, Manager und Senior-Regierungsmitglieder ein. Die Studenten erhalten dadurch eine unmittelbar praxisorientierte Ausbildung. Praktika in den Ferien und die ständige Einflußnahme der Industrie garantieren ein hohes Ausbildungsniveau. Etwa 6.000 Studenten erwarben hier ihre Diplome und wurden von den zahlreichen Industrie-und

Lim Chu Kang

Wirtschaftsbereichen quasi von der Universität weg engagiert. Darüberhinaus führt die neue Hochschule Postgraduierten-Programme durch und vergibt anerkannte Diplome und Doktorhüte.

Weiter geht die Fahrt über die *Jalan Bahar Street*, zu deren beiden Seiten sich wieder der Urwald erstreckt. Ab und zu sieht man kleine Hütten, gelegentlich ein Elektrizitätswerk und Orchideenfelder. Parallel dazu liegt links das riesige **Tengeh Reservoir**, das in das **Poyan-**, dann **Murai-** und **Saribun-Reservoir** übergeht. Wie ein zerfetzter Rand geht die Insel Singapur in die Straße von Jahore und Malaysia über.

Nach wenigen Kilometern fährt der Bus durch ein großes, inmitten von Wald und Wiesen gelegenes Friedhofsgebiet. Eigentlich müßte man von fünf Friedhöfen sprechen: denn hier liegen Angehörige der unterschiedlichsten Religionen (Christen, Muslime, Bahai, Chinesen und Hindus) einträchtig nebeneinander.

Nach einem weiteren Kilometer passiert man rechterhand ein riesiges Übungsgelände der Armee, danach Gärtnereien, in denen Tabak, Orchideen und Gemüse angebaut wird. Es folgen Farmen mit weiten Feldern, bis man über die *Old Lim Chu Kang Road* schließlich die Endstation der Buslinie 206 erreicht: den Hafen von **Lim Chu Kang** mit der Zollabfertigung.

Während der Buschauffer vor seiner Rückfahrt eine viertelstündige Teepause einlegt, hat man Zeit, die dörfliche Idylle und Naturgeräusche in sich aufzunehmen. Man ist umgeben von Blumen, Grünflächen und Gärten, in denen Vögel zwitschern. Ein Junge spielt mit einem kleinen Hund, drei weitere liegen faul auf dem Landungssteg in der Sonne. Dort sieht man auch gemütliche Angler, die

Bootssteg an der Straße von Johore (Malaysia)

Lim Chu Kang

fernab der hektischen Großstadt ihrem Zeitvertreib nachgehen, und das vertäute kleine Schiff der *Coastguard*, während ein anderes draußen auf der Straße von Jahore brummt. Kaum ein Tourist verirrt sich hierher. Auf den Bohlen des Bootssteges sitzend, ist man ganz am Ende von Singapur, von dem man auf der anderen Seite den alten und neuen Sultanspalast erkennen kann sowie einige Hochhäuser im Dunst. Leise schwappt das Wasser unter einem...

Nach einer Viertelstunde kommt der Fahrer aus dem Teehaus, geht zu einem kleinen taoistischen Schrein nebenan, verbeugt sich, steigt dann in den Bus: wir fahren zurück in die Großstadt.

7. Literaturliste

7.1 Reiseführer

Apa City Guide "Singapur", RV Verlag München 1990.
Ein gut aufgemachter und reich bebilderter Führer, der mit journalistischem Können und lockerem Stil, eine nützlicher Begleiter ist.

Bruni Gebauer, "Singapur" Vista Point Stadtführer, Köln 1991.
Flott geschrieben, fachkompetent das Wesentliche ausgewählt, bietet dieser Führer der bekannten Serie einen guten Einstieg in die multikulturelle Metropole.

Polyglott Serie "Singapur", München 1991/92.
In aller Kürze das Wichtigste in der Tasche.

Rolf Vente, "11 x Singapur", Serie Piper, München 1992.
Elf unterschiedliche Aspekte zum Thema Singapur. Eine Sammlung wichtiger Hintergrund-Informationen.

Martin Lutter-Johann, "Singapur" Reise Know how, Bielefeld 1993.
Ein guter Führer für die nicht etablierten Gäste ohne Schlips und Jackett.

Susanne Schwanfelder, Singapur" Goldstadt, Pforzheim 1993.
Ein guter, ausführlicher, informativer, mit wissenschaftlicher Genauigkeit geschriebener Führer.

Rainer Krack, Du Mont Taschenbuch, Köln 1991.
Das Wesentlichste in Kürze, gekonnt und mit hoher Sachkenntnis aufbereitet.

Baedekers Allianz Reiseführer "Singapur", Stuttgart 1989.
Ein ausgezeichnetes, kurzgefaßtes Taschenbuch, das in seiner Übersichtlichkeit besticht und viele notwendige Informationen liefert.

Anita Rolf, "Malaysia-Singapur", Du Mont Kunstverlag, Köln 1989.
Ein hervorragender, ausführlicher und kenntnisreicher Kunstreiseführer für alle Leser, die sehr detailliert über die Kunst und Kultur dieser Region informiert sein möchten.

Literaturliste

7.2 Hintergrundbücher

"Singapore-Days of old", Bildband Tatler Buchserie, Singapur 1992
Ein Jubiläumsbildband, der in großformatigen Bilder und informativen Texten die Verbindung zwischen Damals und Heute schafft.

"Singapore, Facts and Pictures 1992." Herausgegeben vom Ministerium für Information und Kunst.
Enthält eine Fülle aktueller und wissenswerter Fakten.

Roberto Pregarz "Memories of Raffles"Treasury Publishing Singapore 1990.
Roberto Pregarz, 22 Jahre lang Generalmanager und inspirierender Geist des legendären Raffles-Hotels, plaudert amüsant und aus reichem Erleben über die letzte große Zeit eines der berühmtesten Hotels der Welt.

William Somerset Maugham "Silbermond und Kupfermünze", Roman, Diogenes Zürich
Rudyard Kipling "Das Dschungelbuch", dtv München 1993
Joseph Conrad " Taifun", Reclam Stuttgart 1989
Diese drei Romane, geschrieben von Meistern der Literatur, beschäftigen sich mit dem Flair, der Lebensart, Hoffnungen, Verweiflungen und Leidenschaften von Menschen in Südostasien also auch in Singapur. Auch wenn diese spannenden Bücher nicht vordergründig in Singapur spielen, sind sie doch eine wertvolle Ergänzung.

Friedrich Heiler (nach Goldhammer)," Die Religionen der Menschheit," Reclam Stuttgart 1982
Ein Standardwerk, das in leicht verständlicher Form Auskunft gibt über die unterschiedlichen Beziehungen der Völker zu ihren Göttern.

Wolfgang Bauer "Lexikon der Symbole", Fourier, Wiesbaden 1986.
Eine sehr informatives Nachschlagewerk, um sich im Dschungel von Begriffen, Symbolen und Riten besser zurechtzufinden.

"Ramayana-Epos", Diederichs Gelbe Reihe, München 1981.
Die uralte und in ganz Asien beliebte Legende vom Gott Vishnu, der als Held Rama auf der Erde den Guten in schwierigem Kampf beizustehen versucht. Ein Schlüsselwerk zum Verständnis des Buddhismus und Hinduismus.

"Dhammapadam – der Wahrheitspfad", Serie Piper, München 1984.
Die "Worte der Lehre", eines der Hauptwerke des Buddhismus. Sie gehen zurück auf die Lehren des historischen Gautama Siddhartha, der zum Budda wurde.

Stichwortverzeichnis

A
Adelphi-Centre 133
Aids 66
Alexander der Große .. 12-13
Altsteinzeit 12
Analphabetenrate 29
Anderson Bridge 130
Ann Siang Hill 165, 167
Antiquitäten 94
Arab Street 7, 43, 95,
.... 147, 199
Arbeitslosigkeit 38
Arbeitsschutz-
  bestimmungen 28-29
Arbeitswelt 28
Armenian Church ... 133-134
Ärzte 66
Aschoka 52
ASEAN 31
Asian Village 213
Auskunft 66-67
Ausreise 67
Autofahren 67
Autohilfe 67-68
Autoverleih 68

B
Babysitting 68
Badestrände 68-69
Bagdad Street 149
Bahn 69
Banken 69-70
Baptisten 44
Bedok New Town 7, 200
Benjamin Sheares
  Bridge 197
Benzin 70
Bevölkerung 36-47
Bibliotheken 70
Bird Park 188-190
Blumen 70-71
Boat Quay 130, 157
Boat Quay Distrikt 45
Botanischer Garten 174-175
Botschaften 71
Brahma 56

Brani 193
Buddhismus 48, 51-55
Bugis-Viertel 139-141
Bukit Hill 184
Bukit Timah 24
Bukit Timah Reservat 184
Busse 71
Bussorah Street 149
Butterfly Park 213

C
Cambell Lane 150
Camping 71
Cavenagh-Brücke 130
Cha Xiang 165
Chai Chee 200
Changi International
  Airport 8, 195, 200
Changi Village 7, 201
Changi Village Quay 8
Chesed el Synagoge 45
Chinaman Scholar
  Gallery Museum 164
Chinatown 7, 95, 156-167
Chinesen 25, 39
Chinesische Küche 99
Chinesische Oper .. 179-181
Chinesischer Garten 190-192
Choo Hoey 131
Christen 43-44
Church of the Nativity of
  the Blessed Virgin Mary 45
City Hall 129-131
Clementi 216
Clifford, Charles 194
Clifford Pier 194-195
Cockpit Hotel 139
Coleman Bridge 157
Computer 93
Conrad, Joseph 118-119,
.... 120, 123, 124
Corolarium 212-213
Cuppage, William 146

D
David Elias-Warenhaus ... 45

Stichwortverzeichnis

Devisen *s. Geld*
Dhoby Ghaut 41, 139
Dhoby Ghaut Park 198
Diebstahl 71
Diplomatische
  Vertretungen 71-72
Drachenbootfest 108-109
Drama Center 135
Drogen 72
Duxton-Hotel 142

E
East Coast 96
East Coast Park 197
East India Company . 41, 148
Eheschließungen 72
Einkaufen 91-96
Einreise 72
Einwanderung 38
Elektrizität 72
Elektrowaren 93
Emerald Hill 143, 145-146
Emmersons Tiffin Rooms 142
Empress Museum .. 131, 132
Empress Place Building 132
Erskin Road 165-167
Eurasier 36
Europäer 36

F
Fahradfahren 73
Farrer Park 154
Fauna 24-25
Fernsehen 73
Feste 106-110
Flora 24-25
Flüge 73
Fluggesellschaften 73-74
Folklore 74
Fort Canning Rise 135
Fort Siloso 210-211
Fountain Food Court 142
Frauenbund 41
Freimaurerloge 134
Fremdenverkehrsämter ... 74
Friseur 74-75

G
Gafoor, Abdul 151
Garantien 92

Geld 75
Gerichtshof,
  Oberster 129-131
Geschäftszeiten 75
Gesundheit 75-76
Gewerkschaften 28-29
Goethe-Institut 76
Goh Chok Tong 20
Golden Landmark 150
Golden Landmark Hotel . 147
Gondelbahn 205
Gopuram 59
Gottesdienste 76
Guiness World of
  Records 169

H
Hafen 192-195
Hakka 21
Handel 33
Hari Raya Puasa 107-108
Hastings, Lord 15
Haw Par-Jade-
  Kollektion 137-138
Hawker-Zentren 99-101
Heilsarmee 44
Hesse, Hermann ... 115, 119,
  120
Hinduismus 55
Hindus 41, 48
Holland Village 7, 96
Hong Lim Shopping
  Centre 162
Hotels 35
  s. auch Unterkunft

I
Inder 25, 42
Indonesier 25
Informationen *s. Auskunft*
Inn of the Sixth
  Happiness 167
Iskandar Shah 148
Islam 60

J
Jains 48
Jamae-Moschee 162
Japanischer Garten 190-192
Jinrikisha Station 142

Stichwortverzeichnis

Johore 17
Juden 45, 46, 48
Jurong 193
Jurong Town 7, 186
Jurong Vogelpark 25
Jurong West Town 7
Juwelen 94

K

Kameras 93
Kampong Glam 149
Kampong Java
 Stadtpark 154-155
Kartenmaterial 77
Keppel 193, 194
Kinos 77
Kippling, Rudyard 120,
 124-125
Kirchen 43-44
Kleidung 77-78
Klima s. Reisezeit
Konfuzianismus 48
Konzerte 78
Kranji 24
Krokodil-Farm 179
Kusu Island 215

L

Lady of Lourdes,
 Kathedrale 147
Lao Tse 49
Lee Choo Neo, Dr. 40
Lee Kuan Yew 19-22, 36-37
Lim Chu Kang 7, 216-219
Lim Nee Soon 40
Little India 7, 41-42, 95,
 150-155
Lower Pierce 184
Lunar-Fest 107

M

Mac Ritchie Reservoir ... 185
Maghain Synagoge 45
Mahayana-Buddhisten 48
Majapahit, Königreich 13
Malakka 39
Malayen 25, 36, 42
Manasseh Road 45
Mao Tse Tung 50
Marina 193

Maritime Museum 212
Marshall, David 46
Masjid Al-Abrar 161
Maugham, William
 Somerset 119, 120-122
Merlion 10-11
Methodisten 44
Ming Village 169-170
Ming-Dynastie 39, 169
Ming-Village 170
Mohammed 60
Monorail 209-210
Moschee 62-63
Moslems 48
Moulana Mohammed
 Aly Moschee 160
Mount Faber ... 203, 204, 206
Mount Faber Park .. 203-205
Mountbatten, Admiral
 Lord 19
MPH-House 136
Musical Fountains 213
Muskatnuß 39

N

Nachtleben 79-80
Nanyang Technological
 University 216-218
Narsinghan 42
National Library 137
Nationalmuseum 137
Naturreservate 183-185
Notruf 80

O

Oasir Ris 24
Öffnungszeiten 80, 92
OMI-Theatre 168
Ong Swee Law, Dr. 178
Orchard Road 45, 92,
 .... 143, 198
Orchid Fantasie 213
Overseas Bank 157

P

P. Govindasamy Pillai 42
Padang 127, 129
Pakistani 36
PAP 20, 21
Parlamentsgebäude 131

Stichwortverzeichnis

Pasir Panjang 193
Peninsul Plaza 133
Perak Street 151
Pfeffer 39
Pngol 24
Polizei 80-81
Post 81
Pregarz, Roberto 118, 119
Presbyterianer 44
Pulau Ubin 8, 198

Q
Qing-Dynastie 39

R
Raffles Landing Pier 131
Raffles, Sir Stamford . 14-16,
.... 18, 24, 36, 41,
.... 43, 128, 137
Raffles-City 126
Raffles-Hotel 115-125
Rare Stone Museum 213
Rathaus 129-131
Reisebüros 81
Reisezeit 82
Religionen 48-64
Restaurants 97
Ridley, Henry N. 31, 175
River Valley Swimming
 Complex 134
Robertson Quay 134
Rohgummi 31
Rundfunk 82

S
Sago Street 165
Sarkies 118
Schiffsneubau 32
Schiiten 60
Schmuck 93, 94
Schneidereien 93-94
Schuhe 94
Schulbildung 29-30
Seah Eu Chin 39, 40
Seidenstoffe 93
Selangor Pewter Seide-
 und Lackwaren-
 Museum 142-143
Seletar Reservoir ... 175, 184
Sembawang 193

Sentosa 8, 16, 19, 205,
.... 206-214
Sentosa Riverboat 208
Serangoon Harbour 201
Serangoon Road 152
Shah, Hussein
 Mohammed 148-149
Sharif Omar al Junied 43
Sheares, Dr. B. 197
Shigeru Fukudome 19
Shiva 57
Siddharta Gautama
 s. Buddhismus
Sikhs 41, 48, 63-64
Simon, Charles 45
Singapore Airlines 8
Singapore Science
 Centre 168-169
Singapore Science Park 186
Singapore Symphony
 Orchestra 131
Singapore Wax Museum 211
Singapur River 130
Singvogel-
 Wettbewerb 181-183
Sogo 126
South Bridge Road 157
Sport 82-83
Sri Mariammam-Tempel . 42,
 .... 59, 162, 163-164
Sri Srinivasa
 Perumal 42, 153
Sri Tri Buana 10
Sri Vadapathira
 Kaliamman 153-155
Sri Veerama
 Kaliamman 152, 154
Sri Vijaran 13
St. Andrews Cathedral ... 43,
 127-129
St. John Island 8
St. John's 215
St. Josephs Convent 45
St. Xavier-Seminar 45
Straße von Malakka 12
Sultans-Moschee ... 147-149
Sunna 60
Syed Abdul Rahman bin
 Taha Alsagoff 43

Stichwortverzeichnis

T

Tan Chay Yan 40
Tan Kim Ching 40
Tan Tek Guan 40
Tan Tok Seng-
Krankenhaus 43
Tang-Dynastie 187
Tang-Dynastie-Stadt 187-188
Tanjong Pagar 141-143,
.... 193, 194
Taoismus 48, 49-51
Taoisten 48
Taxis 83
Teezeremonie . 165, 166-167
Telefonnummern 83-84
Telekommunikation 84
Telok Ayer Park 159
Temasek 10
Tempel, chinesischer . 54-55
Tempel der himmlischen
Glückseligkeit 160-162
Tempel der tausend
Lichter 155-156
Tempel, hinduistischer 58-59
Temple Street 164-167
Tengeh Reservoir 218
Teochew 44, 146
Teochew Colleg 45
Thaipusam 106-107
Tiere 84
Tiger Balm Garden . 170-171
Tom Teck Neo 41
Tomoyaki Yamashita,
General 19
Tourismus 34-35
Tourist Information
Centre 126
Town Hall 43
Trengganu Street ... 164-165
Trinkgeld 84
Trinkwasser 85
Trödelmarkt.................... 152

U

Uhren 93
Universität 8, 30
Unterkunft 85-88
Unterwasser-Welt .. 211-212
Unterwasserquarium 8
Upper Pierce 184

V

Van Kleef Aquarium 134
Vanda Miss Joaquim 11
Veranstaltungen 106-110
Verbotener Hügel 134
Verkehrsmittel 88-89
Verkehrsregeln 89
Versicherung 89
Vesak 108
Victoria Memorial
Concert Hall 131-132
Victoria Theatre 131, 132
Vietnamesen 36
Vincent, Frank 143
Vishnu 56-57

W

War Memorial 127
Warenaustausch 34
Water Theme Park 214
Wax Museum 16, 19
Wayang-Schattenspiel 45
Weltkrieg, Zweiter 18
Westin Plaza 126
Westin Stamford 126
Wirtschaft 31-35
Wirtschaftswachstum 34
Wohnsituation 26-28
World Trade Centre 34,
.... 171, 194

X

Xavier, Franciscus 44

Y

Yin Jing, Admiral 39

Z

Zahlungsmittel *s. Geld*
Zeit 89
Zeitungen 90
Zheng He, General 39
Zhujiao-Zentrum 150
Zimmerreservierungen 88
Zinn 39
Zoll 90
Zoologischer Garten .. 7, 175
Zoroastrer 48

Liebe Leser,

als Verfasser dieses Reise-Handbuches hoffe ich, daß es Ihnen bei Reiseplanung und -durchführung nützliche Dienste leistet.

Singapur – dieser winzige, aber faszinierende Staat an der Südspitze der Malayischen Halbinsel ist mit seinem starken Selbstbehauptungswillen in einer ständigen und rasanten Entwicklung begriffen. Was heute gerade erst aktuell wurde, gilt morgen schon als überholt. Die Fakten und Tatsachen verändern sich viel schneller als in Europa.

Obwohl ich mit großer Sorgfalt gearbeitet habe, weiß ich, daß es nur relativ gelingt, diesen Wirbel in einem Reisehandbuch festzuhalten. Deshalb bitte ich Sie, zur ständigen Aktualität dieses Führers beizutragen. Ich bin dankbar für jeden Tip, jede Anregung, Ergänzung und notwendige Berichtigung, für Ihre ganz persönlichen Erfahrungen.

Die besten Reisehandbücher entstehen im lebendigen Dialog zwischen Autor und Reisenden.

Ich wünsche Ihnen einen interessanten und erlebnisreichen Aufenthalt mit unserem Städteführer auf Singapur – der kleinen Insel voller Erstaunlichkeiten.

Herzlichst, Ihr

Ernst A. Papenmüller

Ihr Schreiben richten Sie bitte an:
Reisebuchverlag Iwanowski GmbH,
Raiffeisenstraße 21, 41540 Dormagen

Persönliche Notizen

Persönliche Notizen

Persönliche Notizen